Der flüchtige unbekannte
Einzelbild
22.8.68

Cet ouvrage extrêmement licentieux est de Restif de la Bretonne, et cet exemplaire, peut-être unique, est précieux en ce qu'il contient des dessins originaux, et deux feuilles en épreuves corrigées de la main même de l'auteur.

M.r de Salmézeaux, éditeurs d'une Histoire des campagnes de Maria ou Épisodes de la vie d'une jolie femme, ouvrage posthume de Restif de la Bretonne, 3 volumes in-12, annonce, page 36 du 1.er, que Restif de la Bretonne avoit composé une Anti-justine, mais que son intention avoit été de ne la point imprimer et de la supprimer.

L'annonce n'est donc pas exacte, et l'existence de cet exemplaire en est la preuve. L'ouvrage, à la vérité, n'est pas complet; mais il paroît à-peu-près certain, d'après les recherches qui ont été faites à ce sujet, qu'il n'y a eu d'imprimé de l'Anti-justine que ce que contient ce volume-ci, et qu'il n'y a pas eu non plus d'autres dessins de faits que ceux qu'il renferme.

On sait que Restif de la Bretonne a imprimé lui-même plusieurs de ses ouvrages; et vraisemblablement celui-ci est du nombre.

# L'ANTI-JUSTINE;

OU

## LES DELICES DE L'AMOUR.

Par M. LINGUET, Av. au et en Parlem.

Casta placent Superis.— Manibus puris sumite [cunnos].

Avec LX Figures.

*Première Partie.*

AU PALAIS-ROYAL,
chez feue la Veuve GIROUARD, libraire.

1798.

Quelle Excuse peut se donner à lui-même, l'Homme qui publie Un Ouvrage, tel que celui qu'On va lire? J'en ai cent, pour Une. Un Auteur doit avoir pour but le bonheur de ses Lecteurs. Il n'est rien qui contribue autant au bonheur, qu'Une lecture agréable. Fontenelle disait: ,,Il n'est point de chagrin qui tienne contre une heure de lecture''. Or, de toutes les lectures la plus entrainante, est celle des Ouvrages Erotiques, surtout lorsqu'ils sont acompagnés de Figures expressives. Blâsé sur les Femmes depuis longtemps, la JUSTINE de Dsds me tomba sous la main. Elle me mit en feu: je voulus jouir, et ce fut avec fureur: je mordis les seins de ma Montarsy, je lui tordis la chair des bras... Honteux de ces excès, effets de ma lecture, je me fis à moi-même un Erotikon favorreux, mais non cruel, qui m'excita au-point de me faire enfiler une Bossue-Bancroche, haute de 2 piéds. Prenez, liséz, et vous en feréz autant.

# L'ANTI-JUSTINE.

PERSONE n'a été plus indigné que moi des sales Ouvrages de l'infame *D. sds*; c'eſt-à-dire, de *Juſtine*, *Aline*, *le Boudoir*, *la Theorie du Libertinage*, que je lis dans ma prison.. Ce Scelerat ne préſente les delices de l'amour, pour les Hommes, qu'accompagnées de tourmens, de la mort même, pour les Femmes. Mon but eſt de faire un Livre plus ſavoureux que les ſiéns, et que les Epouſes pouront faire lire à leurs Maris, pour en être mieux ſervies; un Livre où les ſens parleront au cœur; où le Libertinage n'ait rien de cruel pour le Sexe des Graces, et lui rende plutôt la vie, que de lui causer la mort; où l'amour ramené à la nature, exempt de scrupules et de préjugés, ne présente que des images riantes et voluptueuses. On adorera les Femmes, en le lisant; on les chérira, en les enconnant: mais l'on en abhorra davantage le Vivodisséqueur, le même qui fut tiré de la Bastille avec une Longue Barbe blanche le 14 juillet 1789. Puisse l'Ouvrage enchanteur que je publie, faire tomber les siéns!

---

MAUVAIS-LIVRE *fait dans de bonnes vues.*

*Moi, Jean-Pierre-Linguet, maintenant détenu à la Conciergerie, déclare, que je n'ai composé cet Ouvrage, tout savoureux qu'il est, que dans des vues utiles; l'inceste, par exemple, ne s'y trouve, que pour équivaloir, au goût corrompu des Libertins, les affreuses cruautés, par lesquelles nsds les stimule.*     *Floreal, an 2.*

## Chapitre.

### Chapitre de l'Enfant qui bande.

Je fuis né dans un Village près de Reims, & je me nomme CUPIDONET. Dès mon enfance, j'aimais les jolies Filles. J'avais surtout un faible pour les jolis piéds & les jolies chauffures; en quoi je reffemblais au *Grand-Daufin*, fils de Louis-XIV, & à *Thevenard*, acteur de l'Opéra.

La première Fille qui me fit bander, fut une jolie Paysane, qui me portait à vêpres la main posée à nû fur mes feffes; elle me chatouillait les couillettes, & me fentant bander, elle me baisait fur la bouche avec un emportement virginal: car elle était chaude, parce-qu'elle était fage.

La première Fille à laquelle je fis des attouchemens, en-conféquence de mon goût pour une jolie chauffure, fut ma première Puînée, qui s'appelait *Jenovefette*. J'avais huit Sœurs, cinq aînées d'un premier lit, & trois puînées. La Seconde de Celles-là, était jolie au-poffible; il en fera queftion: La Quatrième avait le poil du Bijou tellement foyeux, que c'était une volupté feulement de le toucher. Les Autres étaient laides. Mes Puînées étaient toutes-trois provoquantes.

Or ma Mère préferait Jenovefette, la plus voluptueusement jolie, & dans un voyage qu'elle fît à Paris, elle lui aporta des fouliérs delicats. Je les lui vis eſſayer, & j'eûs une violente érection. Le lendemain Dimanche, Jenovefette mit des bas fins blancs & neufs de coton, un corpſet qui lui pinçait la tâille; & avec ſon lubrique tour-de-cùl, elle feſait bander, quoique ſi jeune, mon Père lui-même; car il dit à ma Mère de la renvoyer. (J'étais caché ſous le lit, pour mieux voir le ſouliér & le bas de la jambe de ma jolie Cadète)... Dès que ma Sœur fut ſortie, mon Père renverſa ma Mère, & la carillona ſur le piéd du lit ſous lequel j'étais, en lui diſant : —Hô! prenéz-garde à votre Fille cherie! Elle aura un furieux temperament, je vous en avertis... Mais elle a de qui tenir; car je baiſe bién! & voila que vous m'en donnéz, du jus de Con, come une Princeſſe-... Je m'aperçus que Jenovefette écoutait & voyait... Mon Père avait raiſon. Ma jolie Cadète fut depuis dépucelée par ſon Confeſſeur; enſuite foutue par tout le Monde. Mais elle n'en eſt que plus ſage à-préſent... Dans l'aprèſdînée, Jenovefette vint au jardin, où j'étais ſeul. Je l'admiraí; je bandai. L'ayant abordée, je lui preſſaí la tâille, ſans parler; je lui touchaí le piéd, les cuiſſes, un Conin imberbe & joli, s'il en fut jamais! Jenovefette ne diſait mot. Alors, je la fis mettre à-quatre; c'eſt-

# I Chapitre.

à-dire, sur les mains & sur les genoux, &, à l'imitacion des chiens, je la voulais enfiler ainsi, en hennequinant & saccadant de toutes mes forces, comme fait le chien, & lui comprimant fortement les aines des mes deux mains : je lui fesais cambrer les reins, de sorte que son Conin était aussi à ma portée que le trou de son cùl : je l'atteignis donc & je mis le bout entre les lèvres, en disant: » *Hausse, hausse le cùl, que j'entre* ». Mais On sent qu'un conichon aussi jeune, ne pouvait admettre un vit, qui ne décalotait pas encore : (Il me falait Une Conasse, come je l'aurai biéntôt). Je ne pûs qu'entr'ouvrir un peu les lèvres de la fente. Je ne déchargeai point, je n'étais pas asséz formé... Ne pouvant enfiler, je me mis, aussi à l'imitacion de mes Modèles, à lècher le jeune Conin... Jenovefette sentit un chatouillement agreable sans-doute; car elle ne s'ennuyait pas du jeu, & elle me dona cent baisérs sur la bouche, lorsque je fus debout. On l'appela, & elle courut.

Come elle n'avait pas encore de gorge: dès le lendemain elle se mit des tetons postiches, sans-doute parcequ'elle avait oüi vanter ceux de sa Mère, ou de ses Aînées. Je les remarquai: je la fis chauffer, & l'ayant placée commodément sur son lit, je m'ecrimaí près de deux heures. Je crois en-vérité qu'elle émit; car elle s'agitait comme une petite Enragée à mon lechement de Con... Dès le surlendemain, On l'envoya en apprentiſſage à Paris, où elle remplit l'horoſcope tiré par mon Père.

### Chap. Du Con ſoyeux.

Mes autres Sœurs étaient l'Une ſerieuſe; elle me retint dans les bornes; mais j'aí depuis foutu ſes deux Filles à Paris: Ma Troiſième était encore trop jeune: Ç'a été Une ſuperbe Fille à dixhuit ans! Je me rejetaí neanmoins ſur cette Enfant, lorſque je m'aperçus que *Cathos*, jumelle de Jenovefette, était inabordable. Il me falait un Con, depuis que j'en avais palpé Un: je patinaí *Babiche*. Enfin un Dimanche, qu'elle était bién arrangée, & que ma Mère l'avait baignée, je la gamahuchaí.

Ce fut à cette benigne operation, que je fus ſurpris par l'ardente *Madelène* au Con ſoyeux. Elle nous examina longtemps avant de nous troubler, & voyant que la petite avait du plaiſir, elle fut tentée. Elle parla. Nous nous remimes décemment. Madelène ne dit mot: Elle renvoya Babiche. Puis elle hazarda de badiner avec moi. Elle me renverſa ſur la pâille de la grange, où j'avais attiré

## II *Chapitre.*

Babiche; & lorsque je fus par-terre, elle me chatouilla, passant par-dessus moi, jambe de-çà, jambe de-là. Par-hazard, je portai la main sous ses jupes, & j'y trouvai l'admirable Con soyeux. Ce poil divin determina mon goût pour elle. Je devins fou du Con de Madelène-Linguet: je lui demandai à le baiser! —Petit coquin! (me dit-elle), attens un moment-. Elle ala au puits, tira un seau d'eau, & s'accroupit dessus... Elle revint, & badina encore. Enflâmé, hors de moi, je lui dis, dans ma petite fureur érotique, —Il faut que je lèche ce joli trou-. Elle se mit sur le dos, les jambes écartées: je léchai; la belle Madelène hocha du cül: "Darde ta langue dedans, cher petit ami"! (me disait-elle). Et je dardais, & elle haussait la mote. Je fourgonnais avec rage!... Elle eût tant de plaisir, qu'elle se recria. Je bandais come un petit carme: & come je ne dechargeais pas, j'avais toujours la même ardeur. Aussi m'adorait-elle. Obligée de me quitter, Madelène me dona des friandises, que je mangeai avec Babiche.

Un-soir, ma Sœur au Con soyeux me dit: —Cupidonnet! ta jolie broquette est toujours bien roide, quand tu me lèches! Il me semble que si nous étions dans le même lit, tu pourrais la faire entrer dans la bouche de ma petite Marmote, que tu aimes tant à sucer, & dont le poil est si doux ! j'aurais sûrement bién du plaisir ! & peutêtre toi aussi ? Viéns ç'te nuit-... Quand tout le monde fut endormi, je me glissaí dans le lit de ma grande Sœur. Elle me dit : —J'aí vu mon Père, un-jour qu'il venait de caresser ma Sœur la belle *Marie*, qui partait pour Paris, courir sur ta Mère, sa grosse broche bién roide, & lui fendre la Marmote : je vas te montrer ; tu feras comme lui. —Et moi aussi, je l'aí vu. —Bon ! bon-! Elle se disposa, me plaça sur elle, me dit de pousser, & riposta. Mais elle était pucelle, & quoique bandant roide, je ne pus introduire ; je me tesais mal. Pour Madeléne - Lingüet, elle déchargea sans-doute ; car elle se pâma.

Hô ! que je regrettaí ce joli Con soyeux, que je léchais & fourgonnais depuis 6 mois ! Mon Père, *Clóde-Lingüet*, qui ne me ressemblait pas, éloignait ses Filles, dès qu'elles l'avaient fait bander. On prétend que Madelène avait tenté de se le faire mettre par lui... Quoi qu'il en soit, trois jours après, elle partit pour la Capitale, où notre Frère-aîné l'Ecclesiastique, lui avait trouvé une place de Gouvernante d'Un *Chanoine* de *Sainthonoré*. Ce Caffard ne tarda pas à connaître ce qu'elle valàit : Il y avait Une porte dero-

## III Chapitre.

bée, de lui-seul connue, qui donnait dans la chambre de ses Gouvernantes, qu'il alait patiner durant la nuit. Mais il n'avait jamais trouvé de con aussi joli, que le Con soyeux de M$^{lle}$ Lingüet! Il voulut le voir. Sa beauté le ravit, & il n'eût plus de repos, qu'il ne l'eût foutu. Une nuit, qu'elle dormait d'autant plûs fort, qu'elle en fesait semblant, il la gamahucha. Elle déchargea sensiblement. Aussitôt le Chanoine monte sur elle, & l'encone. Elle le pressa dans ses bras, en remuant du cùl. —Hâ! mignone! (lui dit-il), que tu as le mouvement bon!... Mais n'as-tu pas de mal? car je te crois un-peu putain-?... Sa chemise & les draps ensanglantés, lui prouvèrent qu'elle était pucelle. Il l'adora. Elle foutit saintement avec ce saint Homme pendant deux ans, & le mit au tombeau. Cependant il la dota: Ce qui fit qu'elle épousa le Fils du premier Mari de ma Mère.

### Chap. De la Mère foutue!

COMME après le mariage de Madelène, & son retour à Reims, j'étais un-peu plûs formé, je desirai vivement de le lui mettre. Depuis plus de deux ans, j'en étais reduit à patiner & gamahucher ma Sœur Babiche, avec quelques-unes de nos Cousines-germaines. Mais, ou mon vit groſſiſſait, ou tous ces conins imberbes retréciſſaient... Je demandai un rendéz-vous nocturne à la nouvelle Mad. *Bourgelat?* Elle me l'accorda pour le ſoir-même : Nous étions à notre Ferme, & ſon Mari venait de partir, pour ſe rendre à Reims, où une affaire l'appelait. Je ne ſais par quelle avanture, cette même nuit, mon Pére ſe trouva incomodé. Ma Mère, après l'avoir ſecouru, craignant de le gêner, ala ſe mettre auprès de ſa Brü. Celle-ci la voyant endormie, ſe leva doucement, pour venir coucher avec moi, tandis que de mon côté, j'alàis à elle. Nous ne nous rencontrames pas, malheureuſement !... Je me mis à-côté de la Femme que je trouvai dans le lit. Elle était ſur le dos : je la montai, toute-endormie, & l'enconai. J'étàis ſurpris d'entrer auſſi largement ! Elle me ſerra dans ſes bras, hôcha quelques coups-de-cùl, moitié aſſoupie, en diſant : » Jamais ! jamais vous ne m'avéz donné tant de plaiſir !... Je dechargeai auſſi : mais je m'évanouis ſur ſes tetons encore fermes, parcequ'elle n'avàit pas nourri, & qu'On ne les lui avàit jamàis patinés. Mad. Bourgelat revint auprès de nous, au moment où je m'évanouiſſais.

Elle fut bién étonnée des mots que venait de prononcer ſa doublement Bellemére ! Elle comprit que je l'avais foutue, & elle me reporta dans mon lit encore évanoui... Ainſi donc c'eſt dans le Con maternel que je venais d'émettre ma premiére ſemence !... Ma Mére, entiérement éveillée, dit à Madelène: —Mais, que faites-vous donc, ma Fille-? J'étais revenu à moi. Ma Sœur retourna au lit de ma Mére; qui lui dit tout-bas : —Ma Brü! vous avéz de drôles de façons ? —Mon Mari (répondit mad. Bourgelat), me fait ſouvent mettre deſſus; je rêvais, & je l'ai fait. Éveillée, je ſuis ſautée du lit-. Ma Mére crut cela.

Cependant le coup porta: mad. Lingüet devint groſſe, & accoucha ſecrettement d'un fils, beau come Adonis; & elle eút l'adreſſe de le ſubſtituer à un Garſon de ſon Fils, cet enfant étant mort en naiſſant. C'eſt de lui dont il ſera un-jour queſtion, ſous le ſurnom de *Cupidonnet*, dit *Petitcoq*, mon neveu.

Huit jours s'écoulérent. Après quoi, bien remis de mon évanouiſſement, j'eús un autre rendéz-vous. Mais admiréz mon malheur! Nous avions été entendus d'Une groſſe Tetonniére, notre moiſſonneuſe, qui dormait dans la grange. Comme mad. Bourgelat devait venir dans mon lit, *Mammelaſſe* qui m'aimait, car elle ſe branlait ſouvent à mon intention, & qui dailleurs n'était pas méchante, ſe contenta de dire à mon Frère, de fermer les nuits la porte de sa chambre à la cléf, & de la cacher, pour cause... Il le fit. Mais jugéz de mon étonnement, quand aulieu d'un Con soyeux, & de tetons ronds & delicats, je patinaí Une Connasse à crins de cheval, & deux gros ballons bién gonflés. Elle se le mit; je poussaí, & j'eús asséz de plaisir. Mais je fus encore prêt à m'évanouir.

Enfin, je le mis à Madelène, dans le greniér-à-foin. J'alais comme un fou, en l'enconnant. Mais au troisième coup-de-cùl qu'elle donna, je m'évanouis......

### Chap. D'un autre Beaufrére cocu.

MADELÈNE évita de m'accorder des faveurs, dont les suites l'effrayaient! Mais je ne sentis pas longtemps cette privation: Huit jours après la derniére scène, je partis pour venir à Paris. J'y alais pour apprendre: Mais il ne sera pas ici question de mes études. Je fus logé chéz la belle Marie, la seconde de mes Aînées.

J'avais, pour mon pucelage, fait cocû mon Pére: j'avais cornifié mon Frére Uterin, en fesant décharger, & foutant enfin avec émission Une Sœur-Paternelle, qu'il avait épousée, & que j'engrossaí: car Bourgelat n'a jamáis eû que cet Enfant, venu au monde 9 mois mois après ma fouterie au greniér-à-foin. Mais j'avais encore bien de l'ouvrage, avec huit Sœurs, dont six, ou du-moins cinq, étaient souverainement enconables. Mais revenons à Marie, la plûs belle de toutes... Un-jour de Vierge, Marie était parée, chauffée avec cè goût particuliér aux jolies Femmes, & Un superbe bouquet ombrageait ses blancs tetins. Elle me fit bander. J'avais quatorze ans; j'avais deja foutu & engrossé trois Femmes; car Mamelasse avait une Fille, qu'elle se vantait que je lui avais faite, & qui ressemblait comme deux goutes-d'eau à Jenovefette-Lingüet. Ainsi, je n'eûs pas des désirs vagues; je tendais directem$^t$ au con de ma provoquante Aînée. Après le dîner, elle ala dormir, dans Un alcove obscur, & s'étendit sur le lit conjugal. Elle avait vu bander son Mari, dont la culote blanche était juste, & elle voulait lui donner le plaisir de le lui mettre parée. Je me cachai, pour les guetter. Mais mon Beau-frére, après avoir pris les tetons & le con de ma Sœur, avoir admiré ce derniér, en éclairant l'alcove, se reserva sans-doute pour la nuit suivante : il se retira doucement ; je lui vis prendre sa canne, son chapeau, & sortir. J'alai pousser Un verrou. En revenant, je refermai les rideaux ; le Mari les avait laissés ouverts, & sa Femme troussée. Je me mis sur elle deculoté, bién bandant, & j'enfilai sa sente, suçant tantôt ses tetons decouverts, tantôt ses lèvres entr'ouvertes. Elle me croyait son Mari. Un bout de langue me chatouilla. J'étais entré tout caloté. Le filet, que je n'avais pas encore coupé, recourbait mon vit, & le fesait paraître gros comme celui de l'Epoux. Je poussai. Ma Belle s'agita, & mon long vit atteignit le fond. Alors ma Sœur demi-pâmée, se trémoussa. Je dechargeai,... & je m'évanouis....

Ce fut ce qui me fit reconaître. La Belle savoura les dernières oscillations de mon vit. Mais dès qu'elle eût éprouvé tout le charme d'une copieuse decharge, elle se deconna en me jetant sur le côté; elle ouvrit les deux rideaux de l'alcove; & me regardant: »Hâ Grand-Dieu! c'est Cupidonnet! Il m'a dechargé tout au fond! Il s'est évanoui de plaisir«!... Je revenais à moi. Elle me gronda, en me demandant, Qui m'avait appris cela? —Ta beauté (lui dis-je), adorable Sœur. —Mais si jeune-? Je lui racontai alors toute ma vie: Comme j'avais patiné, léché le conin de Jenovefette: comme j'avais gamahuché, enfin enfilé le con soyeux de Madelène; foutu MAD. Linguet, la croyant MAD. Bourgelat: comment Mamelasse s'était fait enconner par

## IV Chapitre.

moi: comment ne pouvant me passer de Con, je léchotais le conichon de Babiche: comment j'avais engrossé les trois Femmes que j'avais enconnées. —Hà-Ciel !... Mais tu es bien indiscret! —Je ne le suis avec toi, que parceque tu es ma sœur-aînée, que je t'ai foutue ( le recit que je venais de débiter, les tetons de ma Sœur, sa chaussure me fesaient rebander ), & que je vais, divine Marie, te foutre encore. —Mais mon Mari... —J'ai poussé le verrou-... Elle me pressa la tête contre son beau sein, en me disant tout-bas: —Petit coquin, fais-moi aussi un ENfant-?... Je la re-enconnai, j'émis sans m'évanouir. La belle Marie n'avait pas encore eû d'ENfans : je fus pére de M<sup>lle</sup> *Beauconin*, fille unique de mon Beaufrére de ce nom.

[ *Je passerai toutes les fouteries communes ; ce n'est qu'à-force de volupté, de tableaux libidineux, tels que les savoureuses jouissances qui vont suivre, qu'on peut combattre avantageusement dans le cœur & l'esprit des Libertins blasés, les goûts atroces éveillés par les abominables Productions de l'infame & cruel* Dsds! *Ainsi, je reserve toute ma chaleur, pour décrire des jouissances ineffables, audessus de tout ce qu'a pu inventer l'imagination exquisement bourrelle de l'Auteur de* Justine.

### Chap. Du bon Mari spartiate.

Il faut néanmoins, avant de passer aux tableaux que je viens de promettre, rapporter en peu de mots, une Avanture extraordinaire, que jeus, ruë *Sainthonoré*, à 20 ans accomplis, en fesant mon Droit.

J'étais voisin vis-à-vis d'Un vieil Orlogér, qui avait Une Femme jeune et charmante. C'était fa troisième. La Première l'avait rendu parfaitement heureux pendant douze ans; c'était une ivresse. La seconde, durant dix-huit ans, à-l'aîde d'une Sœur plûs jeune, par laquelle la Dame se fesait remplacer au lit dans ses moindres indispositions, pour que son Mari ne foutît jamais avec dégoût. Cette excellente Epouse ayant cessé de vivre, l'Orlogér avait épousé, âgé de soixante ans, la jolie, la delicieuse FIDELETTE, putative d'Un Architecte, ét fille-naturelle d'Un Marquis. La beauté de cette troisième Femme n'avait pas d'égale, pour le moëlleux ét le provoquant. Son Mari l'adorait; mais il n'était plus jeune! Cependant comme il était riche, il lui prodiguait tout ce qu'elle paraissait desirer. Mais il n'atteignait pas le but, ét Fidelette était chaque jour plûs triste. Enfin un-soir, ce bon Mari lui dit: ”Mon Ange! je t'adore, tu le sais? Cependant tu es triste, ét je crains pour tes jours précieux? Tout ce que je fais ne te flatte en rien? Parle? c'est Un Ami tendre qui t'en conjure? Dis-moi ce

## V Chapitre.

que tu desires? Tout, tout ce qui sera en mon pouvoir, va t'être accordé? » Hô! tout (dit la jeune Femme). » Oui, tout, fût-ce... Est-ce à ton cœur? est-ce à ton divin Conin, qu'il manque quelque-chose? » Tu remplis mon cœur, cher Mari! Mais j'ai des sens trop chauds, et quoique blonde-cendrée, mon Bijou a des demangeaisons... terribles! » T'est-il indifferent qui le fatisfasse; ou aurais-tu un goût? » Sans aimer, j'ai un goût.. un caprice... Mais je n'aime que toi. » Qui excite ta main, que je vois en ce moment chercher ton gentil petit Chose? » Tiens? ce Voisin... qui me regarde... ét dont... je me suis deja plainte... » J'entens!... Tu as dû me trouver bien bouché!... Passe au bain, mon Ange adoré.. je reviens dans l'instant ». Il courut me trouver. » Jeune Voisin? On dit que vous aimez mad. Folin l'Orlogère? » Ma-foi, On dit vrai; je l'adore. » Venéz. » Il en arrivera ce qu'il pourra. Alons ». Il me prit la main, ét nous alames chez lui. » Deshabilléz-vous; passéz dans ce bain, que ma Femme quitte: Voila de mon linge. Regaléz-la en Nouvelle-mariée ou menagéz-vous pour differentes nuits; à votre choix ét au sien.... J'adore ma Fidelette: mais pour cette Epouse cherie: je suis content, dès que je la vois satisfaite, heureuse. Quand vous l'auréz foutue, que son petit Conin aura bien dechargé, je l'enconverai à mon tour, pour lui porter mon petit présent ». Et il me fit entrer dans le lit où sa Femme était depuis le bain. Il s'en-alait. » Mon cher Mari! (s'écria cette timide Colombe), tu me laisses seule avec Un Inconnu! Hô! reste! ét si tu m'aimes, sois temoin des plaisirs que je ne devrai qu'à Toi »?.... Et elle nous baisa tous-deux sur la bouche... Le Lit était vaste: Le bon Folin s'y mit avec nous... Je grimpai sur le ventre de la jeune Epouse, aux flambeaux alumés, au vu du Mari, ét j'enconnai roide... Elle repercutait avec fureur. » Courage, ma Femme! criait l'excellent Mari, en me chatouillant les bourses)... Decharge, ma Fille! hausse le cùl!.. darde ta Langue... ton Fouteur va t'inonder!... Toi, jeune Vit, plonge .. plonge!... Lime.. Lime-là »... Nous dechargeames comme deux Anges... Je la foutis six-fois dans la nuit, ét les deux Epoux furent très-contens de moi...... J'ai eû cette jouissance celeste ét plûs-qu'humaine, jusques aux cóûches de Fidelette, qui perdit la vie, en la donnant au Fruit de notre Fouterie.

Chap. *De l'Epouse qui se fait enculer.*

Je passerai sous silence mes conilleries avec ma Femme clandestine, puisque je n'ai jamais avoué ce mariage. *Conquette-Elle* était Une jolie Grêlée, faite-au-tour, ayant Un Cou tellement insatiable, que je fus obligé de lui mettre la bride sur le cou, & de la laisser foutre avec qui elle voudrait. Elle était fille d'Un Traiteur de la ruë *Saintjacques*, & sœur du Libraire *Petitebeauté*

## VI Chapitre.

Elle est morte syfillisée, longtemps après m'avoir donné deux filles... Ha! qu'elle foutait bién! jamais Femme enconnée n'a brouetté son Cavaliér comme Conquète!... Elle est la seule Créature que j'aye enculée, mais sur son invitation, quand sa santé fut douteuse. Elle me donna ensuite le cùl de sa Sœur-cadette, en me disant que c'était encore le sién. Et je le croyais. Mais la jeune Persone se fesant enconer, je m'aperçus de la tricherie, dont je ne témoignai rién..... Cela fut delicieux! mais ce n'est que de la fouterie ordinaire... Quand ma Bellesœur fut mariée, ma Femme seduisit sa Coîfeuse, à laquelle elle recomanda bién de se faire enculer, alléguant que j'y étais accoutumé. Mais cette Fille m'ayant averti dans la journée, je l'enconnai la nuit, sans que Conquette s'en aperçût. J'eûs ainsi successivement six Coîfeuses, toutes jolies, pendant douze ans, ma Femme, qui les payait, croyant me cacher par ce moyén, qu'elle avait la verole. Ce fut ainsi que j'attendis les Conins delicieux qui m'étaient destinés par la nature... C'est après la derniére Coîfeuse, que Conquette mourante ayant remarqué, qu'Un de mes Cadets courtisait ma fille-nièce-Beauconnin, qu'On ne voulait pas lui donner, & qu'il en était aimé, proposa à *Ma-*

*riette* de se le laisser mettre par son Amant ? Mais craignant que le Jeunehome ne pût la dépuceler, elle me dit, que la dernière Coiffeuse m'envoyait Une de ses Elèves, qu'il falait enconner, & sans parler, parceque ma Nièce couchant dans la chambre voisine, il y avait des raisons, pour ne pas envoyer l'Élève-coiffeuse dans la mienne... Pourvu que je foutîsse un jeune Con, que m'importait ? J'alai nu au lit : je trouvai des tetons naissans, un conin qui tressaillait. Je dépucelai... J'avais enconné trois-fois, lorsqu'on vint me faire retirer. Je crus que c'était la convention. Mais ayant écouté, je fus très-étonné d'entendre éperonner de-nouveau ma Monture, & ma Femme instruire, en les encourageant, son Neveu & sa Nièce ?... Je me remis dans mon lit tout-pensif... Le lendemain, je demandai une explication à Conquette. —Hé-bién, quoi ? ( me répondit-elle ), vous avéz dépucelé votre Nièce Beauconnin, avant que son Cousin le lui mît; parceque je craignais qu'il ne pût la déflorer-... Je fus enchanté ! j'avais eu les prémices de la Fille que j'avais implantée un jour de Vierge dans le Con de la belle Marie-Linguet. Mais je dissimulai ma joie. C'était un excellent pronostique pour les plaisirs dont je me flatais de jouir depuis longtemps ! & dont le moment approchait. J'y touche enfin.

## VII Chapitre.

### Chap. DU Conin au poil-follet.

ON fait que j'avais deux Filles, ou que dumoins ma Clandestine les avait: car je me rappelle qu'elle prétendait, que ses véritables Filles étaient mortes en Nourrice, & que... & que... Elle parlait du *Roi*... d'une *Princesse*... Mais elle était si menteuse, que ç'eût été une folie de la croire.

CONQUETTE-INGÉNUE, ma fille-aînée, me causait des desirs dès l'âge de dix ans. Pendant que sa Mére non encore vérolée couchait & foutait avec Un Galant, elle envoyait Conquette dans mon lit. Cette Enfant avait la plus jolie *conque*. Je me fis une règle dèflors de la lui baiser tous les soirs, après lui avoir écarté les cuisses, durant son premier sommeil. J'introduisais légèrement la langue, mais sans lècher. Je m'endormais ensuite, elle remise sur le côté, ses fesses sur mes cuisses, & mon vit pressé entre les siénnes. Dans le jour, j'enconais, ou la Maîtresse d'Un certain *Mivière*, Avocat, ou Une jolie Bossue toujours bien chauffée, qui demeurait dans la maison; ou Une Boîteuse des deux côtés, mais d'une delicieuse figure, & prête à se marier: Elle s'était laissée déflorer par son Futur, & depuis ce temps-là, elle ne ménageait plus un très-joli con blond. Quand ces trois Fouteries me laissaient chomer trop longtemps, je fourgonnais le vit serré entre les cuisses de Conquette-Ingénue, qui se sentant gênée, l'empoignait toute-endormie, & me fesait éjaculer. Elle avait onze ans. Elle sentit quelque-chose, & parla. On la mit dans un cabinet fermé.

Elle apprit à dessiner. Lorsqu'elle eût treize à quatorze ans, après une interruption de plus de deux ans, je me trouvai veuf, & elle revint à la maison. Elle coucha dans une petite chambre à-côté de la miénne. Elle était grandie, faite-au-tour : elle avait le pied le plus parfait. Je la fis chausser par l'Artiste le plus habile, sur la forme de sa Mére, qui était celle de la Marquise-de-Marigni. Puis je devins éperdûmment amoureux de mon Ouvrage.

Mais Persone jamais ne fut plus chaste que cette celeste Fille ; quoique ses Méres, soit réelle ou putative, fussent putains, & soient toutes-deux mortes de la vérole. Conquette-Ingénue ne souffrait pas qu'On prît sur elle la moindre liberté... La Providence le voulut sans-doute, pour qu'elle en fût un-jour plus desirable & plus voluptueuse... Ainsi je me trouvai réduit à la gamahucher pendant son sommeil, qu'elle avait profond, heureusement! Je profitais de son premiér somme, pour la decouvrir, admirer son delicieux

Connin,

Connin, qu'un joli poil-follet commençait d'ombrager, & la gamahucher moderément. Ce ne fut qu'à la dixième nuit, que je la fentis me ripofter: je redoublai les coups de langue, & elle émit.... La lumiére était éteinte, quand Ingénue s'éveilla, en difant: « Hâ! hâ! hâ! ça me chatouille! hâh! »....... Elle crut qu'elle avait rêvé. Cependant elle dagua fa jeune Sœur, couchée avec elle, de plufieurs coups-de-coude, comme fi elle eût penfé que cette Enfant l'avait chatouillée.

Je me remis dans mon lit, enchanté que ma Fille eût déchargé. Cette émiffion me fit efperer, qu'ayant éveillé fon tempérament, je pourrais l'enconner biéntôt, en faire ma Maîtreffe, & me trouver le plus heureux des Hommes. Mais que j'étais loin de compte? & combién de Vits devaient tenter de matyrifer ce divin Connin, avant le mien! hêlas! il fut prêt d'effuyer Une Iliade de malheurs!..... Quoi qu'il en foit, ç'a été ma véritable inclination, la plus conftante, la plus voluptueufe, que cette adorable Fille, qui n'a eû de Rivale, que fa Sœur... Non (je le dis, d'après l'expérience), il n'eft pas au monde de plaifir comparable à celui de plonger fon vit bandant, jufques au fond du Con fatiné d'Une Fille cherie, furtout fi remuant du cùl avec courage, elle décharge copieufement! Heu-

reux! heureux qui cocuffie, & fait cocuffier
Un Gendre également détesté de tous-deux!

Conquette-Ingénue eût ses règles la semaine suivante de celle où elle avait enfin déchargé. Ainsi elle était parfaitement nubile. Mais éveillée, je ne pouvais lui ravir aucune faveur essencielle. Ma Sœur Marie, qui me connaissait, la mit en apprentissage de Modes & du commerce de la Bijouterie, chez Une jolie Marchande, dont le Mari était chef de Bureau; & le Bijou de la belle *Conprenant* me dedomagea, mais sans m'en consoler, des rigueurs de celui de ma Fille. Je le mis aussi à ma Nièce Beauconnin, alors mariée à son Cousin. Et sans ce double soulagement, aurais-je pu m'empêcher de violer la provocante Conquette-Ingénue? Eperdûment amoureux d'elle, n'osant lui prendre de-jour son joli Poil-Follet, & ne l'ayant pas la nuit, je me contentais de la faire regarder dans la ruë, par une fenêtre à large rebord; ce qui lui mettait à-découvert un pied exquisement chaussé, une partie de la plus belle jambe; desorte qu'en me baissant, je voyais la cuisse, & le Connin dans certains mouvemens, ou lorsqu'elle se disposait à descendre. Je bandais comme Un Carme. Mais en ce moment arrivaient à-point-nommé, ou la Maîtresse de Conquette-Ingénue, ou majo-

## VII Chapitre.

lie Nièce Beauconnin, que j'alais enfiler dans ma chambre, après avoir dit à ma Fille de se remettre à la fenêtre, pour les voir arriver; & au-moyen de ma porte entr'ouverte, je voyais le pied-provoquant, la jambe voluptueuse de Celle qui me fesait bander, en foutant soit sa Maîtresse, soit sa Cousine.

Quatre ans s'écoulérent ainsi ; & je n'eûs plus de fouteries. Alors, plus amoureux que jamais de Conquette-Ingénue, qui était superbe à dixhuit ans, je résolus de la faire coucher quelquefois chéz moi, en la retenant tard, sous prétexte d'une indisposition subite. Elle avait toujours le sommeil aussi profond : Ainsi, dès qu'elle était endormie, je la gamahuchais, & je la fesais copieusem$^t$ décharger. Elle avait une motte superbe, ombragée d'un poil noir doux & soyeux. Je brûlais d'envie de le lui mettre. Mais elle s'éveillait toujours en déchargeant. Aussi me disait-elle : —Je ne fais que chéz vous de singuliérs rêves, qui me rendent toute je ne sais coment-!... La seule chose que je me permisse, était de demander à baiser son joli pied chaussé ; quelquefois sa jambe : j'alai un-jour, en la tourmentant beaucoup, jusqu'à obtenir de toucher le poil-satin de son Bijou : Mais elle en fut ensuite si fort effarouchée, craignant que je ne parvînsse à la déflorer avant mariage, qu'elle précipita, aîdée de fa Maîtreffe Mad. Conprenant, un mauvais établiffement avec Un Infame. Ce fut ce que j'ai eû tant de peine à lui pardonner!... Mais la pauvre Enfant en a trop fouffert... elle s'en eft afféz répentie... fon charmant connin a depuis trop bién-mérité de moi, pour que des torts de jeuneffe & d'inexperience ne foient pas oubliés. J'y étais obligé dailleurs par un autre motif: c'eft que je dois à cet execrable mariage d'indicibles delices ( comme On va le voir ), ainfi que ma fortune préfente.

### Chap. Des Conditions de mariage.

LE Dimanche fuivant, Conquette-Ingénue étant chéz Moi, fuivant fon usage, elle ne put s'empêcher de voir, que je bandais à n'en pouvoir plus! Elle tremblait pour fa virginité!... Je lui avais baisé le piéd, la jambe ; mais elle avait défendu fon connin. Tout-à-coup je me lève, & m'appuyant fur le doffiér de fa chaise, je plonge les deux mains dans fon corpfet ; je lui prens les tetons.... Hâ! qu'ils étaient jolis!... petits, mais fermes! & d'une blancheur !... Elle ne put fe dérober... Elle me déclara pourlors férieufem$^t$, qu'*elle voulait fe marier*. A ce mot, je paffai devant elle, le vit à l'air

& bién bandant. Elle devint rouge comme une cerise: Elle bouillait. Enflâmé d'amour & de luxure, je lui notifiai, que je ne signerais rién, qu'à la condition de la dépuceler auparavant. Elle se recria!... Je lui pris le Con par force. Elle se recueillit, & me dit: —Signéz dumoins pour ceci? —Oui; si je te gamahuche-. Elle ne m'entendait pas. Je m'expliquai; ajoutant: —Et jusqu'à la décharge, ou le plaisir, de ta part, inclusivement-? Elle refléchit... Puis soupirant: —Hâ! combién vous me l'avéz fait! Mes rêves étaient causés par vous-!.... Elle se mit à la renverse sur le lit, en me disant: —Satisfaites-vous! & .. ne me.. trompéz pas!... gamahuchéz.. mais je veux être pucelle le jour de mon mariage avec M. *Vitnègre*; c'est Un Home veuf; & Mad. Conprenant dit qu'il s'y connaît-. Pendant ce discours, je rassasiais mes ïeux dabord de la vue du plus ravissant des Connins; de celle d'un ventre uni comme l'ivoire; d'une cuisse d'albâtre; d'un cùl de satin. —Depêchéz-vous? —J'inventorie ce que nous devons livrer à ce M. Vitnègre, & tout est bién conditionné, une chose que je te dirai exceptée. Gamahuchons-. J'etais enragé! Je la léchais avec fureur, guettant l'instant de l'émission de sa liqueur virginale, pour me jeter sur elle, de langue ; desorte que je ne le pouvais croire. Mais biéntôt ses tremoussemens m'en convainquirent. Alors, quittant le Conin, je me jetai sur elle. Enivrée de plaisir, il est certain qu'elle m'aurait laissé tout faire : màis son jeune Connichon, quoique bién humecté de son foutre & de ma salive, ne pût être penetré. L'experience qu'il faut, pour enfiler certaines Pucelles, de la pomade ou du beurre-frais, ne m'était pas encore acquise. A la fin, elle me saisit le vit, pour me debusquer. Pressé de sa main douce & blanche, il déchargea, & couvrit d'Un Foutre azuré, son con, son ventre, ses cuisses & sa main. Propre comme elle le fut toujours, elle se debarrasse, & court se laver. —Qui ne dirait (m'écriai je) en la voyant s'éponger cùl, cuisses & Coniche, que je l'ai enconnée !... —Hâ ! si vous étiéz raisonable ! (répondit Conquette-Ingénue), ce joli gamahuchage, tant que vous voudriéz ; car j'ai eû bién du plaisir ! —Voila un joli mot ! Et je lui fis darder la langue dans ma bouche, Moi lui tenant le Conin. —Mais (reprit-elle), pas ce qui m'a salie, dans ce que je viens de laver ! je veux être Sonnête-femme. —Tu dois ton joli Con à ton Père, ma charmante Fille ! —Si vous étiéz plûs riche, je renoncerais au mariage, & je me dévouerais à vos plaisirs. & l'enfiler. Elle émit dès le sixième coup

## IX. Chapitre.

Mais il me faut Un Mari, pour cesser de vous être à charge-. Touché, je la baisai des piéds à la téte, souliér, jambe, front, œil, bouche, cou, tetons, cuisses, cùl, enfin motte, jusqu'à ce qu'elle déchargeât... Ensuite, je signai tout ce qu'elle voulut... Elle était adorée, en ce moment.. Elle se maria, sans me revoir, & m'évita pendant trois mois. Une pareille conduite me rendit furieux contr'elle, & je jurai de la foutre & faire-foutre, si elle retombait entre mes mains, Mille-&-Une-Fois, avant que de lui pardonner!... Mais savais-je alors qu'elle était malheureuse?

Chap. Des Dédommagemens.

VICTOIRE-CONQUETTE, ma seconde Fille, était en province, depuis la mort de sa Mére, chéz sa Tante Jénovefètte, alors mariée avec son derniér Entreteneur. N'ayant plus de Con à ma devotion, je redemandai Victoire. En attendant qu'elle arrivât, je m'accomodai de deux petits Conins encore imberbes, ou du moins à poil-follet, que je parvins à perforer, en les pomadant. C'étaient la Sœur & la Maîtresse de mon Secrétaire, qui lui-même me les livra, comme On le verra par la suite. Nous foutions jusqu'à sa vieille Pellemèle; ne voulant pas aler aux Putains.

Dès que Victoire fut arrivée, je la fis chausser comme sa Sœur, à talons minces-élevés; & cette Enfant, qui atteignait quinze ans, me fit autant bander que son Aînée. Mais je ne cherchai pas à la déflorer, elle ne me servait qu'à me mettre en humeur, & à me faire enconner plûs vigoureusement & *Minone*, & *Conette*, Sœur & Maîtresse de *Traitdamour* mon secrétaire, ou leur Bellemére. Pour cela, quand Victoire rentrait parée, chaussée, je la saisissais par la jupe, & je l'asséyais sur mes genoux, à-crû, moi deculoté, quand je le pouvais : je me fesais caresser, donner de petits coups de langue. Si j'étais à-crû, mon vit lui alait entre les cuisses comme le batant d'une cloche : si elle n'était pas troussée, comme elle était fort-innocente, je me fesais empoigner le vit, en lui disant: " Mignone ! serre-moi le doigt, fort ! fort " ! Minone, Conette, ou la Bellemére arrivaient toujours, Traitdamour en alant chercher Une, dès qu'il me voyait m'enfermer avec Victoire : En les entendant, je remettais la charmante Enfant dans sa chambre par une porte-derobée; j'ouvrais, & je foutais delicieusement, les couilles chatouillées par Traitdamour. Il enconnait ensuite la Même, Sœur ou Bellemére, & je lui maniais les couilles.

Je me serais contenté de cette vie pendant

# X Chapitre.

longtemps, quoique toujours amoureux de Conquette-Ingénue, devenue Mad. Vitnègre, si mes Sœurs Marie & Jenovefette n'eussent trouvé indecent que je gardasse Victoire seule chéz moi. Elles m'obligérent à la mettre en apprentissage pour le linge, chéz des Devotes qu'elles m'indiquérent. Mad. Beauconnin l'y conduisit. Heureusement que la chère Fanfant m'avait, depuis quelques jours, donné la conaissance d'Une grande & superbe Femme-separée, son Amoureuse éperdue, sans que la naïve Victoire s'en doutât, & que cette Belle-femme m'en croyant amoureux aussi, foutit sous moi avec fureur. Car elle m'appelait alors son *Papa*, & me disait : —*Enconne ; enconne... enconne ta... provocante Victoire ! ta... passionnée, ta... tendre Fille-!*

### Chap. de l'infame Mari.

MAIS le moment approche, où je dois recouvrer Conquette-Ingénue.. Mon desir le plûs vif, même dans les bras de Mad. *Moresquin* ( l'Amie de Victoire ), était de faire Vitnègre cocù ! Un-jour, ma Conquette me rencontra sur le Pont-*Notredame*. Elle était malheureuse : elle vint se jeter dans mes bras. Je fus si ému, que toute mon anciénne colère s'évapora. Ma delicieuse Fille était encore embellie dans les douleurs. Mon premiér mouvement fut de lui prendre le con. Mais nous étions dans la ruë... J'alai la voir dès le lendemain-soir, à l'heure où elle m'avait dit que son Mari, ou plûtôt son Monstre, n'y était jamais. Je la trouvai seule en-effet; & dès cette premiére visite, elle m'avoua qu'elle avait Un Amant. Ravi de cette confidence, qui m'annonçait le cocüage de Vitnègre, je la flatái, je l'amadouái; je l'engageái à se le laisser mettre par *Timori* (son Galant). Mais je compris biéntôt que c'était des deux côtés, un amour absolument platonique, où Conquette-Ingénue se consolait au-près d'un Bandalaise, des brutalites d'un Debauché. Elle aimait à parler de son Amant: Et comme j'étais le seul, avec qui elle le pût en sûreté, que je promis de leur procurer des entrevues, je fus cheri.

A la seconde visite, Conquette me découvrit quelques infamies récentes de Vitnègre. Un-jour qu'elle se baissait, pour ramasser quelque-chose, il lui fit prendre le con par Un de ses Amis. Elle s'écria. — Ce n'est rién qu'un con de pris (*dit froidement Vitnègre*)... (*à son Ami*):— Ne t'avais-je pas bién dit, qu'elle avait le poil du con plus satiné que de la soie?... Hé-bién, le dedans est plus doux encore-...

## X Chapitre.

Conquette voulut se retirer. Il la retint brutalement, la fit mettre sur lui, la troussa jusqu'aux cuisses, & lui tint le con, s'efforçant de le faire voir, ou de la branler, pendant tout le temps qu'il fut à raconter, combien, quand elle le voulait, elle donait de plaisir à son Caresseur. —Mais (ajouta-t-il), elle est comme les Putains; il faut la rosser, pour lui faire-faire son devoir-. Il voulut ensuite lui decouvrir la gorge. Elle s'échappa. Mais il l'atteignit d'un coup de pié.... ¶ Quelques-jours après, le Même étant venu dîner, après le caffé, Vitnegre s'étant aperçu que sa Femme, après avoir pissé, avait fait bidet, dit à Culant son Ami: —Voila un con bien propre! il faut le gamahucher tous-les-deux, d'adresse ou de force? Mais dans ce dernier cas, ne t'étonne pas du bruit!... Pour le premier, voila une cléf; elle ouvre la porte du cabinet qui donne sur le corridor. Tu entreras, quand lasse, je dirai très-haut: —Alons, madame, faites-moi beau con, & recommençons-. Et donne-t-en! car je voudrais que toute la Terre foutît la Garse: elle n'est pas assez large-... Conquette fut rappelée. Le Mari la fit asseoir au milieu devant le feu, mit à l'air son vit, ses couilles de Mulâtre, & dit à son Ami d'en faire autant. Comme il hesitait : —Deculote-le tout-à-l'instant, Bougresse, ou je t'arrache les poils du con à la poignée·! Et il y porta la main. Elle fit un cri. Culant mit aussitôt à l'air son vit & ses couilles, en demandant grâce pour elle. —Alons, Bougresse, branle-nous tous-deux, Un de chaque main ?... Je suis son Maître (ajouta le Scelerat); elle m'est abandonnée·. Conquette pleurait. L'Ami demanda encore grâce pour elle... —Hé-bien, qu'elle me suce le vit, ●, à-genoux devant moi, que je lui decharge dans la bouche ? Je dechargeais dans celle de ma première Femme, qui en est morte, & c'était mon delice. Culant observa, que ce serait gâter la plus jolie des bouches. —Hé-bien donc, je vais la gamahucher. —Je banderais trop ! (dit Culant) : passez dans ce cabinet·. Vitnègre y poussa Conquette, & se substitua Culant. Puis il sortit pour aler jouer. Culant gamahucha, & n'osa foutre Conquette, ayant le vit si petit, qu'il ne pouvait être pris pour Vitnègre. Mais il dechargea six fois, & Conquette le double. Il se retira, en lui donnant un coup-de-poing, afin

qu'elle

qu'elle fût persuadée que c'était Vinègre. Mais le soir, à sa rentrée, le Monstre dit à sa Femme: —Hé-bien, Bougresse? as-tu été assez gamahuchée? ce n'était pas moi; je ne t'aurais fait l'honnaur de dechargea six fois; c'était mon Ami. Mais, Garse, tu l'as reconnu, puisque tu en as dechargé douze, & que tu ne bandes pas pour moi. Et le bon coup-de-poing qu'il t'a donné, hém? l'as-tu senti? (l'Infame éclata de rire). Alons, Garse de bâtarde d'Avocat, te voila putain; j'entens que ton con me rapporte. Effrayée, Conquette se promit de le quitter. Ce fut le lendemain qu'elle me rencontra, & de ce moment elle prit de la fermeté contre le Monstre.

Ce recit de ma Fille, quoique plûs gazé dans sa bouche, m'avait revolté! je lui promis un prompt secours.... Mais en-mêmetemps il me fesait bander en Carme, comme tous les recits de brutalités libidineuses. Je demandái des faveurs? On rougit; mais On me laissa baiser un joli souliér vert, qu'On portait pour la première-fois. Je m'en tins là. Cependant à la visite du lendemain, je glissái en riant, une main dans son dos; insensiblement j'en vins aux tetons, qu'elle defendit, mais qui me restèrent enfin. Je me fis ensuite donner de ses cheveux ; puis voulant voir jusqu'où je pouvais la mener, sans l'effaroucher, je la tourmentai pour avoir une petite touffe des poils de son con soyeux. Elle me la donna ; mais en tremblant que son Mari ne s'en aperçût ! Pour la remettre, je la fis parler de son Amant ; & pendant cet entretien, de libertés en libertés, je parvins au con. Elle était si parfaitement à son sujet, que je crois en-vérité qu'elle s'imagina que c'était Timori qui lui tenait la motte !... Je lui dis, en la patinant, que je lui avais trouvé une pension, pour quand elle aurait quitté Vitnègre. Elle rougit de plaisir, & m'embrassa. Je lui dardai ma langue, & elle me fit sentir la sienne... Ravi, j'alais lui demander le Récit de la Manière dont elle avait été depucelée ? Quand Vitnègre s'étant fait entendre, je me jetai dans le cabinet obscur, me proposant de m'évader par la porte du coridor. Mais je fus étrangement surpris de voir un Moine introduit par cette porte ! Il ne m'aperçut pas : je me cachai derrière un grand sofa. Vitnègre entra aussitôt par la porte de la pièce que je quittais. — Mon Reverend-Pére, voulez-vous la foutre avant dîner ? Le Moine, qui devorait des ieux la belle Conquette à-travèrs les vîtrages, parut concentré... Au-bout d'un moment, il repondit :

## XI Chapitre.

*Chap. Pucelage defendu aux gros Vits, pris par un petit.*

—Non : Comme nous en sommes convenus, paſſéz dans la chambre éclairée ; faites-moi voir, en badinant avec elle, tetons, cùl & con : je me reserve pour la nuit. —Hô ! ce coup-ci ſerait pardeſſus le marché. —Non : j'aime à foutre au lit, à ſuçoter langue & tetons; à enconer, enculer, entetonner, &c. à mordre, arracher les bouts... Aléz... Ayéz le vit à l'air, & qu'elle ſoit bién chauffée... De la brutalité-! Vitnègre rentra deculoté auprès de ſa Femme toujours tremblante devant lui. Alons, Bougreſſe, il me faut du plaiſir ? Voi comme je bande, à la vue de ce joli ſoulier vërt ?... J'ai entendu hier un Jeanfoutre derriére toi, qui diſait, qu'il aurait voulu decharger dedans... A-bas ce fichu, que je voye tes tetons.. Comme ils ſont jolis ! blancs !... fermes ! Hâ ! Garſe ! j'arracherais ce joli bouton, ſi je ne craignais de les gâter !... Marche.... Quel tour de croupion foutatif !... Trouſſée, Putain, audeſſus des reins & du nombril, que je voye ce mecaniſme-là ?... Marche en avant, préſentant le con... Retourne-t-en montrant le cùl... Hâ ! le joli mouvement !... Continue, Garſe-à-cùl & à con, juſqu'à ce que je diſe, Hô.

C 2

la... (Elle fit ainsi cent tours, montrant alternativement son cùl, son con)... Cependant le Moine disait: —Ce Bougre là n'a pas le vit si gros que moi, & il n'a pu la depuceler! Hô! comme elle criera cette nuit!... Mais je n'y tiéndrais pas; je la tuerais; elle crierait à faire venir le Voisinage... Je m'en-vais. Et il sortit doucement, en murmurant: Elle est à tuer; elle le sera-!... Au même instant Vitnègre dit, *Hola, Garse engarsée*. Et il vint dans le cabinet. —Qu'en dites-vous? (dit-il): la voulez-vous essayer? Je bandais à n'en pouvoir plus: je repondis bien bas pour le Moine. —Oui-. Vitnègre ala chercher sa Ferme; & la poussant brutalement, —Alons, de-par-Dieu, Garse, Putain, que je te foute... Hâ! comme tu vas crier! Mais songe, sacré Conin de Poupée, à ne pas faire venir ici les Voisines! ou je les laisse tous entrer, sans me deranger de sur ton sacré ventre-!... En achevant ces mots, il me la renversa troussée sur le foutoir mis là exprès, & se retira. Je me précipitai sur ma Fille, qui se sentant enfiler presque sans douleur, ne criait pas. —Crie donc! (lui dis-je bien-bas). Et elle cria à-tue-tête, en se reconnaissant enconnée par un Etrangér. Dès que j'eus dechargé delicieusement, en lui fesant osciller le con, je m'échappai, avant que les Voisines arrivassent; & comme elle continuait à crier, je

## XI Chapitre.

les envoyai à son secours. On la trouva debout. —C'est ma Femme que je baisais (dit Vitnègre). Regardéz y ; il en est encore tout barbouillé. Mais elle est du naturel des Chates; elle mord & crie, quand On la fait bien-aise. Les Voisines rirent, & se retirèrent. Vitnègre dîna, & fut asséz honnête; il craignait que sa Femme n'eût connu qu'elle était foutue par un Moine, & qu'elle ne parlât. Je dînais dans un cabaret en face. Je le vis sortir, & aussitôt je retournái chéz ma Fille, qui me conta tout. Je me tus dabord.

Je lui fis raconter la manière dont je croyais qu'elle avait été depucelée ; parceque ce recit avait du haut-gout pour moi, & qu'il me ranimerait asséz, pour me la faire foutre encore. Elle le fit, dès que je l'eús mise en goût, en lui rapelant de son Amant.

=*Notre première nuit & les trois suivantes, ont valu chacune cinq-cents louis à Vitnègre, à ce qu'il m'a dit par la suite. Dès que nous fumes arrivés à sa demeure, il alluma quatre bougies, qu'il mit autour du lit, sur lequel il me renversa troussée jusqu'aux reins. Il me tourna, retourna, m'examinant, me baisant partout : Il me fesait lever les jambes en l'air, puis mettre debout sur le lit. —Remue du cul (me disait-il), ainsi,*

ainſi (me montrant), comme ſi je te foutais-. Je lui obſervai, que cela était indecent. —Baſt! une Femme eſt la Putain de ſon Mari-... Il me gamahucha. Il s'écria de toutes ſes forces : Elle decharge-! Et il me fit empoigner ſon gros membre, de la couleur & de la groſſeur de celui d'un Cheval. —Alons! alons, que je te foute, à-préſent-. Il ſe jeta ſur moi. Mais il ne put rien. —Foutre! Celles qui diſent que ton Père t'a depucelée, ſont des Gaiſes! tu es pucelle comme quatre. Je voudrais que tout le monde fût-là, pour en être temoin-...... Il me pomada... devant, derrière. Il éteignit les bougies (mon pucelage était vendu), & il parut ſe coucher. Mais ce fut tout-autre; car toute la nuit je fus tourmentée par un gros membre, qui ne put rien-...
[Depuis le mot de ſon recit, Elle decharge! elle decharge! j'avais gliſſé une main entre les cuiſſes de ma Fille, ſans qu'elle s'en plaignît. Ici, je lui hâpai le Con. ═Hâ! Papa! ne me menagerez-vous donc pas plus que les Autres, un-jour où ... j'ai été depucelée! —Depucelée! hâ! celette Fille!... Eſt-il bién-vrai? —Jamais On n'eſt entré... dans ce que vous me tenéz ... qu'aujourdhui.
—O Fille adorée! je ſuis un Dieu, & non

pas un Home... Mais tu m'as fait trop bander: ta précieuse faveur!... ou .. j'aurais... une colique spermatique épouvantable-! Et je l'enlevái vivement dans mes bras; je la portai dans le cabinet obscur.

Chap. *Du plus delicieux des Incestes.*

—Vous voila tous! (me dit-elle) ; & mon Papa lui-même ne me recherche que pour ce trou-là! —Et pour ton cùl, tes tetons, ta bouche, tes ïeux, ta tâille voluptueuse, ton tour provocant, ta jambe, ton pied foutatif, ton âme naïve & virginale, malgré tout ce qu'on a fait, pour te rendre putain-! En parlant ainsi, je la troussais par derrière, courbée qu'elle était sur le foutoir, & je me disposais à le lui mettre en levrète: mais il la falut pomader. Elle reprit: —Mais c'est ma faute! ces recits-là enflâment tous les Hommes: Timori n'a été prêt à me déflorer qu'une seule-fois; & ce fut après ce même recit moins detaillé-. Cependant elle saufuyait, pour que je n'enfilasse pas. Je m'en plaignis tendrement: —Tu veux donc me rendre malade, ma chère Fanfant-? Elle s'attendrit; ses beaux grands beaux ïeux bleus devinrent humides: elle se cambra, pour me l'inserer elle-même, & me dit, en me secondant, malgré

quelque douleur, adoucie par la pomade:
═Quand ma Sœur & moi nous vous l'avons
vu tant de fois mettre ainsi à ma Mère, sur
le pied de votre lit, vous criiez de plaisir!....
n'aléz pas en faire autant! Vitnègre peut
revenir-? Je lui promis le silence, telles
delices que j'éprouvasse... J'enconnais. Ma
Belle fesait de petits mouvemens de contra-
ction du Conin. Jamais satin ne fut aussi doux
que l'interieur de ce Conin celeste: Conin encore imberbe n'est pas plus étroit! ═Hâ! si
ton Gueux avait connu le prix de ton divin
Con, il t'aurait defoncée, eusses-tu dû en
perir. ═Non: comme il l'a trop gros, il
craignait de m'avachir: Il se branle, ou me
fait le branler, en me tenant le poil, ou une
fesse, & decharge...en... blasphemant. (*Elle
se contracta, et dechargea*). Je partis alors
delicieusement, en me recriant, malgré ma
promesse. ═Remue du croupion (ne cessais-
je de dire), remue du Conin, mon Ange?...
Bon,.. bon!.. encore? encore-?... Et elle se
contractait, en redechargeant, au-point que
le fond de son Con me pinçait, & me suçait le
bout du vit.... Je dechargeai trois-fois, sans
deconner: & elle, peutêtre six-fois. Ce que
je sentais à ses tremoussemens convulsifs.
Enfin, elle se pâma... Je deconnai, dès qu'
elle cessa d'émettre. Elle se lava aussitôt,

craignant que Vitnègre, en arrivant, ne lui prît & ne lui flairât le Con, suivant son usage, même devant le monde qu'il amenait.

Pour nous reposer, nous alames causer à la lumière. Je lui revelai là toute l'avanture du Moine, pour lequel Vitnègre lui avait fait si longtemps tenir en vue tetons, cùl, Conin : je lui peignis la grosseur du vit du Moine, le double de celui de son Monstre : la joie barbare qu'avait marquée l'execrable Moine, à-côté duquel j'étais caché, de la pourfendre & de la tuer, la nuit prochaine, avec son vit comme un timon de carosse... Elle se jeta dans mes bras : ⹀O mon cher Papa? sauve-moi? & je te suis devouée à jamais? ⹀Je te sauverai.. Je lui expliquai comment, & pourquoi le gros Moine s'en était alé; l'assurant que je l'aurais poignardé, s'il avait entrepris de la violer sur-le-champ. Je lui detaillai comment son abominable Mari me l'avait livrée, comptant la donner au Moine, auquel elle était venJue. ⹀Tu sais, ma ravissante Fille comme je te l'ai mis? c'est moi, contre tout espoir & toute vraisemblance, qui ai ravi à nos Ennemis, ton celeste pucelage?

Conquète me donna un joli baisér sur la bouche. ⹀Mais comment me sauveras-tu? ⹀Je viendrai te prendre dans une heure; je t'emmènerai; tu coucheras dans ta pension:

C 5

Aussitôt que tu seras en sûreté, je ferai entrer dans le cabinet obscur, avec ta clef, & coucher dans ton lit, la jolie Putain du *Port-au-bled*, deja prévenue, comme pour y coucher avec moi. Je guetterai: Dès que Vitnègre & le Moine seront arrivés, je m'échapperai. J'écouterai ; et nous verrons demain-. Ma Fille fut ravie .. Je la sauverai : mais j'aurais dû l'emmener au moment même. Au lieu de cela, je m'amusai à lui faire raconter la seconde et la troisième nuit de son mariage.

### Chap. DU CON & DU CUL VENDUS.

VOICI comme ma celeste Fille reprit la narration que je désirais :

=*Le second soir, Vitnègre recomença les mêmes choses. Il me prenait légèrement la gorge:* =*Ferme comme un gland-!* (*disait-il*)... *Il me plaçait comme s'il m'avait montrée à Quelqu'un (ce qui n'était que trop réel!) Après avoir mis en vue ma Conque, il me tournait pour faire voir mes fesses.* =*Elle est encore pucelle* (*dit-il, comme s'il se fût parlé à lui-même*) : *pour la perforer, il faudrait la pomader en diable ; & se pomader à soi-même le v...-. Il me gamahucha violemment ; & quand j'eus émis su-*

## XIII Chapitre

fisamment, selon lui, il me laissa reposer. Après un court sommeil, je m'éveillai couchée sur le ventre, ayant sur moi un Homme, qui s'efforçait de m'introduire dans le fondement un fort gros membre. Mais quoiqu'il n'eût aucun égard à mes soupirs douloureux, il ne put jamais s'ouvrir le passage par la rosette de mon anus (ce fut son expression, prononcée très-bas à Quelqu'un). J'entendis ensuite, dans cette pièce-ci: —Il faudra qu'un v... moins gros que le mien, me la fraye... Voyons, toi? Trop gros, de beaucoup—!... Je n'y comprenais rien. Je m'endormis, & ne m'éveillai plus.

Le lendemain, dans la journée, Vitnègre m'ayant beurré la rosette, & plongé son membre dans l'huile d'olive, me fit coucher sur le ventre & retrousser. Il se mit sur moi, en disant: —Il faut que j'en tâte de ce ragoût de Bougre—. Je lui représentai, qu'il m'avait essayée toute la nuit. = Ça va jusqu'à toi (me repondit-il), & ça te passe. ... Hâ! que d'argent me vaudraient ces deux bijoux-là, s'ils étaient connus—! Il fit tous ses efforts, me martyrisa deux heures durant sans succès, & finit, parcequ'une copieuse dech--ge... lui ôta sa roideur & ses forces....

*Le troisième soir*, il repeta encore tout ce qu'il m'avait fait... A mon reveil dans mon premier somme, je me trouvai sur le dos, ayant un Homme sur moi, qui m'attaquait le Bijou de toutes ses forces. Je m'écriai ! Vitnègre me dit : " Decharges tu, ma Fille" ? On me quitta, & Vitnègre ajouta : ⸺Si tu cries comme au feu, dès que je voudrai te le mettre, nous voila bien !... Alons, empoigne-moi le vit, que je dech--ge... Chatouille-moi les coui-les de l'autre main... Tiens, comme je fais à ton C--n. Va, va, va... vaah-. (Il ne m'appelait encore ni Futain, ni Garse; ce ne fut qu'au bout de six semaines ). Mais ce n'était pas lui que je maniais; j'en ai fait l'observation depuis. On émit six fois de suite, je secouai cet Homme plus d'une heure. Il en fut une autre à me gamahucher. Je n'en pouvais plus !... Il me fit ensuite lui pisser dans la bouche, & n'en perdit pas une goutte, il avala tout. Il me laissa enfin.... Si je n'avais pas été dans une securité parfaite, je me serais bien aperçue, que Vitnègre le reconduisait, en disant, —L'operation, l'operation-! Mais me doutais-je de rien?...

Je rebandais, malgré quatre decharges, et déja je disais à ma Fille : ⸺Conin celeste, je

## XIII Chapitre.

n'en puis plus ?... Je ne te cacherai pas, ma delicieuse Amie, qu'outre ma paſſion pour toi, qui eſt inexprimable comme ta beauté, j'ai un excitatif puiſſant : c'eſt de faire cocu Vitnègre. Je voudrais, s'il était poſſible ſans triturer tes charmes divins, que toute la Terre te paſſât par le con, pour qu'il fût le cornard univerſel... Viens me donner le bonheur-? Et je l'emportais, quand nous entendimes tourner la clef. Je me cachai auſſitôt dans le cabinet obſcur.. C'était Vitnègre, qui rentrait avec un Jeunehomme. Nous entendimes clairement, qu'il lui diſait avant d'entrer : ⸺*Tu as le Vit comme il le faut : c'eſt ce qui me fait te donner pour ſix bougres de louis, un pucelage qui en vaut mille. Il eſt eſſenciel que je te ſurprenne, et veuille la tuer : Tu me ſupplieras, et je n'accorderai ſa grâce, qu'autant qu'elle te ſeconderа, pour l'enconner. Mes gros Vits s'ennuient de ne pouvoir la Foutre ou l'Enculer. Ils me paient une groſſe penſion : Auſſi je la nourris bien, et tu vois comme elle eſt miſe. Tu me l'enconneras dabord : c'eſt le plus preſſé : Demain, tu l'enculeras. Sache que ſon Mari l'adore : s'il la rudoie, c'eſt pour la rendre ſouple à toutes ſes volontés. Elle me vaut trente-mille francs, en trois mois de mariage. Entrons : elle va te ravir : mais point de pitié-? Tel fut le discours du Monstre.... Je poussai Conquette devant moi; je la conduisis à sa pension, d'où elle revint avec moi. Il était nuit. Je pris Conillette la putain, arrangée, appetissante. Conquette nous précédait. Rassurée par ma présence, elle ouvrit le cabinet obscur. Elle entra. Nous la suivions. Je dis à Conillette de s'étendre foutativement sur le pied du lit... Cependant ma Fille se présentait. Elle fut reçue avec transport? Le Jeunehomme, appelé *Lenfonceur*, et Vitnègre lui-même, la couvrirent de louanges. On ne lui baisa que la main. Vitnègre neanmoins, qui (de même que les trois Fouteurs à gros vits, et le Moine), était fou de sa chaussure à talons minces élevés, lui baisa le pied. Il lui dit ensuite : =*Ha-ça, ma Fille, alons-y par la douceur : Il serait malheureux pour moi de renoncer à te le mettre : il faut se faire une raison : mon Vit est trop gros : non préparée, il te dechirerait : Voici un vit mieux proportionné, qui va te perforer, sans decharger : ainsi percé, mon gros Vit penetrera cette nuit au fond de ton con : Voi-moi ce vit-là-?...* Et il mit à l'air le vit de l'Enfonceur, ou plûtôt de Timori... Il falait que Vitnègre eût decouvert, on ne sait comment, l'inclination de sa Femme inspirée par le beau Blond, pour en user come on va le voir.

# XIV Chapitre.

### Chap. Le Jeunehomme, la Fille, le Moine.

Ma Fille, en reconnaissant son Amant, que son Mari lui amenait pour l'enconner, avait rougi de pudeur, ou de desir. Elle trouva moyen de venir à moi, pour me dire: —Faites disparaître la Fille, on ne l'emploiera que cette nuit—. Je vis bien qu'elle voulait être foutue par son Galant. Je cachai la Putain. Voici maintenant le recit de ce qui va se passer:

Dès que Conillette se fut comodément arrangée derrière le grand sofa, Conquette retourna auprès des deux Homes, qui la rapportèrent au toutoir, assise à cùl-nu sur leurs mains unies. »Alons, ma petite Garse de Femme, (lui disait Vitnègre), tu vas pourtant être depucelée, foutue! Mais ce n'est rién! c'est quand tu auras Un gros Vit, cette nuit »!... Il la troussait, l'arrangeait. »Lenfonceur, que je remette le vit dedans? »Non, non; ma Belle se le mettra elle-même. »Tu as raison: Il faut qu'elle s'y accoutume ». Vitnègre sortit, et j'observai qu'il laissait la porte ouverte. J'en augurai quelque noirceur: Mais j'étais là.... Timori, bien-bas, dit à ma Fille: »Vous le mettrai-je, ma bonne Amie? »Non, non! il est alé chercher des Ecoutans. [Ce mot glaça Timori]. »Mais il vous estropiera? »Je ne couche pas ici ». Alors l'Amant satisfait, se mit à la gamahucher doucement. Cependant la Voluptueuse dechargea...

Elle était aux Anges, quand j'entendis Vitnègre revenir. Je crus qu'il amenait le Moine. Il entra, passa rapidement, suivi de trois Voisines, auxquelles il disait, -Je vas vous montrer-ça-. Effectivement, il leur montra quéque-chose dans sa chambre... Cependant mon amoureuse Fille, gamahuchée par Un Amant aimé, fit un profond soupir. Les trois Voisines prétèrent l'oreille. "Ce n'est rien (dit Vitnègre); ma Femme est rentrée, et je ne le savais pas. C'est pour elle cette étofe-là. "Hô! il faut la lui montrer! (s'écrièrent les trois Voisines). Le Moultre retint Celle qui alait la chercher. Il prit la lumière, en disant. "Je vais auparavant voir si elle ne dort pas". Il ne fut qu'à la porte, où il s'arrêta d'un air de surprise et d'horreur!... Il recula. Mais les trois Voisines avaient vu comme lui, pardessus son épaule, Conquette troussée, étendue à la renverse sur le pied du lit, la tête d'Un Homme entre ses cuisses... Il les fit sortir par le corridor, en se frappant le front...

Il avait rempli son but. Si sa Femme criait pendant la nuit, les trois Voisines, qui se croyaient bien au-fait, y mettraient les Autres: Si Mad. Vitnègre perissait écalventrée par le timon du Moine (qui étant extrêmement riche, devait la payer 60-mille francs, et qui en avait déja tué plusieurs, choisissant toujours les plus étroites), ce serait la Morte qui aurait tort... Cependant Vitnègre rentrait auprès des deux Amans, qui avaient changé de position: Lenfonceur, après avoir déchargé

## XIV Chapitre.

par terre, s'était remis sur le ventre de ma Fille : " Hé-bien ? (dit l'infame Mari), est-elle enfilée ? bien enconnée ?... Dechargéz vous ? decharge-t-elle ? " Nous avons decharge (repondit Timori-Lenfonceur) " Je vas sortir (reprit Vitnègre): Ramone-la moi encore pendant une bonne demi-heure, que je serai dehors... Et ne vous étonnez pas de ce que vous aléz entendre : j'ai mes raisons ". Il ala dans le corridor, dont il ouvrit doucement la porte, ét se mit à crier sourdement, comme s'il avait bourré sa Femme à coups-de-piéds, " Hâ Garse ! hâ Putain !... Tu fous, sacrée Salope ! Quand je suis sorti, tu raccroches !... Je vais chéz le Commissaire "! Il ouvrit la porte bruyamment, ét la referma de-même. Mais il dit tout-bas, avant de s'éloigner : " Remue du cûl, ma Petite Femme !... Courage, Lenfonceur ! fraye-moi la bien " !

" Voila un rusé Scelerat ! (dis-je à ma Fille, pendant que Timori observait la sortie de Vitnègre) : Le Moine t'aurait tuée, ét il ne neglige rién pour motiver ta mort. " Sauvons-nous ! (me dit-elle). " Non, non : nous sommes asséz pour te defendre. Feins à Timori que j'arrive-... Le Jeunehomme rentra. " Voici mon Papa, arrivé a propos ! " Hâ-oui ! (repondit Timori), sa présence pare à tout; car j'alais proposer de nous enfuir. Mais à-présent, voyons ce qui arrivera ". Je lui montrai Conillette, ét je fis entrevoir notre plan, que Timori trouva merveilleux !... Le temps s'écoula vite. Nous entendimes revenir. Timori reporta la lumière dans la chambre ; nous nous cachames ma Fille et moi; tandis que le Jeunehomme s'étendait sur le ventre de Conillette troussée... » Que ton vit ne m'approche pas! (lui dit-elle), je suis gâtée; que tes couilles ne me touchent pas le poil ; jai des morpions »!..... Vitnègre entrait, suivi du Moine, que le Voisinage aux fenêtres prit pour le Commissaire.

### Ch·p. Du Fouteur à la Justine.

Le Moine ôta dabord sa robe. Mais nous l'avions tous vu. Il mit ensuite à l'air un vit, si monstrueux, que ma Fille tremblante m'étreignit dans ses bras » Hò! qu'il est gros (dit Vitnègre). »Il a tué deux de mes Sœurs Religieuses, qui avaient fait chacune deux Enfans de notre Prieur : j'ai tué toutes les Femmes que j'ai enconnées : il n'y a que ma Mère que je n'ai pas écalventrée; mais je n'eûs pas de plaisir; la Vieille Garſe ne saigna presque pas! j'eûs peu de plaisir... Pour ta Femme... hâ. quelle rage!... Mais elle est foutue... elle sera morte avant que j'aye achevé de l'enconner... Je l'enculerai expirée... Je t'en apporte le prix : 60 mille francs en *billets de la caisse.*... Vitnègre le compta ; les serra. »Si je pouvais l'enconner une pauvre fois ! »Tu te fous de moi !... Après, après : elle sera encore chaude ».... Je fremissais! et comme j'avais deux Pistolets chargés, je fus tenté de brûler la cervelle à ce Monstre : mais il alait avoir la verole... »Voulez-vous, avant qu'elle soit

# XV Chapitre.   35

abîmée, lui voir le con ? sa jolie figure ? » Non ! cela m'amollirait le vit.... Conduis-moi sans lumière ». Ils vinrent à tâtons.

Vîtnègre précedait, pour éloigner Lenfonceur. Trouvant une Femme seule, ét troussée, il voulut lui mettre, en soupirant, sa langue dans le Con. Elle l'en empéchait, quand le Moine faillit de l'écrâser, en tombant fur la Fille. Vîtnègre fut obligé de se retirer a quatre — Le sérvacte du Père *Foutàmort* (comme Vîtnègre le nomma), ce fut de mordre le bout des tetons de sa Monture, en lui dardant son engin, qui ne pouvait entrer dans ce vaste Con, encore élargi par une éponge, que la Fille venait d'en ôter. Conillète fit un cri perçant ! et se sentant déchirer le Con, elle voulut se derober, en égratignant des deux mains. Foutàmort, qui savait bien qu'elle ne pouvait en échapper, ét dont le plaisir était d'autant plus grand à tuer une Femme, qu'elle était plus belle ét plus étroite, ne la ménagea pas : tout en l'écartelant, il lui arracha le bout des seins avec ses dents. Un profond évanouissement, ou la mort, fit cesser ses cris... Je me repentis de n'avoir pas d'abord tiré un coup de pistolet à bout-portant dans la tête du Moine.... Mais les Voisins au bruit auraient peutêtre enfoncé les portes : ce fut ce qui me retint... Foutàmort parvenu au fond du Con de la Fille écalventrée, déchargea enfin en jurant ét rugissant.

» Fous un coup ( dit-il à Vîtnègre ), avant que j'encule la Garse »? Le Scelerat vint : mais voyant un cadavre plein de sang, il se retira.

« Elle est morte ! (dit-il). Foutàmort la tâta :
» Non ; le cœur bat encore : vite que je l'encule ». Le cùl de Conillète était bién plùs é-
troit que son con ; le Moine haletait. Il en
vint cependant à-bout : car il dit à Vitnègre :
» Je n'ai fait qu'un trou des deux ». Et il dechargea horriblement !.....

Ma Fille épovantée, m'étreignait par le milieu du corps. Vitnègre pleurait : » Ma pauvre Femme ! je t'ai livrée à ton Bourreau ! » Ne
te l'ai-je pas payée ? (dit le Moine) : Elle est
bién à moi... Ainſi, va te coucher, ét fous tes
60-mille livres : tu me gênes. Pour moi, pendant qu'elle est encore chaude, je vas, pour
mon argent, foutre cinq à ſix fois le cùl ét le
con de ma Putain ». Vitnègre ala ſe coucher
dans un petit cabinet, où il s'enferma.

Auſſitôt Foutàmort s'acharna inépuisablemt
ſur sa Victime expirée.... Enfin épuisé, il a-
la chercher la lumière, pour en repaître ses
cruels regards... J'ai dit que la Fille était jolie. » Elle est belle encore ! (dit le Monstre) :
Mais la figure de la Putain est toute bouléver-
ſée ; elle ne se ressemble plus à elle-même...
Il lui regarda le Con, en lui soulevant le cùl...
Il la laissa retomber, en éclatant de rire : » Ma.
foi, la Gueuse n'a plus qu'un cùl, ou qu'un Con
... je ne ſais lequel... Mais est-elle bién morte ?
... Il la deshabilla, l'emporta nue dans l'autre
pièce, la mit sur une grande table ; ala prendre
un vaſte saladiér ; tira un bistouri [Nous le vo-
yions par la cloison vîtrée] : »Decharnons-la».
Il lui cerna la partie charnue des seins, la motte

## XV Chapitre.

tout-entiére, la chair des cuisses ; lui fendit le ventre, lui arracha le cœur, les poumons, le foie, La vessie, La matrice; La retourna, Lui enleva la chair des fesses, lui coupa les piéds chaussés, qu'il mit dans une poche, les mains, qu'il serra dans l'autre. Il La retourna encore; Lui coupa la langue, la tête, ôta la chair des bras. Il vint ensuite chercher sa chemise ét un drap du lit, en disant : »Voila un bon regal pour nos Moines ét pour moi«. Le terrible Anthropophage mit le saladiér dans la chemise ; ensevelit le corps dans le drap ; fit lever Vitnègre pour le coudre ; puis il Lui dit de publier le lendemain, que sa Femme se mourait ; de La mettre le soir dans une biére, ét que Lui Moine se chargeait de La faire enterrer. Et après Lui avoir recomandé de bién effacer au grand jour toutes les traces de sang, il sortit vërs les 3 heures du matin, emportant son saladiér de chair humaine.

Vitnègre pleura dabord. Mais nous ayant entendu remuer, pour sortir, le Lâche eüt une frayeur si grande, qu'il ala s'enclore dans son petit cabinet. Nous sortimes donc tout à notre aise. Comme nous traversions la petite cour, nous entendimes les Voisins qui disaient fort-bas : »Il ne l'a pas tuée; voila qu'On l'emmène«!... Nous nous mimes à fuir par de petites ruës, dès que nous fumes dehors, de-peur d'être suivis. Et bién à-propos! nous entendimes courir. Mais On ne prenait pas notre chemin. Je remenai ma Fille à sa pension, laissant là Timori, pour observér, ét lui promettant de revenir dans une demi-heure.

» Voila donc ( me dit-elle ), quel serait à-présent mon sort, si, en vous accordant mes faveurs, je n'avais pas reculé votre départ! O mon cher Papa! tout mon corps est à vous, pour en faire ce que vous voudrez »! Je lui demandai sa bouche. Elle me darda sa langue; et nous arrivames. Je lui dis de se coucher. » Non, non! ét mes malles .. mes bijoux; si nous pouvions les avoir »? J'admirai sa présence d'esprit!... Il était près de 5 heures. Je courus rejoindre Timori, qui se promenait devant la porte. » Rién encore » ( me dit-il ). Un instant après, nous vîmes sortir Vitnègre. Timori le suivit, ét j'alai chercher ma Fille, sa présence nous étant necessaire, si d'officieux Voisins nous arrêtaient. A mon retour avec ma Fille, ét deux Crocheteurs, je retrouvai Timori, qui nous dit que Vitnègre avait passé le boulevard. Ma Fille ouvrit: Nous chargeames quatre malles préparées, mais cachées, nous sortimes sans être vûs, ét nous allames, par des rues detournées, chez mes Affidés.

Ce fut alors que ma Conquête fut tranquile! Elle se coucha, ét nous alames reposer chacun chéz nous Timori ét moi

Chap. *Foutoir: petit Magasin: Enterrement: Amour.*

Nous en sommes aux fouteries par excellence; à celles qui vont agir envers ma delicieuse Conquette-Ingénue, ma ravilante Victoire-Conquette, faire leur fortune, la

## XVI Chapitre.

miénne, en leur ôtant une fausse delicatesse, & decouvrir une chose admirable, qu'On ne verra qu'à la fin. La route que je vais prendre, pour former ces deux Belles & leurs Compagnes, étonnera dabord! mais en toutes choses, il faut attendre le derniér resultat... Reprenons ce charmant Recit, en fesant préceder quelques fouteries préparatoires, qui ameneront les grandes. Mais il n'y aura plus dans le reste de l'Ouvrage, aucune horreur qui ressemble à celle du Moine *Foutamort*. Les horreurs à la *Dsds* sont aisées à présenter; c'est la peinture de la douce volupté, qui est le chéfd'œuvre du Genie.

La première visite que reçut Conquète, le lendemain, jour de son enterrement, ét à la même heure, fut celle de Timori. Il la trouva chéz ses Hôtes. Il venait Lui raconter, comment, après étre morte la nuit précedente, elle venait d'être enterrée. Mais Il ne pouvait parler devant le monde. Or, j'avais dans cette même maison, à quelques marches au-dessous, mais sur le derrière, un petit Magasin, où je cachais chaque Nº de mes ANNALES, que supprimait le Gouvernement d'alors. Ma Fille y devait faire mettre son lit, le soir même : il y aurait sans-doute été deja ; mais elle ne fesait que de se lever. J'y avais placé pour mon usage, celui de mon Secrétaire, de sa Sœur, de sa Maitresse ét de sa Bellemère, un routoir comode, dans le ventre duquel on pouvait parfaitement se cacher. [Vitnègre en avait un tout pareil, dans lequel il se mussait, quand Un de ses trois Payeurs venait, pour essayer de depuceler le Con ou le cùl de sa Femme, qu'il appelait, sa *Poule aux œufs d'or*: il voulait tout voir, craignant qu'Un des Trois ne la Lui enlevât: C'était aussi par volupté; il était passionné pour la chaussure de sa Femme: Lors donc que tendrement gamahuchée par Un des trois Bougres ('car ils l'adoraient, ét ils vont bien La regretter); elle émettait, il lui tirait un soulier, qui se trouvant étroit vèrs la pointe, lui servait de con: Aussi disait-il à ses Intimes: *Je n'ai jamais foutu ma Femme qu'en soulier*]. Conquette sentant bien que Timori avait bien des choses à lui dire, ét qu'il ne pouvait parler, prétexta qu'elle avait laissé dans mon magasin une Lettre à Lui montrer. Elle avait une double cléf: Ils y descendirent ensemble.

Je venais d'y arriver. J'entendis la marche de ma Fille, sa voix basse, ét celle de Timori. Je me cachai dans le Foutoir. Ils entrèrent. Conquette ferma soigneusement la porte, la couvrit du matelassement qui empêchait qu'On ne fût entendu audehors, ét ils s'assirent sur Moi.

„Hâ! Madame! (dit Timori), quelles scènes!... Il avait decouvert que je vous aimais, à mes regards, ét parcequ'un-jour étant avec Lui chéz vous, pendant qu'Un de vos Acheteurs vous caressait sous son nom, il me vit baiser à la derobée une de vos chaussures. Mais il paraissait ignorer non-seulement que vous m'aimiéz, mais que je vous fusse connu. Hiér,

à

# XVI Chapitre.

à 3 heures, m'ayant trouvé au Caffé, il me dit: „Je ne saurais depuceler ma Femme; j'ai le Vit trop gros: Tu es beau garçon; je t'ai choisi, pour la depuceler aujourdhui, à l'instant; je te demande seulement six louis, qu'elle aura pour ses épingles". Je les lui donnai surle-champ, et nous partimes... Vous savez le reste...    Ce matin, après vous avoir quittée, j'ai été me reposer jusqu'a 10 heures, que j'ai été à mon Bureau. Mais passant devant sa porte, j'y ai frappé. J'ai entendu deux Voisines qui se disaient fort-bas: „Le Confesseur y est! ce n'est donc pas elle qu'On a emmenée cette nuit".
... L'Infame m'a ouvert. L'horrible Moine était avec lui. Un Frère avait apporté la biére bien envelopée, et il recitait tout-haut des priéres auprès du Cadavre dans le cabinet obscur. „C'est un Ami ( a dit Vitnègre )... Ma pauvre Femme est morte! „Morte! (ai-je dit). „Elle est expirée dans les bras du Reverend Père" J'ai fremi de l'expression!... Le Moine a dit: „J'ai fait toutes les demarches: nous avons la permission de l'enterer sans bruit: ce sera pour 3 ou 4 heures". Je suis sorti...

En revenant de diner, vers les 4 heures, je suis repassé. Deux Prêtres, quatre Porteurs, le Moine et le Frère, ont emporté le corps, sans chanter. Il est inhumé. Nous verrons la suite des évènemens... Je les observerai.

Ma belle Amie! On vous croit morte: vous êtes libre: M'accorderez-vous vos précieuses faveurs? „Mon Ami! (repondit modestemt Conquette), je commence par vous remercier de l'important service que vous m'avéz rendu! mais Un-autre m'en a rendu un plūs important encore : seul il m'aurait sauvée : Si mes faveurs étaient encore à Moi, elles feraient à vous. Mais elles sont à mon premier Amant, qui caché, a decouvert toute-la trame : Il venait de me deflorer; il me l'a mis encore après. C'est votre unique Rival : mais il est adoré : fon nom, que je vais vous dire, va vous prouver toute mon eftime, ét que vous avéz toute ma confiance : C'est mon Papa »... A ce mot, Timori tomba aux genoux de son Amante : » Fille angelique! Fille divine! (Lui dit-il), je reconnais là votre piété filiale ét la beauté de votre âme! Foutéz avec votre Père ; que lui-feul vous enconne! Vous seriéz digne de foutre avec Dieu, fi Dieu foutait!... Mais je demande à vous gamahucher, ét fi votre Papa le permet, à vous enculer? » Mon aimable Ami! (lui repondit Conquette, en le caressant de la main), vous êtes bien raisonnable » !.

Timori se deculota, lui mit dans la main un vit à pucelage, plūs petit que le mién, se fit chatouiller les couilles, ét la voulut branler. Elle s'y refusa. Alors Timori la renversa, la troussa, ét lui supa savoureusement le Con... Non, jamais l'On n'entendit de pareils soupirs!... » Hâ! Timori.. ta langue vaūt un vit ». Elle avait émis dès le troisième coup de langue, ét dans son delire, elle élevait ses jambes en l'air, fesait claquer ses jolis talons, haussait du cùl, pour favoriser l'application de la bouche de son Gamahucheur, ét l'intromission de la langue qui lui chatouillait

## XVII. Chapitre.

le clitoris. Elle imitait fa Mère, dans ce claquement de talons: car je ne foutais Celle-ci que de jour, foit en Con, foit en cùl, foit en bouche, pour être excité par ce qu'elle avait de mieux, la jambe ét le pied: je lui demandais le claquement des talons, parcequ'il imitait la marche de Femme, fon qui me fefait toujours bander... Lorfque ma Fille eût amplement dechargé, elle écarta Timori.

Chap. Du *Pucelage du cul*: *Le Père enconneur*.

La celefte Conquette-Ingenue fut toujrs auffi jufte que belle & fenfible: qu'On ne foit donc pas furpris de ce qui va fuivre.

Elle fe mit fur le ventre, ét lui dit: "Mon second Ami! pommade-moi: Mon premiér Ami a eü le pucelage de mon Bijou; il eft jufte qu tu aies celui de ma Rosète; mon Papa sûrement m'approuvera? "O Deeffe! (repondit Timori, en lui inferant de la pomade dans l'anûs avec une canule), que tu es raisonable! Il aura le Conin, Moi la Rosète, ét nous jouiront chacun d'une fouterie à nous-feuls". Timori enfonça, malgré quelques petits cris de ma chère Fille, et après de vives saccades, il dechargea, en s'écriant: "Foutre! foutre! quel cùl.. quel plaisir des Dieux"! Et il se pâma... Il fut épuisé, ét de fperme ét de forces, par ce coup feul... Auffi fe rapela-t-il, à mon grand contentement, qu'il était atendu à 7 heures. Il laiffa l'amoureuse Conquète-Ingenue étendue fur le lit, après l'avoir remise fur le dos, afin de lui donner quelques coups de langue au Con, pour baiser d'adieu. Il aluma sa bougie, sortit, et tira la porte.

Aussitôt je quittai ma cachette, et je m'élançai sur mon adorable Fille, que les trois dardemens de langue avaient émue, et dont le Con oscillait vivement. »Quoi! vous étiéz-là?« »Oui, ma Divine. Il encule; moi, j'enconne. Tu me causes une érection terrible!« »Adoré Papa, foutéz... foutéz-moi! (et c'est la première-fois de sa vie qu'elle prononçait ce mot); je n'en puis plus moi-même«... Elle me saisit le vit, et se le mit dans le Connin: »Pousse! (me disait-elle): Il entre.. Pousse! vit de Dieu! vit paternel! émets du foutre dans le Con de ta Fille «!... En parlant ainsi, elle remüait tellement du cûl, que je me trouvai biéntôt au fond de son Connin. Vive la fouterie ordinaire! c'est la meilleure manière des *quarante*! J'avais la bouche, la langue, les blancs tetins de ma Fille, ses caresses, la vue de son charmant visage, toujours joli au double dans Une Femme qu'On fout, ses doux propos: »Chër Vit! Vit divin! comme il me chatouille le Con!... Pousse!.. Hâ! Bougre! je me pâme... je dechar... arge du fou...outre!... Ta langue! chër Amant! Enconneur adoré!... Hè je redecharge, Fous Sacrébougre! Suce... mordille-moi les tetons «!... Je dechargeai delicieusemt à la seconde émission de ma celeste Fille. Au fond de son étroit Connin, je me sentis adorablement pincé par ce que le Vulgaire appelle le clitoris, et les Gens de l'art, le bas du concep-

## XVII Chapitre.

toire ou de la Matrice ; cet organe de volupté, qui n'est atteint que par un vit long, me suçait le bout de l'eugin dechargeant... Et cette idée delirante, en me voyant sur la plus belle des Femmes, renversée sur le dos, bien enconnée, se pâmant de plaisir, »Je fous ma Fille... Je lui decharge dans le Con... Nos foutres mêlés peuvent lui faire un Enfant tout de moi... Je fais cocu le gueux, le scelerat de Vituègre ! Je fous sa Femme, qu'il croit morte, qu'il n'a jamais foûtue... Nous la foutons Timori et moi, l'Un en Con ; l'Autre en cùl, tandis que le vil Jeanfoutre se branle le vit à sa divine intention ... Il la croit écartelée par le Vit-timon de son exécrable Moitié... et son étroit Conin decharge avec nous, comme celui d'une Princesse, foutue par Un Jeune Garde-du-corps !... Ces idées, rapidement roulées dans mon imagination, doublaient, triplaient ma volupté.....

Ma Fille me fit déconner : »J'en suis pleine, me dit-elle ; le devant, le derrière ; il faut que je me purifie». Je courus lui chercher de l'eau tiède chez son Hôtesse, Mad. *Brideconin*, que je trouvai seule auprès du feu, des tetons blancs comme neige découverts. Je les baisai, pris l'eau qui chauffait pour elle. Son Mari me dit: »Je viens de le lui mettre, à l'intention de votre Fille, la charmante Mad. *Poil'oyeux* (nom que je lui avais donné, pour qu'elle ne portât pas celui de son infame Mari). Je rentrai. Je lavai moi-même avec une fine éponge les charmes secrets de ma Deïté. Il y avait un peu de sang à la rosette, et même au Conin. »Hé ! quoi, ma Delisieuse, tu as donc encore souffert ? " Oui, mon chèr Bourreau: mais le plaisir l'a toujours emporté, même en cùl».... Conquette purifiée, me dit : " J'étais si pressée de jouir avec vous, que je n'ai pas pris le temps, Papa-Sauveur, de vous demander votre sentiment sur ce qui s'est passé entre Moi ét Timori ? " J'ai aussi bien des choses à vous dire là-dessus, mon Ange : mais nous alons souper. Vous avez besoin de repos, ét Moi aussi ; ce sera pour demain »... Je lui donnai la langue ; elle me darda la sienne ; je baisai les boutons rose de ses tetons, ét nous alames nous mettre à table.

Pendant le soupér, je racontai à M. ét Mad. Brideconin ce qu'il falait qu'ils sçussent de la prétendue mort de Mad. Poilsoyeux, afin qu'ils ne la compromissent jamais. Pendant le repas, notre Porteur-d'eau ét sa Femme placèrent le lit de ma Fille dans mon magasin ; ét dès qu'il fut arrangé, nous y descendimes ensemble. Ma belle Amie me dit : " Je crois que j'aurai peur : priéz Mad. Brideconin de venir coucher avec Moi " ? " Je vais rester, ma Reine. " Há ! j'aime bién mieux cela ! non pour jouir ; mais pour que mon Amant-papa s'endorme sur les tetons de la Femme de Vitnègre, pendant qu'il se morfondra, ou qu'il ne .. qu'un de mes vieux souliérs. " Ma divine Fille ? (repris-je), je vais, dès ce soir, te dire ce que je voulais remettre à demain. Couchons-nous ".

Je deshabillai ma Deesse come Une Nouvelle-mariée, baisant tout ce que je decouvrais. Tous-deux au lit, je l'assis sur mon vit :

# XVIII Chapitre.

Chap. Des Avis paternels, tenant sa Fille enconnée.

AMI Lecteur! j'éprouve encore les oscillations de la plüs savoureuse volupté, en me rappelant ces momens enchanteurs, que m'a procurés ma Conquette-Ingenue-L**!

» Appuie lentement, ma Reine ; que je t'enfile sans limer »? Elle le fit. Lorsqu'elle fut parfaitement enconnée, je lui dis: »Tu sais, très-cherie Fille, que j'ai tout vu, tout entendu. Tes sentimens divins à mon égad, m'ont penetré de reconnaissance et d'admiration... J'approuve entièrement que tu ayes donné à Timori le pucelage de ton beau cùl. J'accepte avec transport ton devoûment pour Moi. Mais, celeste Fille ! c'est à ton interèt, à ton bonheur, que je me propose de le faire servir. Je ne prétens pas, tel qu'Un Sultan, te garder pour mes plaisirs exclusifs. Tu auras Un Payeur. Lequel des trois Hommes auxquels ton pucelage était vendu, aurais-tu préferé? » Le plüs honnête, incomparable Papa: mais c'est justement Celui qui l'a le plûs gros. » Je te ferai donc élargir le Bijou par Un gros Homme de ma connaissance : Il n'est pas aimable : mais Un Homme aimable pourrait t'épuiser, en te fesant trop decharger ; outre qu'il pourrait te prendre le cœur ; ce qu'il ne faut pas ; Un Fouteur préparatoire ne doit te prendre que le con... Ni Moi, ni Timori ne te suffirions point ; nous n'avons pas le vit assez gros ; ce ne sont que des vits à pucelage. Mais j'ai plusieurs Ressources... Je sonderai Celui que tu préfères ; puis les deux Autres, s'il ne fait pas ton affaire. Je les ai épiés : Je sais leur adresse ; je ne nous compromettrai pas. Je ne te demande que de la soumission ? "Entière ! divin Papa". Elle se tremoussa un peu, et dechargea. "S'il te survient beaucoup de temperament, comme je crois l'entrevoir, j'aurai soin que tu ne manques pas de vits. Tu verras comme tu seras régalée !..... Je ne suis plus d'un âge à te rassasier de volupté. Ainsi, je te le ferai mettre par de jolis Jeunesgens, graduant la grosseur des vits".

Ici, ma provocante Fille s'agita, en me disant : "Mon cher Vit-papa ! permets que je foute en con à l'intention de Timori, le Vit de mon cùl ? Tu m'as couverte ; il m'enconnera, mais en ta présence. "Oui. oui"... Je la saccadai. Elle s'écria : "*Fourgonne .. Vit de mon cher Timori ! fourgonne mon Con ! Fais-moi pâmer ! Bougre..foutre.. Ramonne..ramonne !...ze degarze !* Et elle dechargeait, en se roidissant : "*Ha-ha-ha, mon Papa ! hihaha ! hahahâh*"! (avec un lông soupir)... Je n'ai jamais eû tant de plaisir, qu'à cette decharge... Nous avions de la lumière : ma Fille se mit sur le bidet, pour se rafraîchir le Bijou, tandis que je me mettais le vit et les couilles dans l'eau froide, pour me faire debander. Je demandai à ma Fille, Qui lui avait appris les expressions dont elle s'était servie, en dechargeant ? "Dès la troisième semaine de notre mariage (mé repondit elle), Vitnègre fit coucher avec lui sa Filleule, fem-d'Un Espion de Police : cette Femme, par les

## XVIII Chapitre.

ordres de son Parein, feignait de delirer, quand il l'enfilait; ét voila quels étaient ses propos, avec beaucoup d'autres, qui n'auraient pas été placés pour nous, comme *Gros-bondon, Chien de Vit de mulet, Foutàmort le cadet!* etc» Nous nous remimes au lit, ét nous nous endormimes enlacés.

Le matin, je renouvelai mes instructions à ma Fille. On frappa. C'était Mad. Brideconin, qui parla. Je me cachai dans le foutoir. Elle apportait le dejeûner de Mad Poiſſoyeux. » On cherche Une *Fille* du Port-au-bled (dit-elle), disparue depuis avanhier-ſoir. Une de ses Pareilles a dit, qu'elle devait aler coucher avec Un Homme de 40 ans, qu'elle avait dit Avocat, mais qui est Chirurgien; qu'ils l'ont tuée à deux pendant la nuit, ét disséquée. C'est peutêtre votre histoire, qu'On denature comme ça? Mon Mari doit aler s'informer ». Elle sortit; ét je vins dejeûner avec Conquête. Je la laissai, en promettant de la voir à dîner.

Je fus exact. Brideconin était sorti. C'était effectivement de Conillète, dont il était question. Le Commissaire ét les Mouchards visitaient toutes les maisons de la ruë: mais On ne trouvait rien. Je changeai de costume par précaution... Je revins le soir, ét ne couchai pas. Je me reposai trois nuits, ét laissai reposer Conquete-Ingenue.

On sait que j'aimais ma Fille autant pour elle-même, que pour mon plaisir, ét que je n'entendais pas regler son appétit de 19 ans, ſur mes forces de 40. Mais j'avais encore d'autres raisons. Je vais me conduire en-conſequence.

### Chap. DU *Père Juste,* & *du Vit Grisonnant.*

ON sera sans-doute surpris de ce qu'On va lire, d'après les sentimens que je viens de professer !... Ne me préjuge pas, Témeraire ! Pour me connaître & prononcer, attens.

Je connaissais Un de ces Gourmets de plaisir, gros homme vigoureux, lubrique à l'excès, nommé *Montencon*. Il m'avait donné souvent à dînér, ruë *Trouſſevache,* où il demeurait, m'y avait fait enconner la Petite *Vitſuçète,* sa maitresse, en me la tenant lui-même : Il m'avait même procuré la Fille de son Hôtesse, Petite Bijou, séduite par Un Noble appelé *DeFontâne,* qui l'avait ensuite rendue Putain. Elle nous amusa toute une aprèsdînée : Montencon ayant grisé la Jolie *Adelaïde-Hôchepine,* il eût la politesse de me la faire enconner le premiér, ét chatouiller les couilles par sa Maitresse : Ensuite il l'encula, également chatouillé par Vitsuçète. Je la refoutis, après que la Vitsuçète de Montencon me l'eût lavée. Mais Celui-ci nous dit : « J'ai mes raisons : J'embouche la jolie Garſe ». L'ayant embouchée, ét lui ayant fait avaler son foutre, en haîne de Fontâne, j'en fus degoûté, ainsi que de sa Vitsuçète, dite la *Baiseuse,* à laquelle il en fesait autant : Je n'y étais plus retourné. Ce fut cet Homme que j'invitai à dînér dans mon petit Magasin, pour aguerrir ét m'élargir un-peu ma Fille : (Car j'avais fait donner separément aux trois Payeurs à gros Vits de Vitnègre, MM. *Lélargisseur, Perçecül* ét *Cognefort*) l'espoir obscur de la retrouver, ou sa Pareille.

## XIX Chapitre.

Montencon était connu de Conquête, dont il avait foutu la Mère avant la verole : Il n'en avait que plus envie de le mettre à la Fille. Je le trouvai dans l'escalier, en arrivant moi-même. Je l'introduisis. Il demeura immobile de joie et d'admiration, en voyant Une Femme si belle !... J'avais affaire ; je ne restai qu'un moment, en lui disant, que je lui laissais ma Fille pour compagnie. Il balbucia, en me reconduisant : ″Elle est ravissante ! Quel goût dans sa parure ! Comme elle est chaussée ! ét quel dommage qu'Un Vitnègre ait eü ce pucelage-là ? ″Vitnègre ? Elle est pucelle. ″O mon Ami ! puis-je y tenter ? ét tâcher de mettre aumoins une corne à ce Gredin-là ? ″ Fais-y ce que tu pourras : Mais je doute du succès, avec ton poil gris : Il n'y a que les Catins blasées, qui souffrent les Barbons vigoureux ét libertins : avec les Pucelles sages, il faut être tendre ; ét tu as la figure d'Un Satyre, ou d'Un Reprouvé. Mais tente-s-y″.

Après mon depart, Montencon essaya d'abord de la galanterie. Mais n'y gâgnant rién, il culbuta Conquête à l'improviste sur le routoir ; ét comme il était vigoureux, il lui approcha, en la contenant d'une main, le vit des lèvres du Con... Cependant il ne put l'enfiler; Un coup de cûl en arrière le debusquait... Il alait la menacer de la poignarder, lorsque je rentrai. Conquête se rajusta, sans marquer d'humeur. Je dis tout-bas à Montencon : ″Le pucelage ? ″ C'est Un Diable ! J'en serai reduit à me branler ! ″Tu la foutras ″.

Nous nous mîmes à table. Conquète parla comme à l'ordinaire à son Vellivioleur, et rit même avec lui. Tout-haut, devant moi, il lui demanda, D'où-vient elle ne s'était pas laissée enconner ? » Fi-donc! (repondit-elle). Hé! d'où-vient l'aurais-je souffert? » Parce-que je bandais comme Un Carme. » Vous parlez comme Un Vitnègre »... Montencon ne m'en raconta pas moins ses entreprises, en termes savoureux : Il loua la beauté de la Conque, le soyeux du poil, la blancheur des fesses, la fermeté des tetins, le rosé du bouton, l'éburnité ou l'ivoire du ventre et des cuisses: Il extolla le pied, la jambe de la Belle... Conquètee, ainsi louée, rougissait, et n'en était que plus modeste. Je repondis, Que j'étais le seul qui foutît ma Fille, à laquelle j'avais sauvé la vie, et que j'avais deflorée, il y avait 8 jours. Et je racontai toute l'histoire. » Vous La foutéz? » Hé! qui donc La foutra? Je suis deux-fois son Père »... Montencon se mordit les lèvres. Conquèe m'embrassa.

Pendant tout le dîner, nous admirions le voluptueux tour de hanches de Mad. Poilsoyeux, à chaque fois qu'elle se levait, pour aler demander un plat, ou qu'elle donnait des alliétes. Elle avait un joli soulier rose à talons verts, élevés, minces ; des bas de soie blancs neufs, à coins roses. Je lui demandai, Si elle était jarretée audessus du genou? » Certainement! (repondit-elle); toujours. » En ce cas (repris-je), montrez-nous la plus jolie jambe qui soit au monde »? Elle refusait Mais
nous

## XIX Chap....

nous l'en pressames tant, que pour se débarrasser de nos prières, elle mit le pié sur une chaise, ét nous montra, jusquaudessus du genoux, une jambe, à faire bander Un Moribond. ... Nous entrames en rut, Montencon ét Moi: mais nous nous moderames. Cependant le grisonant Ribaud, dans un moment où ma Fille était sortie, me proposa de l'enivrer, en mettant du champagne, qu'il avait apporté, dans son vin-rouge, aulieu d'eau? Je feignis d'y consentir: Mais avant que Conquête rentrât, j'alai audevant d'elle, ét l'avertit de tout. Puis j'ajoutai: "Ma raisonnable Fille : il faut qu' Il te le mette ; je l'ai amené exprès pour cela ; mais je ne savais comment faire; j'y reflechissais, quand sa proposition m'a tiré d'embarras. Tu feindras de t'enivrer : J'en ferai autant; ét par ce moyen, jamais il n'aura un pié sur toi. Il a l'engin assez gros, quoique moyen: Après lui, je t'aurai *Traitdamour*, mon ancien secretaire, Un joli Garſon, qui achèvera de t'élargir suffisamment, pour l'engin du Payeur que tu préfères. Il est averti de ton éxiſtance, ét je n'ai demandé que quelques femaines, pour Lui procurer ta vue. Laisse-toi donc faire, ma Reine ! j'empêcherai tout ce qui ne conviendrait pas. "Je vous fuis foumise; diſposez de Moi (repondit-elle) : Je me suis trop mal trouvée de vous avoir desobeï"!... Nous rentrames. Entre les deux portes, elle se decouvrit un teton, ét me le fit baiser.

Montencon avait arrangé la caraffe en vin de Champagne : Conquête prévenue le remar-

*I Partie.* E

## L'Anti-Justine.

qua ; s'en procura un autre d'eau, et reserva le vin, pour griser Montencon lui-même. Mais le Ribaud était inenivrable, autrement que par les beaux ieux et les autres charmes de ma voluptueuse Conquête-Ingenue.

### Chap. Du, Há, comme elle fut foutue !

Dès que Mad. Poissoyeux, qui affectait une ivresse aimable, parut dans l'état où Le Montencon La desirait, je la saisis, la première-fois qu'elle se leva, par la taille d'une main, et de l'autre, je lui pris le con. (Outre que je desirais vivement sa possession, je La voulais enhardir, et préparer son Bijou à l'admission d'un plus gros Membre que le mien). Je la renversai, en demandant un morceau du beurre frais resté sur la table. Je lui en mis gros comme une noix à l'orifice ; et je poussai. »Laissez, laissez-moi donc ! (me disait-elle doucement). Cependant elle remuait admirablement de la charnière, et le foutoir craquait sous nous.. Je dechargeai, en me recriant de plaisir ! ...... »A toi, Bougre »....

Montencon debout, son gros Vit bandant à la main, nous admirait !... J'eus à-peine deconné, qu'il se précipita sur ma Fille, dont le conin oscillait encore : et doublement favorisé par mon foutre et par le beurre frais, il penetra. Conquête fit un cri ! Je m'avançai alarmé : Mais elle me sourit aussitôt. »Enfonces-tu ? (dis-je au Fouteur). »Oui, oui ! sacredieu ! (me repondit-il), et avec delices !...

Elle me pince le Vit !... Mais.. quel connin !.. C'est un satin !... Hâ !... hâ !.. je fous !.. Remue du cül, celeste Houri !... Re.. mue, divine Bougresse !... Con delicieux ! remue... sous moi !.. saccade,. saccade !.. Je pa..ars !.. je decha..arge !... Hââh !...! Le Grisonnant se pâma sur les tetons de ma Fille, qui elle-même nageait dans le foutre ét la volupté. J'avais craint qu'elle ne remuât pas asséz avec Un Etrangér : mais dès qu'elle fut limée, elle se mit à remuer, à saccader, à osciller des reins, à decharger avec des soupirs ét des cris... Montencon se remit à la fourgonner, sans deconner, criant, heurlant de luxure, ét murmurant par intervales : ″Divine Garse !.. fais-toi Putain.. ét.. je te repons. de ta fortune.″... Il recommença ainsi trois-fois sans desarçonner. Enfin, il deconna.

″Voila un coup qui en vaut dix, ét un con qui vaut cent, ét mille-fois tous ceux que je t'ai fait enconner, même ma Petite Hôtesse ! On ne le quitte qu'à regret !..... Mais refous-la, mon Ami : Une Femme vaut seize Hommes au jeu couillard ; ne la laissons, ni refroidir, ni c!..mer″. A ce mot, Conquète-Ingenue, restée immobile, ét se contractant seulement un peu, comme si On la tenait encore bourrée... d'un vit, sauta du foutoir, ét courut se laver. Elle trouva de l'eau tiède préparée. Nous fumes aussitôt à genoux devant notre Divinité, ét nous lui épongeames l'Un le cül, l'Autre le con, les fesses ét les cuisses : car elle était pleine de foutre ét d'un-peu de sang, prenant garde de mouiller ni sa chemise, ni ses bas ; nous la fesions se tenir troussée audessus des reins.... Après une scrupuleuse ablution, nous l'avons admirée : car elle était ravissante à cùl ét à con decouverts? Nous l'avons fait marcher ainsi, ét nous avons vu la magie de son divin tour de cùl... »Moi (disait le Grison), en la regardant venir à nous), ce qui me transporte, c'est ce con noir, sur une peau de lis ; ce poil soyeux, ét cette raie de corail, qui le sépare en deux égales parties»!... La Belle se retourna, ét montra d'autres charmes : »Hâ! (s'écria Montençon ravi), le beau cùl! il n'est pas inferieur à l'adorable conin»! Elle revenait. »Hâ! le beau con! Il est digne du divin cùl»! Quand ma Fille fut auprès de nous, Il lui baisa le conin: Puis se levant: (car nous étions restés à genoux pour mieux voir). il l'emporta sur le foutoir, en me demandant la permission de gamahucher tous ces charmes-la, avant que je les refoutisse?... *Hâ! comme elle fut gamahuchée!*... Il lui chatouilla de sa langue la Rosette, à la faire tressaillir. Puis il vint au con. La Belle chatouillée, se trémoussa, puis émettant, elle hennissait, comme Une jeune Cavale, dans la vulve de laquelle On insère pour la première fois l'engin terrible ét perforant de l'Etalon vigoureux : les fesses potelées de la jument pucelle tremblotent ; elle frémit de tout son corps, ét repond, par l'émission de son hippomanès, aux flots de sperme que lui lance le Dominateur des haras... Telle était ma voluptueuse Fille, seulement gama-

## XX Chapitre.

huchée... Montencon deboucha, ét moi, me précipitant sur ma Fouterie, cambrée, tenant son cùl à trois doigts du foutoir, je plongeai brutalement: Elle ne fesait que doucement osciller. Ce qui ne s'accordant pas avec ma ribaude impatience, je dis à Montencon: »Arrache-lui sa chaussure, ét chatouille moi la sous les piéds»? Il le fit: Mais le Coyon s'amusait à les flairer, en disant: » C'est *Cypris*, ét le dedans de ses chaussures sent l'ambrosie. » Chatouille donc, Jeanfoutre»? Il chatouilla; ét au second soubresaut, je déchargeai copieusement!... Dans mon éxtase de plaisir, j'élevai mon âme vérs la Divinité: » Mon Dieu! je vous remercie de m'avoir donné Une Fille si parfaite, dont le conin trémoussant viént de me donner une idée du delice que vous éprouvéz vous-même, en foutant votre Fille la Nature!... » Dieu de mon Conin! (balbucia Conquète), sois beni! je re-décharge encore! le cri de mon Père a fait entrer son vit plus avant! »Hô! quel digne Père! quelle pieuse Fille »!(s'écria Montencon édifié)..... Je deconnai.

» Mais d'où viént (me demanda le vigoureux Grison, en se remettant sur ma Fille, ét l'enconnant sans laver), m'as-tu fait chatouiller le dessous des piéds de ta celeste Fouteuse! »Je tiéns cette recètte d'Un Imprimeur foutant la Femme de son Confrère de l'aveu du Cocù: » Que lui avéz-vous donc fait, qu'elle m'a donné tant de plaisir à la fin? » Vous avéz bien vu qu'elle était dechauffée? Or j'ai ouï-dire, Que les Fils de

E 3

mesd. Quillenpoche et Radball, âgés de huit ans, étant entrés dans la chambre où Un Avocat et Un Procureur vitœuvraient mesd. leurs Mères; les petits Babouins ne voulant pas les déranger, leurs ôtèrent à chaqu'une une mule delicate, et leur chatouillèrent le dessous des piéds: Ce qui fit faire aux deux Dames des foubrefauts, qui leur procurèrent autant de plaisir qu'elles en donnaient à leurs Opérateurs Auffi depuis fe firent-elles toujours chatouiller les piéds, en pareille circonftance. » Tu vas me rendre la pareille »... Il faccadait. » Allons, le foutre de ton Père.. ce foutre dont tu est faite, amalgamé au tien dans ton facré conin de Poupée, doit te le pomader! Et j'ai de la peine »!... Je vis à la rougeur de ma Fille, qu'elle fouffrait. » Deconne, Bougre (dis-je à l'Enfonceur), ton vit d'Ane, ton vit de Mulet donne les bouchées trop grosses à ce conichonnet »! Il deconna, et je mis un bouleté de beurre-frais à l'orifice du Bijou de ma Fille. » Hô! ça me le rafraîchit » (dit l'aimable Enfant)... Montencon re-enconna avec fureur. Il entra mieux, et toucha le fond, Conquête ayant faqué du cùl: » HA! je te fens, petit joli chién de pinçoir! Allons, Vitnègrète, encorne ton Jeanfoutre de Vitnègre! Pince.. et remue du cùl, Garfe »! Ces mots groffiers me mirent en fureur érotique; je chatouillai fans pitié les piéds de ma Fille, en lui difant: » Fous, Deesse! Donne-nous ton joli foutre! ... Et toi, Sacrebougre, inonde-la! As-tu jamais percé con ou conin, qui vaille le conain, le connichet de ma celeste, de cette divine

## XX Chapitre.

Putain"?... Conquète faccadait à desarçonner son Enconneur (comme fesait Mlle *Timon* sous le Grand-homme MIRABEAU): Mais Montencon se tenait ferme. Cependant elle eût une decharge si convulsive, qu'il fut presque-deconné. Mais en retombant, le frottement ferré du connin velouté, le fit decharger avec ravissement...

Il lima quatre-fois sans deconner; et à la quatrième, lui ayant châtouillé les couilles, il émit aussi copieusement qu'à la première. Mais il fut épuisé. "Hâ! comme Vitnêgre es cocu! (disait-il en deconnant); car sa Fouteuse de Femme a dechargé le triple de moi". Conquète fourit. "Combién? (lui demandai-je). "Hô! dans les neuf, trois fois neuf". Je la baisai sur le front, et elle ala au bidet. Je vis par-là qu'elle aurait un vigoureux temperament. Ainsi, je resolus de la faire un-peu blâser, avant de la livrer à son gros Vit.

Mad. Vitnègre voulant se rafraîchir quelque-temps le con dans sa cuvète à bidet, nous pria, avec une modeste rougeur, de la laisser libre? Nous la saluames aussi respectueusement qu'Une Deesse biénfesante, et nous sortimes. Montencon me dit: "Je vous rens grâces: Je serais plûs glorieux d'être son Père, que de la Reine Marie-Autoinète. Elle est autant audessus des Fouteries ordinaires, que Mlle CONTAT, ou Mlle LANGE sont audessus d'une Putain des Pauvres, qui branle les vits derrière les charrètes sur le Quai du Louvre". Nous nous separames, à ces mots. "Hâ! (disait Montencon, s'éloignant) *comme elle a été foutue*!"

### Chap. Du Ressouvenir, & De l'Episode.

Ho! que les Puristes ont dû se recrier au Chapître précédent!... Hé-bien, Puristes, je m'en fous.

Le lendemain, je m'attendais à un-peu de bouderie, ou de sérieux. Non! Ma Conquête me parla comme à l'ordinaire... Je fus huit jours, sans chercher à le Lui mettre.... Le samedi, son Bijou bien rétabli des fatigues données par *Sourcilsgris*, dit Montencon, elle y sentit un chatouillement. Elle se ressouvint alors de ce que je Lui avais dit, qu'elle pourrait se laisser enconner par Timori. Elle fit une toilète de volupté, se couvrit d'une caléche, et fortit le soir. Mais je L'observais, et La fesais soigneusement observer par Mad. Brideconin, ou comme je l'appelais en badinant, Mad. CONBRIDÉ. Je fus averti; je La suivis, pour La préserver de malheur. Elle monta. J'ecoutai à la porte; et j'entrevis même par une fente... Conquête se jeta dans les bras de Timori. Mais il était malade: La Belle fut gamahuchée seulement. Timori, aulieu de la caresser, comme elle s'y attendait, se mit à Lui raconter la suite des évènemens relatifs à Vitnègre, à Foutàmort, et à Conillète:

« *J'ai été voir Vitnègre aujourd'hui, aulieu de me rendre à mon Bureau, étant malade. Je l'ai trouvé malade lui-même, tant il avait été hier effrayé des menaces de son Moine. Celui-ci l'avait fait demander. Vitnègre est accouru. Il a trouvé toute la Communauté à l'Infirmerie. Parvenu au lit de*

Foutamort, Celui-ci lui a dit : " Gueux ! si j'en avais la force, je t'étoufferais... Mais si je suis pour en mourir, comme On l'assure, je declarerai tout au Lieutenant-de-Police, ét tu seras pendu... Tu m'as vendu ta Femme : Elle était si belle, que j'ai eü un plaisir... infini... à la faire expirer dans des douleurs plus fortes que celles de l'accouchement... J'en bande encore, mais avec des douleurs insupportables... Elle était si belle, que j'ai voulu en manger : je me suis fait accomoder son con, sa matrice, ses poumons ses tetons ét sa tête, que j'avais deguisée : Nos Moines ont mangé, sans le savoir, son cül, ses fesses, ses mollets, ses piéds, ses bras, ses mains, ses épaules, son cœur, son foie, etc.... Tous, eux ét moi, nous avons la verole ! Or, ta Femme, belle, fraîche, pucelle encore, ne l'avait pas.... Voici ce que tu as fait, Coquin : Touché d'une fausse compassion, tu as fait évader ta Femme, que je t'avais payée pour la foutre à mort, ét tu lui as substitué une Putain... C'est une insigne coquinerie... Si j'en reviéns, j'aurai ta Femme ; si je meurs, tu seras pendu.... Vitnegre s'est donné à tous le Diables que c'était vous qu'il avait livrée. Le Moine, qui venait d'être frotté de mercure, ét dont la langue enflait, a fait signe qu'il n'en croyait rién. La Chirurgién a tiré Vitnegre à-part : " Avéz-vous quelqu'affaire à regler avec ce Sclerat ? il n'a pas 2 heures à vivre, à la manière dont enfle sa langue. Il a une verole si terrible, que j'ai été obligé de le froter au triple ds Autres, que voila dans leurs lits, ét qui commencent à saliver. Je le connais ; c'est Un Monstre à ôter du monde, ét toutà-l'heure, il ne pourra parler. " Empêchéz qu'il n'écrive? « Hô! ne craignéz rien! l'enflure lui gâgne les ïeux; il n'y voit plus, et la langue commence à lui sortir de la bouche... Il souffre.. (lui tâtant le pouls) comme un Damné.. et il n'a pas une demi-heure à vivre »... Alors Vitnègre enhardi, a dit au Moine; « Gueux! Infame!... c'est la Putain Connilléte, que je t'ai donnée, que tu as fait manger à tes Moines, et dont tu as dévoré la matrice verolée »! Le Moine s'est soulevé, et a lancé à Vitnègre un si terrible coup de poing, qu'il l'aurait tué, si la colonne du lit n'avait pas amorti une partie du coup, qui cependant a renversé Vitnègre. On l'a fait sortir. Mais il a appris ce matin, par le Chirurgien, que la langue du Moine, devenue grosse comme celle d'un Bœuf, l'avait étouffé un quart-d'heure après... On a brûlé sans lire, tout ce qu'il avait écrit durant sa maladie.

Voilà ce que Vitnègre tranquilisé, vient de me raconter. Il est tard: je ne saurais vous reconduire: Partéz, ma belle Amie ».

Tel fut le récit de Timori, fait à ma Fillé, que j'entendis tout entiér, et qu'elle me repetera. Elle s'en revint la tête remplie d'idées noires. Je La suivais à vingt pas, la couvant des ïeux, pour la préserver de toute mauvaise rencontre. Je bandais comme un Carme, eu voyant son joli tour de hanches...

Elle rentra. Je la précedai dans mon magasin, et je me cachai. Elle revint avec de la lumière et de l'eau tiède. Elle se lava la motte, et soupira, en se disant à elle-même: « Il n'existe plus, le Scelerat!... Je suis encore effrayée »! Je frappai un petit coup sur une comode. Con-

XXII *Chapitre.* 83

quête leva les ïeux, ét me vit. Je lui contai tout ce qu'elle venait de faire. Je lui causai un effroi salutaire, qui la guérit de l'envie de retourner seule chez Timori, en lui disant, que j'avais aperçu Vitnègre sur le quai *des Ormes*. J'ajoutai : »Vous alliez pour être baisée; vous le seréz; car je couche avec vous». Elle *béguelait*, disant que le recit de Timori lui avait ôté ses desirs. Je ne l'écoutai pas ; je me mis au Lit, ét elle vint se coucher auprès de moi.

Chap. *De la Fouteuse mise en appétit.*

L'APPÉTIT *vient en mangeant* (dit le proverbe) : & l'On va voir combien il a raison, pour Conquête!

Dès que ma Fille fut à ma portée, je m'encrai sur ses appas, lui suçai les tetons, ét l'enconnai. Je ne sais par quel motif, humeur ou volupté, ma divine Enfant ne remua pas. Je fis de-même, ét la tins emmanchée, sans me donner aucun mouvement... Je m'endormis, après m'être mis sur le côté, sans déconner. Conquête, qui s'y était prêtée, s'endormit comme moi, sans-doute ; puisqu'en m'eveillant sur les 2 heures, je me retrouvai dans son Bijou. Je m'agitai pour-lors. Elle me serra dans ses bras, remua vivement du cû, ét me dit : »*Cher Amant! pou..ousse*». Et elle saccada de toute la force de ses rein... Elle déchargea ... J'émis aussi... »*Ha.. mon Dieu* (dit elle), c'est mon Papa, qui me.. caracole... »*Qui te fous, ma Déesse*. »*Ah... il n'y a que vous, pour cet cho-*

E 6

ses-là... Je ne vous contrarierai plus ; car vous avéz plüs d'esprit que moi... J'ai eü un plaisir.... que je ne dois qu'à vous... Chër Papa, recommencéz, que je decharge à votre intention ! Je vous adore... Je la re-enconnai vigoureusement, en lui disant : » *Et fous comme tout-à-l'heure, à l'intention de ton Amant* »... Elle remua du cùl comme Cleopâtre ou Messaline, ét elle se mit à dire, en saccadant : » *Bougre de Timori.. fous... fous... fous-moi... Fous ta Garse... fais cocu mon sacré-gueux de Pere ... dont je suis la Femme.. la Maitresse.. la Putain... Ah.. je sens ton vit, au fond de mon con... Ta langue... ta langue ?... Je me pâme ... je de...cha..arge.... Foutre... Ah·a·a·ah ... je n'en puis plus..........* Et en finissant, elle ala se laver le con......

Dès qu'elle fut de retour, je remontai sur elle. » *Remue du cùl, du con !* (Lui dis-je) : *Trémousse des fesses... Je sens ton pinçoir... Hô! que tu fous bién, Fille de mon Vit, pour UneNovice!... Ayéz un mouvement encore plus rapide ?... Bon ... excellent !... Quels reins élastiqs* »!.... Elle fit trois soubresauts, ét déchargea, en disant : » *O mon Dieu ! mettéz une tône de foutre dans les couilles de mon Père, ét que son vit divin le decharge au fond de mon con* »! Dieu l'exauça, car j'émis aussitôt, ét nos foutres se mêlèrent. J'en espérai Un Adonis... Elle resta ensuite immobile, ét moi aussi. Elle fit une copieuse ablution. Je me rafraichis le vit ét les couilles ; puis nous nous recouchames. Je la re-éconnai.

## XXII Chapitre.

Je fus-là plus d'une heure, lui suçotant ses boutons de roses, lui dardotant et lui fesant dardoter la langue; la fesant dechargeoter, pâmoter, chatouilloter mes couilles. Je ne pouvais me resoudre à déconner.... Tout-à-coup ma Fille, que je croyais épuisée, se met à trémousser du cùl, à convulsionner du con, comme fesait autrefois sa Mère, mais mieux que Celle-ci... Je rebandai roide, mais loin de la decharge.! Desorte que je la limai tant qu'elle voulut... Elle me disait : »Papa! je ne parlerai pas d'Un Vitnègre, qui n'a de plaisir sur Une Femme, qu'autant qu'il brutalise sa Monture : mais vous foutez plus tendremt plus delicieusement, que Timori ne caresse : Vous limez mon con comme Un Dieu!... A votre intention cette decharge-ci... Papa! Papa, fourgonne! tu es dans le con de ta Fille! Remue du cùl, Papa! Tu me fous.. tu me fous.. tu m'enco..onnes!... Fous, Bougre! fous ta Fille! Incestue, Jeanfoutre!... Enfonce, enfon..once,.. dans le con..on de ta Fi..ille.. pâ..âmée«!... Et elle resta comme morte, pendant une longue decharge.....

Je la relimai, voulant décharger aussi, pour la dernière-fois de cette nuit-là. Elle se ranima : »Fous, Maquereau! Je suis ta Putain, ta Raccrocheuse... ta sacrée-Salope... ta passionnée Fouteuse.., ta tendre Fille... Engrosse-moi? (remuant du cùl avec fureur) : mets-moi dans le con un Garſon.. une Garſe! ſi une Fille, tu la.. dépuceleras un-jour... ſi un Fils, il me foutra.... »Adorable fureur! (m'écriai-

je )... Tiens, Fille adorée, voila du fontre ».
J'émis delicieusement ; ét ma Fouteuse déchargea plus delicieusement encore... » Hâ!
quelle nuit! ( me dit-elle )... Timori ne me
l'aurait pas donnée si voluptueuse »...... Elle
s'ablua : je lavai, ét nous endormimes.

Chap. *De la Tendreffe filiale : Amour paternel.*

Etre *reservée, modefte*, ou *voluptueuse & fouteuse* à-propos, c'eſt la véritable *fageſſe*.

Je ne raconte pas les bagatelles... Montencon ne put le re-mettre à Mad.. Poil'oyeux, ét il en fut très-étonné! Elle était auſſi modeste, auſſi retenue avec Lui, qu'avant qu'il l'eût foutue. C'eſt qu'elle suivait mon avis, de ne pas laisser prendre un pied sur elle, par les faveurs accordées, ou ravies.... Un-jour qu'elle se baissait, pour arranger le feu, il lui prit le con. Elle Lui donna un soufflet. Je dis à Montencon : » Moi, qui la connais, je ne Lui touche jamais les fesses, ou le poil du conin, sans sa permiſſion, ét sans qu'elle m'ait dit : » Hé-bién, faites donc vîte »! Quand je Lui demande cette faveur, elle eſt parée, chauſſée comme les Grâces. Je commence par Lui demander à Lui baiser le pié. Puis Lui glissant la main sur la jambe, je Lui dis: » Tu l'as si jolie! que je La baise »?... Je pouſſe à la cuiſſe, en disant: »Quel satin »! Je Lui paſſe delicatement la main sur la motte, ét je m'écrie : » Ma Reine? qu'en te voyant marcher dans la ruë,

# XXIII Chapitre.

et tortiller si joliment du cùl! faire bander tous les Hommes; bisquer de jalousie toutes les Femmes, je puisse me dire: – Je viens de patiner, de baiser ces foutatifs appas"... Je te suivrai; j'entendrai les Hommes dire, *Que je la foutrais bien!* Je verrai les Femmes penser: *Sacrée Coquette! cette parure, ce goût, ce tour de cùl signifient: Je veux être foutue? Vits, foutéz-moi?* "Bougresses! (Leur repondrai-je tout-bas), je méprise vos cons ét vous! je ne bande que pour le beau connin que vous jalousez"... Ma Fille sourit à ces propos; se laisse patiner, puis baiser tetons, fesses ét connin"... Montencon m'admira, ét demanda pardon à Conquète, qui n'avait entendu ce que je venais de dire, qu'avec une modeste rougeur.

Un jour de fête, que je l'avais conduite avec précaution chéz Une Amie, ét que j'étais retourné la chercher le soir, la suivant à quatre pas, son lubrique tour de fesses me fit bander si fort, qu'en rentrant, je lui hâpai le con. Elle se defendit, parcequ'elle entendait aler ét venir Mad. Brideconin. "En ce moment, Deesse, je suis si enragé de lubricité, par ta marche voluptueuse, que je te foutrais devant toute la Terre" Et je grinçais des dents, lui tenant toujours le poil du con, ce poil soyeux qui lui formait une longue ét superbe perruque à la Louis-XIV. "Hé-bién (me dit-elle), alons: Mais ne me chiffonnéz donc pas? "En deshabillér, Reine". Je lui tenais toujours le con, ét je la suivais à chaque pas qu'elle fesait. Elle me donna un joli baisér à langue dardée, pour me remercier de ce que je lui permettais de se mettre en deshabillér. "Ne me quittez pas le poïl : ça me prépare". Une pareille complaisance me la fesait adorer. En un instant, elle fut en corset, en court jupon piqué, les tetons bien découverts : "Ma chaussure est-elle assez voluptueuse? ou voulez-vous des mules, avec d'autres bas ? "Des mules". Je la dechaussai d'une main, lui chatouillant toujours le con. Hâ! quelle jambe blanche! quelle propreté! Elle se chaussa debout. Je lui mis le piéd dans une mule rose delicieuse, à talons roses aussi, minces, élevés, à falbalas d'or, ainsi que le bout du talon. Je lui quittai la motte, qu'elle lava. Ensuite elle fit par la chambre quelques tours, pour m'exciter davantage. Me voyant hors de moi : "Je veux te griller"! (me dit-elle). Tandis que je déculotais, elle s'assit, croisa ses genoux, ét fit badiner la mule du piéd en l'air...

Je n'en pouvais plus... Me voyant prêt à m'élancer sur elle, Conquète vint sur moi troussée, me fit tenir ses jupes, appuya ses deux coudes sur mes epaules, ét s'enfila doucement elle-même, sans toucher mon vît de sa main delicate. Elle descendit ainsi graduellement jusqu'à ce que je touchasse à son joli pincevit: "Ne remue pas! (me dit ma Reine), je veux me foutre moi-même"! Quand elle sentit le plaisir, la divine Fouteuse trop émue, s'abandonna de tout le poids de son corps, en me disant: "Cher Vît... pou..ousse"! Elle mit sa bouche brûlante sur la miénne, donna le mouvement

## XXIII Chapitre. 89

intérieur à son con, me darda sa Langue, ét se pâma, en me lançant toute son âme.... Je dechargeai, avec un délicieux frémissement, qu'elle foutait encore, aubout de cinq minutes d'émission. » Hâ ! Fouterie adorée, l'éclair du bonheur dure... et se... prolonge avec toi »... Je sentis, en cet instant, l'émotion de mes premières decharges, où je perdais connaissance, ét je crus que j'alais expirer de volupté dans son con. Je le dis, en déchargeant. Mon Enconnée n'en fretilla que plus vivement : » Un Fils ?... une Fille ?... où tous-deux au fond de mon con (me disait-elle), chèr Vit de mon Père »'... Je jurais, je sacrais, je divinisais ma Fille : » Con celeste... Con divin... Con de mon vit... est-ce moi ?.. est-ce Un Roi ?.. est-ce Un Prince ?.. est-ce le beau Commis aux Aïdes, qui t'avons foutue dans le con de ta Putain de Mère ?... Hâ, mon vit te rend ma fille, en mêlant mon foutre au tien... Divine, sacrée Garse... Adorable Bougresse enculée, il faut que je t'encule aussi ? » Non ! ton foutre m'est trop précieux, pour que je le perde sciemment : Fous-moi en con, tant que tu le voudras ; mais non en cûl, en bouche ou en tetons ». Je l'approuvai avec respect.

Je Lui dis ensuite, pourquoi je la suivais toujours, en La menant chéz son Amie, ou en La ramenant : » Mon premier motif est de mieux voir le dangér. Le second, d'entendre les discours des Hommes ét des Jeunesgens que tu fais bander. L'Un dit : *Quel mouvement de cûl !... O Garse ! si nous étions seuls ici, je me je-*

*terais sur toi, et je t'enconnerais...* » Je l'ai entendu (me dit en souriant Mad. Poilsoyeux). » Un-autre (ce soir) se secoue le vit en pleine ruë : *Maman.. (dit-il), délicieuse Maman.. je me branle... je décharge... à ta divine intention.* » Je l'ai entendu : j'ai souri. Il a aussitôt ajouté : *Hô, si vous êtes putain.. une divine Putain? cinquante louis pour trois coups en une heure? ... ou chéz moi, ou chéz vous ?... Je demeure ruë de-Bussi au 3me, n° 16.* » Un joli Fat (repris-je), disait asséz haut : *Mon vit dans sa bouche, et ma langue dans son con...* Et il se branlait, branlait, branlait. » Je l'ai vu, et je lui ai donné un petit coup d'éventail sur le vit... ! Il m'a bien touchée ! Il m'occupait : Peutêtre est-il cause que j'ai montré un-peu d'humeur, quand à notre arrivée, vous m'avéz pris le con ».

A ces mots, nous recomençames une scène, comme celle que je viens de raconter ; si ce n'est que je renversai ma Fille sur le dos. » *Vit-papa... (me dit-elle), tu es le Fat... c'est le Fat qui me fout... Tu me fais foutre par tous ceux qui m'ont desirée... Je décharge à l'intention du Fat.. son vit dans ma bouche, ses couillètes sur mes tetons, et l'engin de mon Père au fond de mon connin... J'avale son... joli foutre...* (convulsivant du con )... *Je déchar..ge* »........ Jamais elle n'avait eü autant de passion. Elle était même raisonnée : car entre deux décharges, elle me dit : » Vos lèvres sont appétissantes ; elles me rappèlent : aulieu que celles de Montencon... Je ne veux plus qu'il m'encon..o..o..ne (dit-elle en s'agitant):

Langue en bouche : mon con pa..art ».........
Hâ, si j'avais-là l'Homme aux cinquante louis, moi qui ne suis pas effrontée, je crois que je ferais la Putain, que je les exigerais d'avance, comme Vitnègre disait que c'est l'usage des *Filles*, que je Le déculoterais, et que mon con martyrisé gâgnerait la somme »?

Chap. Du *Chefdœuvre de Tendresse-paternelle.*

CONQUETTE était naturellement sage; elle n'éprouvait les emportemens du libertinage que dans le delire de la jouissance, effect d'un vigoureux Temperament.

J'étais épuisé par deux coups foutus avec trop d'emportement. Cependant je La voyais haletante de volupté. Je courus au *carrefour Buffi*, n° 16, au 3e. Je trouvai le Jeunehomme aux cinquante Louis: je Le reconnus: il me remit. » Je suis le Père de la Jeune-Dame à laquelle vous avéz offert 50 Louis. » Je les Lui tiens : Trois coups en une heure? » Soit : En ma présence? » Et de tout Paris, si vous vouléz. Mais, Bougre, ne va pas me jouer! » Non: Mais une heure, sans bruit? » Foi d'Homme. Partons »... Il prit les 50 Louis.

Arrivés tous-deux, je dis à ma Fille : » Voici l'Homme qui t'a plu : Tu as besoin de 50 Louis : Il te les apporte : Il les faut gâgner »? Conquète rougit, sans rién répondre. L'Homme se deculota, Lui vint prendre les tetons, le cou. Il me dit : » Serréz les 50 Louis ; ce con satiné, ces tetons touchés les valent ». Je les serrai, tandis qu'il renversait ma Fille sur le foutoir. Elle fit un cri : »O Monsieur... mon chèr Monsieur... ne me faites pas trop mal? »Seriez-vous donc pucelle? »Hèlas, oui »... Il l'enconna avec fureur. Elle soupira, crionta, pinça du con, dechargea. »Elle est adorable » ( disait Le Fouteur enragé : car il foutit, et re-foutit, sans pitié, come sans deconner, ses trois coups de suite. Ma Fille, tantôt Le caressait, tantôt Lui demandait grâce : mais elle déchargeait toujours... Il déconna ravi... Et voyant quelques gouttes de sang, que ses brusques estocades avaient fait couler, il dit. »Oui, vous êtes d'honnêtes-gens : Un pareil pucelage n'est pas assez payé de 50 Louis : Je vais en envoyer 50 autres, Papa... (Ma Fille était disparue pour s'abluer). »Oui, si je n'étais pas marié (ajouta-t-il attendri), je l'épouserais, et pour son pucelage, et pour son amour... Vous alez recevoir 50 Louis : Je La regreterai toujours, et ne La verrai jamais. Il partit. Ma Fille me remercia, et me dit, qu'elle était rassasiée. Je Lui remettais les 50 Louis : »Non (me dit-elle), chèr Papa, c'est pour nos dépenses ». Les 50 autres Louis arrivèrent, et je ne pus jamais L'obliger à en mettre dans sa bourse plûs de six. Je déposai les 94 autres à sa portée dans mon Magasin.

Le Lendemain, à mon arrivée, ma Fille me dit : »Je brûle aujourdhui : Savez-vous la demeure du *Fat*, ou du *Vit découvert*? »Non ; ce sont des Sots. »Hé-bién, sortons : L'Un ou L'Autre me verra sans-doute, et vous Le sui-

## XXV Chapitre.

vréz. » Divine Fille... épuisé dans ton celeste connin, j'ai toujours les mêmes desirs ; et si je voulais mourir de plaisir, et dans le plaisir, je te prierais de remuer du cûl, et de me laisser expirer au fond de ton con satiné... Foutons ?...
» Un seul coup. Vous m'êtes trop chèr et trop necessaire, pour que je ne vous ménage pas ».
En montant sur le ventre de ma Fille, et tandis qu'elle m'arrangeait le vit à l'entrée de son con, je lui disais : » Te quitter, pour en suivre Un, est trop scâbreux, et malheur peut arriver...
Et comme elle ne s'agitait pas : » Tu me ménages ?... Remue du cûl, Mignone ? saccade ? décharge ?... C'est mon seul coup... Mais j'ai de quoi te satisfaire... Il le faut même, avant qu'Un de tes trois gros Vits te martyrise ». Elle remua du cûl et du con, comme Marie-Antoinette foutûe en levrète à la *Conciergerie*, par un Poliçon de Gendarme... Nous dechargeâmes, Conquête, comme La Reine, Moi, comme Le Gendarme.... Je sortis. Elle lava.

Chap. *Du bon Pére qui fait foutre sa Fille*.

Alez au but, & bravez le *reste* : c'est un con, qu'il s'agit d'élargir ; il faut donc qu'il soit foutu......

On sait que j'avais à moi Un certain Traîtdamour, mon secretaire, frère de Minone et amant de Connète, qu'il m'avait fait dépuceler, l'ayant trop gros. C'était Un vigoureux Garson de vingt ans. Il demeurait à deux pas. Je l'alai chercher : » Veux-tu foutre quatre ou cinq bons coups, avec Une Femme charmante, que je veux régaler, ét à Laquelle je veux donner haute opinion de moi? Ainsi, tu n'auras pas de jour : Mais tu L'auras vue avant de La foutre, pour La mieux servir. » Bon, bon ! il y a quinze jours que je ne l'ai mis, ni à Connète, ni à ma Sœur, ét je n'en fous point d'Autres »... Nous arrivames.

Je Lui fis voir, par une portière, Conquète, qu'il ne connaissait pas. » Hô.. qu'elle est.. provoquante... foutative ?... J'entrai seul : » Detetonne-toi ; trousse-toi toi-même ( dis-je à Mad. Poilsoyeux) : Tu es vue par Un jeune-homme de vingt ans, beau comme l'Amour. » Mon Fat? » Ton Fat : Il se nomme Trait-d'amour. Ainsi, montre tout, en abluant. Je retourne auprès de Lui ». De retour auprès de mon Etalon, je Lui dis: » Regarde La bien : Elle va s'abluer, ét montrer con ét cùl »... L'Ame de mon Gendre momentané passa dans ses ieux. Conquète se découvrit les tetons, épongea légèrement les bouts d'eau-rose. Ensuite elle se troussa audessus des reins, se parfuma le cùl et le con avec une autre fine éponge ; tendit le cùl, se faça bién le con : Puis elle se renversa sur le foutoir, avant de fermer les rideaux. Je Les alai tirer, en disant à Traitdamour de me suivre dans un instant. Je me jetai sur La delicieuse Poilsoyeux ; ét L'enconnai. Traîtdamour me chatouilla Les couilles. J'émis avec fureur : Ma Fouteuse se recriait de volupté... Je me hâtai de déconner.

Traîtdamour attendait tout deculoté. Il se

précipita sur ma Fille, ét je dis, en me panchant sur la tête de l'Encounant: "Alons, alons, ma Belle! les reins souples ? j'ai repris une vigueur nouvelle"? Traîtdamour cependant enfonçait à-peine son beau vit dans cet étroit bijou, encore que mon foutre y servit de pommade. Conquète, de-nouveau depucelée criotait, en soupirotant, ét neanmoins remuant vivement du cùl, à chaque dardement de vit.

Je rebandais. Mais Traîtdamour foutit trois coups, ét fit trois copieuses éjaculations avant de déconner. Je le tirai, pour le forcer à reprendre haleine. "Je vais pendant ce temps-là (lui dis-je très-bas), *faire une petite partie de Trou-Madame.* "Je vois (me dit-il de-même), vous ne bandiéz plus asséz roide, ét je suis votre *Boutentrain*? Mais elle a le con plein de foutre"... Ma Fille se lavait... Je roidissais de-plûs-en-plûs, par la vue des cuisses de neige, de la jambe fine, du pié parfait, du cùl, du con, du ventre d'ivoire, du nombril bienfait ; des tetons de ma Fouteuse. Je dis tout-haut à Traîtdamour: "Beau Fouteur, montre-toi ; que ma Deesse voye le superbe Vit dont je la régale"? Traîtdamour parut son Trait à la main. Ce n'était pas le Fat ; mais Il était plûs beau. Ma Fille sourit : Puis baissant la vue sur le Vit majeur, la Belle dit en soupirant, ét le pressant de sa main blanche ét potelée: "C'est donc toi, qui m'as fait tant de mal... ét de plaîsir"?... Traîtdamour me la renversa; lui fit écarter les cuisses; me coucha sur elle ; me mit l'engin dans la brèche, en

disant : » Votre Belle a la main trop douce ;
pourroit vous mettre à nage, et il faut enconner roide.... Poussez, mon Maître... piquéz des deux.! la
Cavale est belle... Alons, Deesse enconnée, hauſſéz
le cou... Remuéz du cul... C'est Un Homme d'esprit
qui va vous humecter la matrice de son foutre hono-
rable.... Cette harangue fit sourire la Foutue,
qui, pour en déguiser la cause, s'écria : » Hâ,
monsieur Vitnègre, que de cornes vous voila !...
» Alons, Deesse ( reprit Trâitdamour ), songéz
qu'il faut que vous fassiéz les trois-quarts de l'ouvrage... Du mouvement ?... Bon... hâ ! ça va d'a-
mitié... écoutéz vous remuéz du cul comme une Princesse... Alons, des reins souples ! Avec votre connin satiné, vous mettéz votre Fouteur aux Anges...
Roide, mon Maître ? aidéz-vous... votre jolie Monture va comme une Jument barbe... Gzee..gzee..
Un coup de fouet... Hâ quels soubresauts... Ma-
foi, elle decharge... Piquez des deux... Comme elle
trémousse des fesses, la celeste petite Amie ? comme
elle la donne !... Que je vous chatouille les couilles,
pour vous y faire correspondre ?... Vous partéz ?...
Quels coups de cul ?... Quels soupirs ?... Elle redecharge » ?...... Ma modeste Fille ne jurait jamais que très-emue, et dans le delire de la
volupté : Aussi, en cette occasion, elle sinco-
pa, en s'écriant : » Bou..ougre ?.. fous.. ous-moi !
Mon..con a .. toute.. mon âme !... Je fous.. je sons
.. en foutre !... je decha..argé ... Que.. n'ai-je..
deux vits .. dans .. mon... sacré con ? » Il est trop
étroit, ma Belle (LUI répondit Trâitdamour) ;
sans quoi l'On s'arrangerait à vous donner ce plai-
sir-là... Mais On pourra quelque-jour vous enculer,

## XXV Chapitre.

ler„ pendant que votre Fouteur vous enconnera »…

Après une délicieuse décharge, je me crus épuisé. Je déconnai sur-le-champ. Ma Fille, trémoussait encore. Traitdamour sauta sur ce con fumant, et tout en Le re-enconnant, il me disait: » Vous avez foutu ma Petite Sœur; Je L'ai foutue aussi, après vous: Vous m'avez dépucelé Connété ma Future: Dites-moi si leurs cons valent celui que votre bonté me fait enfiler? c'est un satin?..... Mais, à en juger par le soyeux du poil, j'augure que l'intérieur du con de ma jolie Chapelière de la ruë Bordët, en approchera… Ma Reine.. vous fais-je mal? »Et plaisir… Va.. va..a va..a donc? je fous. »Hahahâh, quel satin.. quelles délices?… J'enconne.. je fous.. je décha..arge… Remue.. divine.. sacrée.. celeste Enconnée?… Hô, l'aimable petite pincette qu'elle a au fond du conin?… Pince.. ferre.. sacrée petite Convulsionnaire.. fais-moi.. convulsiver dans ton joli con?… Tu veux du foutre.. Deesse?… Quatre décharges de-suite vont t'inonder le conin.. conichon.. conichonnet?… Voila ma seconde… »Fous.. saccade (murmurait ma Fille)..ne.. me quitte.. pas chèr Vitdamour? »Ne la quitte pas après avoir déchargé (dis-je à mon ancien Secretaire); qu'elle sente les dernières oscillations de ton gros vit?… Qu'elle est jolie, en foutant?… (disais-je à Traitdamour); je rebande.., Elle a l'air d'une Deesse?… Laisse-la achever… Farfouille… Lime.. lime-la?… Elle gigotte encore… Bon.. bon? Elle se pâme?… Hâ, qu'elle est jolie, pâmée!…… »Elle n'émet plus? »Elle a mis quatre fois dans le cou, sans la desen-

I Partie.      F.

çonner. Quatre et trois c'est sept (disait Traitdamour, en me La lavant): vous alez la refoutre: ça me reposera; j'irai à mes douze. » Vous vous ferez mal (me dit Conquête); voilà quatre fois que vous m'enconnéz aujourdhui; le reste de ses 12 me suffira: ça fera mes 16 »? Pour toute réponse, je me La fis renverser: Elle me darda sa Langue, et je La foutis roide... Traitdamour la prit ensuite, et ne La quitta plus, quoiqu'elle L'en priât, qu'il n'eût arrosé de foutre cinq nouvelles fois ce beau con.... Elle se leva aussitôt qu'elle fut déconnée, en me disant: « Emmenéz cet Impayable Jeunehomme, et me laisséz libre: J'ai besoin de rafraichir sur le bidet plus d'une demi-heure mon pauvre Bijou martyrisé »..... Nous La laissames; j'alai prendre et faire prendre à Traitdamour un bouillon chéz Mad. Brideconin, que je priai d'en tenir un prêt pour Mad. Poissoyeux. Ce qui La surprit... Conquête rafraichie arriva, et parut aussi décen e, aussi modeste, que si elle n'avait pas foutu. Traitdamour partit, sans être instruit: Mad. Brideconin étant prévenue de ne jamais decouvrir les relations entre ma Fille et moi.

Chap. d'AVIS très-utile au Lecteur, et d l'Auteur.

Nous en sommes enfin au temps si souvent annoncé des fouteries majeures. Si je les avais rapportées sans préparation, elles auraient étonné: Mais qu'

On sache que j'étais sûr, en les commençant, non-seulement d'avoir pour mes Filles deux des trois Payeurs qui soldaient Vinhègre, mais encore de Les faire précéder par la jolie Chapelière de la rue *Bordet*, qui, vendue au plus douteux, devait m'instruire de la moralité de tous les trois. Il était donc essenciel, pour éviter qu'elles ne fussent estropiées, de Les faire prodigieusem$^t$ élargir, en évitant néanmoins de Les prodiguer à trop de Déchargeurs en con. L'On verra comme je m'y prendrai pour cela.

On trouvera dans le Recit un Episode, à chaque Seance, tant pour varier la scène, et reposer l'imagination, que pour raconter quelques Avantures, que j'ai crû devoir supprimer au commencement. Chaque historiette lue ou racontée, ne sortira pas du genre. Rien de plus déplacé, dans un Ouvrage comme celui-ci, qu'une Dissertation philosophique; elle y devient insipide, et par-là même dégoûte de la phlosophie. Mon but moral, qui en vaut bien un autre, est de donner à Ceux qui ont le temperament paresseux, un *Erotikon* épicé, qui les fasse servir convenablement une Epouse qui n'est plus belle. C'est ce que j'ai vu faire à plusieurs Hommes, qui se servaient pour cela du Livre cruel et si dangereux de *Justine, ou les Malheurs de la Vertu*. J'en ai un plus important encore; je veux préserver *les Femmes* du délire de la cruauté. L'*Anti-Justine* non moins savoureuse, non moins emportée que la *Justine*, mais sans barbarie, empêchera desormais les Hommes d'avoir recours à celle-ci. La publication de la Concurrante antidotale est urgente, et je me deshonore volontiérs aux ieux des Sots, des Puristes et des Irrefléchis, pour La donner à mes Concitoyéns.

L'Ouvrage aura II Parties: Après le Recit formant la I$^{re}$, succèderont des LETTRES, non moins assaisonnées, composant la II$^{de}$. Les Filles de Cupidonnet Lui racontent les parties-de-plaisir que Leur fesaient faire leurs Entreteneurs; parties où, dans le delire de l'ivresse, Leurs Payeurs les fesaient quelquefois posséder par 12 Hommes... Mais toutes ces Lettres ne sont pas érotiques: il en est d'intéressantes par un autre motif; tel est celui d'une Resurrection, avec la decouverte importante de l'origine de Conquette-Ingenue, et de Victoire-Conquette, noms de deux Filles que les miénnes ont remplacées: Ce qui me justifiera d'une certaine chose, qui sans-doute a déjà effarouché plus d'un Lecteur... Je n'en dirai pas davantage là-dessus.

On ne peut trop multiplier les observations sur les Scènes que je vais mettre sous la vue du Lecteur: Pour remplacer la JUSTINE, ét faire préferer l'ANTI-JUSTINE, il faut que celle-ci surpasse l'Autre en volupté, autant qu'elle Lui cède en cruauté: Il faut qu'un seul Chapitre lu par un Homme, sur l'inspection de la Table, Lui fasse exploiter sa Femme, Jeune ou Vieille, Laide ou Jolie, pourvu que la Dame ait fait bidet, ét qu'elle soit bién chauffée.

Chap. *Du commencement des grandes Fouteries.*

ÉGAYÉE comme elle l'avait été hiér, ma Fille devait avoir besoin de repos le lendemain: Elle avait le Bijou si fatigué, qu'elle ne pouvait quitter sa chaise. Elle resta constamment auprés de Mad. Brideconin, depeur que Persone ne vînt le lui patiner. Le reste de la semaine, elle évita également, quoique guérie dès le 3$^{me}$ jour, de se trouver seule avec moi. Elle amassait elle-même du tempérament ; car elle ne s'était jamais branlée.

Le Dimanche, à une heure, elle ala pour la dernière-fois chéz son Amie… Avant de partir, elle me présenta son joli Piéd à baiser, ét me livra sans bégueulerie le Poil de son conin. Je La conduisis jusqu'à la porte, promettant de La revenir prendre avant 5 heures: ce qui la fit rougir : mais j'obfervai qu'en montant, me croyant parti, elle souriait.

Je fus exact. En la ramenant, je la fis marcher devant moi, m'apercevant qu'elle était observée par un Homme, que je pris pour Un des Payeurs de Vitnègre : Mais Il ne pouvait reconnaître que son joli tour-de-cul ét sa marche provocante, tant elle était bién encaléchée. J'obfervais l'Inconnu : Je demandai à ma Fille, Si c'était-là Celui-ci qu'elle préferait ? —Oui- ( me dit-elle). Alors, je La nommai diftinctem$^t$, Ma Fille. Et l'Homme s'éloigna.

J'avais averti Traîtdamour. Il avait une cléf de mon Magasin, ét nous L'y trouvames. Je Le crus seul, malgré la recomandation que je Lui avais faite, de m'amener quatre Acteurs des deux-sexes. Je Lui dis en riant, que je bandais, ét que je voulais enconner. « *Quoi !* (dit Conquête), *est-ce que vous alez faire tous-deux comme*

# XXVII *Chapitre.*

*l'autre fois ?... Je ne suis pas disposée, je vous en avertis.* "Nous vous disposerons, ma Belle (lui dit ironiquement Traîtdamour, qui la crut ma putain) : *voyez-moi ce vit-là?*"... Et il lui en montra un superbe... "*Laissez-moi d'abord vous lêcher le conin, Ma'm'sélle?... Mon Maître vous enconnera, quand vous serez préparée? J'ai tout disposé, pour lui donner aujourdhui, ainsi qu'à vous, un plaisir de Fermier-général*". Il la renverſa brutalement, et la gamahucha, en lui disant, comme s'il l'avait menacée : "*Ne résistez pas! car je vous ferais mal*"... Mais Mad. Poilſoyeux, comme toutes les Femmes à grand temperament, aimait, dans la fouterie et ses accessoires, une ſorte de brutalité. Ainſi, en croyant la contraindre, il la ſervait admirablement... La Belle commençait à décharger...

Tandis que je roidiſſais avec oſcillation, à la vue du ſystole et du diaſtole des fesses et du con de ma Fille, j'aperçus derrière un rideau de l'alcove, quelque-chose qui remuait. J'alai voir. C'étaient Minone et Connète, auxquelles deux Garſons amis, de Traîtdamour, excités par ce qu'ils voyaient, lêchaient le con. Je leur fis entendre par ſignes, de ne pas bruir, et je les encourageai d'un geſte.

Cependant Traîtdamour *fellait* ou ſuçait le conin de Mad. Poilſoyeux. Lorsqu'elle fut ſuffiſamment en humeur, il se dérangea, me tira ſur la Belle, et infera mon vit bandant en ce conin rempucelé par sept jours de repos. "*Qu'avez-vous à me donner à vous suçer? (dit-il à l'Enconnée).* Elle lui préſenta l'index de la main-droite qu'il se mit à sucer, après neanmoins avoir appelé sa Sœur et sa Maîtresse, en leur disant : « Ici, Bougresses, et qu'On montre son savoir-faire »?... L'Une (Minone) qui avait la main aussi douce que ma Fille avait le con, me chatouilla les couilles ; l'Autre (Connète), fourrait un doigt pommadé dans le cùl de ma Fouteuse, pour la faire tressaillir sous moi... Mad. Poiſſoyeux hennissait de plaisir. Elle me dardait sa langue, en m'appelant son *chër Fat*.. *son chër Centlouis*.. *son chër Payeur à gros vit*.. *son chër Traitdamour*... Enfin, en ivrée de fureur érotique, elle s'écria : « *Vit-nègre ?... Jeanfoutre... Fous-moi ? Pince-moi ?... Que ton gros vit de Mulâtre me pourfende et m'encule* »?... Et elle déchargea comme une Energumène. En ce moment, j'avais dans la bouche la langue frétillante de mon Enconnée ; Une des deux Filles me chatouillait de la sienne le trou du cùl et les couilles ; l'Autre me ſuçait dans la raie du dos entre les deux épaules, précisément sur le *ſenſorium*... Je croyais connaître le plaisir de la décharge : mais je ne l'avais jamais éprouvé, comme cette fois-ci ; et de ce coup, je fus rendu.... « Quelles délices » !

Traitdamour m'enleva de sur ma Fille, et se précipita dans son con. « *Voila un connin ?* (disait-il, en poussant et retirant, alant toujours plus avant, à chaque saccade) : *Il y a de la différence de ce connin aux autres cons, comme du satin à la tapisserie de Bergame* »... Les Jeunesfilles n'avaient plus besoin de chatouiller, quand Traitdamour foutait ; il avait assez de

# XXVII.ᵉ Chapitre. 105

de feu pour lui-même, ét ne fesàit que trop bien trémousser sa Monture. Je fis figne aux deux Garfons, Brisemotte ét Cordaboyau, d'étaler les Filles, l'Une fur un vieux sofa, l'Autre sur un Lit-de-fangle àyant un fimple matelas, ét de Les foutre à la portée des regards de la Belle au con foyeux. Par un effet du hasard, ma Fille émettàit sous Traitdamour pour la seconde-fois, ét les deux Enconnées déchargerent au même inſtant, ainſi que les trois Hommes. La belle Poiſſoyeux, en roidiſſant les jarrêts, feſàit: »Hi hi-hi-héhé?«. Mitone: »Han-han-hank«?... Coqnète: »Houhi-hou-kin houa-houa hquâh«?... Les trois Hommes diſaient enſemble; Tràitdamour: »Remue du cùl, Deeſſe«?... Cordàboyau: »Remue du cùl, Garſe«? Brisemotte: »R mu du cùl, petite Putain«?... En déchargeant, ils s'écriàient: »Foutre... »Foutre... »Foutre... Tràitdamour »Hâ, Deeſſe... Cordàboyau: »Hâ, Bougresſe... Brisemotte: »Hâ, Mâtine«! chacun fuivant ſou caractère ét ſa politeſſe....

Mad. Poiſſoyeux fut la plus longue à décharger; les deux Autres étaient déconnées et lavées, qu'elle émettàit encore. Enfin elle ceſſa. Tràitdamour La lava: Et me voyant rebander: »Vous la foutrez ſans-doute àutant que la dernière-fois? ( me demanda-t-il). »Très-certainement! ( repondis-je). Je ne ſuis vigoureux qu'àvec cette Jeune-beauté: Je la foutrais jufqu'à extinction de vie ét deſſication de couilles; ét tu vas voir cé que je vaux. Qu'On m'anime ſeulement par la vue d'enconnages redoublés«?

Chap. DE l'Enculo-connillerie.

MA reponse fit sourire Traîtdamour, qui sans-doute n'y ajouta aucune foi.

„ Hé-bien (reprit Traîtdamour), je vais vous donner un plaisir, que vous n'avez jamais eû, ni ces Bougres-là non-plus. Je tiens cette pratique de l'Abbé Chouanche, ancien Genovefain, qui m'a souvent enculé, avant que j'eusse de la barbe au menton et du poil au vit .. Un-jour, voyant que je m'ennuyais de son culetage, il me dit d'aler lui chercher la petite Cùlfrayé la cadète, jolie comme un cœur, et non encore vendue à un Lord. Il envoyait 12 francs à la Mère, et la Fille devait en recevoir autant. L'Abbé la fit s'appuyer un coude sur une commode; il se mit derrière elle, et l'encula: J'étais devant, et il me la fit enconner. Nous limions; nos deux vits se sentaient, ou la Jeune-garse tortillait du cùl de-façon, que nous croyions le sentir. Chouanche la fesait tantôt pousser du con sur moi, et alors son vit déculant à-moitié, il avait l'agrément de la re-enculer, quand elle foulait du cùl sur lui. Je presque-déconnais alors, puis je re-enconnais. Ce joli jeu dura, tant que Chouanche put retenir son foutre. Car il ne dechargeait pas: il se reservait pour mon cùl. En-consequence, il fit mettre la jolie Cùlfrayé sur le dos; je l'enconnai; l'Abbé m'encula, et nous déchargeames tous-trois.... Nous ne prendrons pas la manière du Genovefain; elle est trop fatiguante pour la Foutue. Mais il payait la jolie Bougresse... Payez-vous Madame? „ Non certes: c'est une honnête-femme. „ Je m'en suis aperçu à sa fouterie: Une

## XXVIII Chapitre.

putain ne fout pas comme Madame... En ce cas, je vais vous donner une expérience fisique sur Une de ces deux Fillètes... Alons, Minone... Alons, Connète? laquelle des deux veut être enculée ét enconnée tout-à-la-fois ét en-même-temps? Qu'elle se trousse»?

Durant cet entretien, qui La laissait tranquille, Conquête s'était couvert le con ét les tetons. Les deux Filles étaient assises à-côté d'elle, détetonnées. Elle Leur baisa le boutonnet, ét Leur couvrit la gorge de sens-froid avec leurs fichus. (Mad. Poissoyeux redevenait toujours modeste, dès qu'On ne la foutait plus)....
... Les deux Filles répondirent ensemble : »Moi... Moi! » L'Une après l'Autre (dit Traitdamour)... Vous avez ici de la pomade, ou du beurre-frais? » Oui (répondit en rougissant la belle Consatiné): Tenez, ma pomade est-là... ét voici du beurre. » Gardons ce beurre-frais pour vous, belle Dame, aussi belle au cùl ét au con, qu'au visage (reprit Traitdamour). Minone se pomandait la rosète. » C'est donc toi qui passes la premiére, ma Sœur? » Oui, si c'est toi qui me dépucèles le cùl? » J'y suis pucelle aussi (s'écria Connète). » Ce ne sera pas moi qui aurai ton pucelage d'arrière (répondit Traitdamour à sa Sœur) : Mon vit est aujourd'hui entièrement reservé à Madame : Et quoique le culetage m'ait toujours fait peine, Agent ou Patient, le cùl satiné de Madame me tente autant que l'étroit fourreau de son con, qui se rempucèle en une semaine, ou seulement en fesant bidet à l'eau froide. Je suis sûr que Madame n'a jamais été enculée (à-genoux, il lui regardait au cùl), ét que c'est aussi un pucelage »? Conquête rougissait.

Les deux Camarades de Traîtdamour tirèrent au prémier-roi, à qui dépucelerait le cul de Minone: car tous-deux Le voulaient avoir. Ce fut Cordaboyau (un Bellot à vit moyen), que le fort favorisa. Il se pomada le vit jusqu'à la racine. Traîtdamour fit coucher Minone sur le côté. Il mit Cordaboyau devant son cul, et Brisemotte (un Beau à gros Vit) devant son con. Il la fit ainsi enfiler des deux côtés; les Jeunesgens se la poussant l'Un sur l'Autre à qui mieux. Ce qui donnait un tel plaisir à Minone, qu'elle se récriait: »Dieu.. que j'ai de delices… c'est… une fouterie de Princesse…… On dit.. que la Reîne.. fout ainsi entre .. Darrois et Waudreuil.. ce dernier à.. l'cul….. »» Alons (dit Traîtdamour), tâchez de décharger tous-trois en-même-temps»?... Cordaboyau poussait; Il retint la Garfe par les hanches, pour enfoncer plus avant; Brisemotte en fit autant; defforte que rendue immobile, elle s'agitait néanmoins en tout sens. »Examinez bien.. (dis je à Conquête-Ingenue), pour faire la même chose à votre tour: car il faut que vous expérimentiez tous les genres de fouterie». Elle considéra le jeu, à-travers les bâtons de son éventail. Minone hâletait. Connête ébahie restait immobile à la contempler: »Que fais-tu là, toi, Bougresse? (Lui dit Traîtdamour, notre grand Maître-des-ceremonies): Patine-nous Madame ... Suce-lui le bout des tetins... Ganahuche-la; elle a le con propre comme un visage de Mariée»…………

Ces mots, énergiquement prononcés, mirent en danse la Reîne de la Fête, que je vais décrire.

Connête,

Connète, tandis que Minone travaillait, & qu'elle était travaillée, decouvrit les tetons de Mad. Poilſoyeux, & les ſiens: Elle en ſuça les bouts; elle ſe les fit ſuçer. Ce chatouillement de la bouche de Conquète, auſſi ſatinée que ſon con, mit la jeune Connète en fureur amoureuſe: Elle trouſſe Mad. Poilſoyeux; lui inſère ſa langue dans le con; lui chatouille le haut de la mote. La Belle émouſtillée, regardait cependant Minone. Celle-ci avertit ſes deux Fouteurs qu'elle était prête à decharger. Ils redoublent le fourgonnage. Elle s'écrie: ″*Vits de Dieu*″! Et elle ſe pâme. L'Enculeur & l'Enconneur l'inondaient de foutre; il ruiſſelait des deux côtés... Ma Fille, vivement gamahuchée par Connète, eſt hors d'elle-même, & cette modeſte Beauté dit à la Jeunefille: —Ote-Toi, Garſe! Un Fouteur? un Fouteur?... deux... cent Fouteurs-?... Traïtdamour l'entend: Il derange Connète acharnée, en la tirant par la jolie crinière de ſon con blond: Il emplit le trou-du-cûl de Mad. Vitnègre de beurre-fraîs; s'en frote le Vit decaloté; ſe met le bas-ventre ſur ſes feſſes, enfile la roſette, ſans écouter les petits cris de l'Enculée; l'étreint vigoureuſement, ſe retourne, en ſe mettant ſur le dos, le vit dans le cùl de la Belle juſqu'à la garde, ſon con bién facé...... Il

*I Partie,* G

crie à son Maître: ″A ce con beant qui vous supe! Enconnéz roide... Piquéz des deux ... la Garse est enculée, & je vas vous donner les mouvemens..... Pardon, Déesse! je ne me connais plus...... Commère? boulonne, boulonne les Couilles de mon Maître ″......

Cependant j'enconnais ma delicieuse Fille: Et sentant le vit de Traitdamour, qui m'étrecissait encore le passage, & qui donnait au connin des oscillations, que jamais Con n'a eües, je delirai, en m'écriant : —*Chien de Vinègre! cocù tout-à-la-fois du con & du cul*. Cette idée m'enflâmait, & sa brutalité m'empêcha de décharger trop tôt. Je parvins au charmant pinçoir du fond du connin. Il me suça. Le vit de Traitdamour me communiquait tous ses mouvemens, & en fesait faire d'insolites à mon adorable Fouteuse. Deja préparée par la langue de Commère, elle s'écrie: —*Ha-ha-hôh!... ze déça-arze.... Foutre!* — *En voila.. du Foutre.. plein votre con... Reine des Vits.. et des Dieux* s'écria Traitdamour-!..... Et je sentais les oscillations de son gros Vit qui éjaculait .... Enfin, je déchargeai moi-même. Ma Fille, inondée de foutre tremoussait rapidement : —*Con satiné de mon Vit* (m'écriai-je), *que tu es delicieux-!*... Mad. Vitnegre émettait encore, quand Traitdamour decula....

Ce mouvement la fit redecharger... Le

## XXIX Chapitre. 111

Bougre se lavait d'eau-tiède. Conquète, dans le Con de laquelle je laissais osciller mon vit, après décharge, gigotait, tremoussait, tremblotait sous moi. Connète m'avait quitté les couilles. Traitdamour toujours bandant, était revenu vers nous. —*Fous-la moi tout-chaud* ( lui dis-je ); *elle décharge encore.... Et toi* (dis-je à Connète), *boulonne-lui la bouteille-à-miel du Bourdon-d'amour*-. Elle m'obeït. Mais Minone, deculée, deconnée, lavée, était libre : Elle vint remplacer Connète, en me demandant, Si cela ne signifiait pas tout-uniment, de chatouiller les Couilles de son Frère, pendant qu'il foutait ma Maîtresse ?... Cordaboyau cependant & Brisemotte hâpaient Connète, le premier, cette fois enconnant, tandis que l'autre enculait, pour donner une perspective encourageante à ma Fille.

Mais tout finit. Mad. Vitnègre cessa de decharger. On la deconna : Traitdamour la mit au bidet : Elle se couvrit modestem$^t$ le Con & les Tetons ; puis elle dit aux deux Fillètes : —Mes Bonnes-amies, alons aider mon Hôtesse, pour le souper-? Elles y courureut. —Si vous n'avéz préparé ( dit ma Fille ), que pour notre souper ordinaire, je vous avertis qu'il faut le double. —Je n'ai pas assez donc (répondit mad. Brideconin). —Vî-

G 2

te au Rôtisseur de vis-à-vis ( reprit la Belle Vitnègre ); & du bon vin ? ou je ne boirai que de l'eau. Un bon mariage paiera tout-ça. On ala chéz le Successeur d'Ellès, qui promit un copieux soupér pour dans une heure.

Conquète rentra auprès de nous avec les deux jolies Filles. —Rebandéz-vous? (*me dit Traitdamour*) : Il ne faut pas laisser languir nos cons, avec l'expectative d'un bon soupér? —Je brûle, à la vue du tour-de-cúl, & du piéd de ma Deesse : mais je ne suis pas roide lui repondis-je. *Traitdamour* : Je roule dans ma tête une idée, qui vous roidira.

Chap. D'*une nouvelle Actrice : Danse négre.*

—Alons, Garses, *dit Traitdamour à sa Soeur et à sa Maitresse*, nues? Et vous, Bougres, deshabilléz-vous-?..... Il se mettait nu lui-même. —Mais il nous faut encore une Actrice... Je viéns de voir monter une jolie Drôlesse, qui ferait notre affaire? —C'est mad. Brideconin, l'Hôtesse de notre belle Dame, *dit Connète*. —Non, non, mon Amie : C'est une petite Brune de fond de la cour, cadète d'une grande belle Blonde, que nous aurons peutêtre un-jour, & qui se nome *Conindoré* : La Cadète s'appèle *Rosemauve*, & passe pour très-rusée. Mais

## XXX Chapitre.

On la dit amoureuse comme une Chate, quoiqu'elle soit peutêtre pucelle encore ; car sa Mère la couve des ieux. Cependant quand un Homme l'embrasse, elle ne fait aucune difficulté de donner sa langue. —Je la counais! *dit modestement la belle Poilsoyeux;* & elle m'a... m'a... *Traitd.* Quoi? Deesse? —Mais, donné sa jolie langue, &... —Et quoi? —Gam•••••. —Gamahuchée... Va la chercher, Connète. —Non! *dit vivement Conquette*, j'y vais moi-même. Elle sortit, & ayant rencontré Rosemauve qui redescendait, parcequ'elle n'avait pas trouvé un vieil Oncle assez riche, dont elle recreait l'impotente lubricité, en lui chatouillant le Croupion, le Scrotum & les Testicules ; ce qui le fesait bandocher, la Belle Poilsoyeux la mit au fait, obtint son aveu, & l'introduisit.

Les deux Filles & les trois Hommes étaient nus comme la main : Sans rien dire à la brune Rosemauve, ils se mirent tous-cinq à la deshabiller. On lui enleva jusqu'à sa chemise. On lui baigna Cul, Con, Cuisses, Piéds... Puis Traitdamour lui dit : —Ma Belle, il faut, en Tout, faire comme ma Sœur & mon Amie. Aussitôt commença la *Danse-nègre*; où *chaque Fille fesait tous les mouvemens d'une Noire ardente, qui fuit le Vit dont elle brûle d'être enconnée, que le*

Vit attrape, & qui saccade alors en tremoussant du cul, comme si le Vit la fourgonnait. Les Garsons poursuivaient les Garses le vit en main; & dés qu'ils les avaient attrappées, elles se retournaient pour l'enconage, ou ils paraissaient les foutre en levrette; culetant, criotant, jurotant, comme s'ils eussent perforé les cons. La Danseuse prenait le vit, aulieu de la main; l'Homme la saisissait par la barbe du con. Ils se fesaient ainsi tourner de-temps-en-temps.

Je baudais roide. Je fis trousser ma Fille audessus des reins, & je lui dis: —Conque de Vénus, imite tous les mouvemens de cul et de con que tu vois—... Elle était excitée; elle se mit au-milieu de la danse, & les executa rapidement... Traitdamour me voyant en rut, & ses Camarades bién-disposés, leur dit: —Au foutoir—... Il laissa Rosemauve, sa Danseuse, qui en parut toute mortifiée! —Votre tour va venir, ma belle Danseuse—. Il étendit ma Fille sur le sofa, dont il lui mit un des oreillers sous le cul: —Alons, ma Toute-éveillée, dit il à Rosemauve, gamahuchez-moi ce conin-là, pendant que je vous le mettrai en levrette, ou vous enculerai, à votre choix ? —On ne depucèle pas une Vierge en levrette (repondit

*XXX Chapitre.* 115

elle vivement ): *encule-moi, s'il le faut, tandis que je gamahucherai ce conin d'amour-*... Elle gamahucha la belle Epouse de m.^r *Vitnègre* avec fureur, & Traitdamour perça fans pitié, par des efforts redoublés, le cul virginal de la Gamahuchante. La belle Poiſſoyeux appela le *Vit! le Vit!*

Je n'y pouvais plus tenir. Je derangeai la Rosemauve enculée, pour me précipiter dans le con de ma Fille haletante de volupté.... J'enconnais vigoureuſement, lorſque j'eüs la delicieuſe ſurpriſe de me ſentir gamahuchea le Cùl, ainſi que la racine des Couilles, par la bouche & la langue veloutées de Rosemauve !... Je *cocufiai* monſ Vitnègre auſſi *copieuſement*, que ſi j'avais eü les *couilles* d'un Dieu !... On abluait : --Avec la permiſſion de ma Deeſſe *[à Conquète]*, il faut que je m'acquitte avec Rosemauve-?... Tout le monde s'écria: --*Non, non, Dimanche-!.* Je ne les écoutai pas; j'enfilai la Pucelle, qui criota, ſanglorina, & ils furent Temoins de ma nouvelle victoire. Mais Conquète me gronda ſerieuſement.. On ala ſouper.

La converſation fut ſage, raſſiſe. Brideconin, ſa Femme en étaient édifiés... Mais je ne tarderai pas à les mettre de nos amuſemens..... Au deſſert, Traitdamour me demanda une Hiſtoire dans genre de nos *Amu*

semens ? Je luidonai à lire un *Lettre*, adreſ-
ſée à *Vitnègre*, par Un de ſes Trois Payeurs,
*Lettre* que j'avais *trouvée* dans une des malles de ma Fille. La voici :

Chap. De la Piochée, du Pioché, du Piochard.

Nous avons Un nos Confrèrs, qui avait une Maîtreſſe de ſeize ans, dont il jouiſſait à ſa manière, comme je prétens jouir de ta Femme à la mienne, quand une-fois je l'aurai devirginée. Tu ſeras alorſ préſent à nos fouteries, à-peu-près comme le Père dont je vais parler. J'aime à écrire ces hiſtoires-là ; elles me font bander.     Le Père de la Jeuneſil-
le était Un riche Marchand, qui l'avait delicatement élevée : mais il était deve-
nu ſi pauvre, qu'il ne pouvait plus la nourrir, ni Un Fils de douze ans. La Fille ayant plu à mon Confrère, il la voulut acheter. Le Père la lui vendit douze-mille francs. Mais comme Piochencùl ( ç'eſt le nom du Confrère ), eſt un libertin fort blâſé, il lui faut un ra-
goût pour le ranimer. Ce ragoût eſt de faire trouſſer & laver la Fille par ſon Père, avant d'en jouir. Le Père prend enſuite le vit du Fouteur, & le dirige dans le con ſans poil de la jolie Piochée.

## XXXI Chapitre.

Son Père l'avait pomadée la première-fois. Pendant l'acte, il l'excite à remuer du cùl, à ferrer le Fouteur dans ses bras, &c. Quand elle est deconnée, le Père lave le vit de son Gendre, le cùl, le con de sa Fille, & les essuie.

Dans la conversation, Piochencùl apprit biéntôt que Piochée avait un Frère beau comme Adonis; c'est-à-dire parfaitement ressemblant à sa Mère, qui avait été très-jolie femme. Dès que mon Confrère le sut, il l'acheta, comme sa Sœur, & pomadé par le Père, il l'encula. Peu de jours après, voulant foutre la Sœur avec plûs de vigueur, il la fit laver par le Père, gamahucher par le jeune Frère, & il l'enconna, quand elle fut préte à decharger... Par la suite, il n'encula plus le joli Enfant: »Bougre! dit-il au Père, je ne bande plus assez pour enconner ta Fille, sans être excité; encule moi là ton petit Garson; cela me fera roidir«! Le Père est forçé par son interét, d'obéir au Blâsé: Ce qui fait tellement bander le vieux Satyre, qu'il enconne, & même encule la Jeunefille....

Il y a 4 ou 5 ans que cela dure. Quand le Garson a eû 15 ans, il lui a fait enconner sa Sœur: Il la fout ensuite sans laver, pendant que le Père encule le Jeunehomme. D'autres fois le Frère encule sa Sœur, tandis que le vieux Bougre l'enconne.... Voila quelle est la vie que mène mon vieux Confrère, & qu'il trouve delicieuse à son âge... La Fille est delicate & jolie. Le Garſon est beau. Le Père est affreux. La Fille est devenue grosse. Le Financier croit, avec raison, que c'est du jeune Frère. Il desire que ce soit une Fille, esperant qu'elle sera jolie, comme tous les Enfans incestueux. Car il faut savoir que ce joli Garſon est fils d'Un Frère-aîné, qui, dévenu éperdument amoureux de sa Mère, donna la courante à son Père, en mettant de la manne dans son potage au lait du soir. Le Père fut obligé de se lever souvent, & le Fils, à chaque sortie, ala auprès de sa Mère, qu'il enconna six-fois au moins pendant la nuit... Voila d'où provenait le beau Garſon, ressemblance de sa Mère avec une telle perfection, que vêtu des habits de la Belle, qui n'est plus, on le prend pour elle. C'est en consequence, qu'un Amant, piocheur de la Mère, entretint le Jeunehomme sur le même pied que sa feuë Maîtresse, à-condicion que pour la jouïssance, il prendrait les habits de sa

*XXX Chapitre.* 119

Mère, en porterait le nom, mad. Brouëte-vît ; qu'il ferait la petite voix, dirait Mon côn, aulieu de Mon cúl ; tandis que lui Vîtacon, se ferait illusïon, en dîsant à sa Maîtresse : —Alons, ma chère Brouëtevit, venez que je vous le mette en levrète ?

XXXI. Chap. *Suite des mêmes. Piochéte.*
Dix ans après.

Je vais donner la suites cette avanture. Piôchée eût effectivement une Fille, qui a 14 ans aujourdhui, et qui est jolîe comme sa Grand'mère. Elle sert aux plaîsîrs du vieux Traîtant, qui ne pouvant plus encônner, s'en fait caresser, tandis que la Mère lui suce le vît. C'est dans les extases de ce plaîsir lông et difficile, causé par le chatouillement que fesait éprouver à son vit paralytîtique le palaîs de Piôchée, qu'il conçut le dessein de faire depuceler Piôchète à 14 ans, par Piôché l'Adônis, son père et son Oncle, que justement la jeune Enfant aîmait incestueusement ; puîs enculer alternativement. »Bande, Bougre, (dit-il à l'Adônis), et ne décharge pas ! Tu me depuceleras ta petite

*Gàrſe de Fille ,... dês que tón Grandpère t'aúrà deculé* ». Là Petîte fut gàmàhuúchée pàr le vieúx Singe; puîs pomadée pàr sa Mère. Són Père, deculé, bién bandànt vint súr elle, et lúy darda son vit dans le conin, dônt la Mère écartàit les bàbines. Le Fouteur n'enlràit pas; la Petîte dechîrée se recrîàit; le vieùx Satyre émótiónné, bàndòchàit, en s'écrîant : » Hô! pousse dónc, Mâtin ! ô pousse dónc, Bougre! Fends, ponrfends le connichon de ta Fille !... et mêts-y Une petite Garſe, que nous deflorerons un-jour ! Gzée, gzée, mon Etalon ! fàis-môy des Caváles » !.... Et le vieùx Decharné, par un phenomène, émit quelques gouttes d'un foutre clàir, dans là bouche de Piôchée, au moment où Adónîs forçant toutes les barricàdes, màlgré les crîs de sa Fille, lúy dechargèait au fónd de sòn cònnin ensánglánté ! Le belître en fut ſi glorieux, qu'il fit à Piochette mille écus de rentes, et autànt à Piôchée, oûtre ce qu'elles avàient dejà. Son grand delîce, pendant qu'iì fait ſervîr la bouche de la Mère de cón à ſon vît, qui ne decharge plus, est de voir piôcher Piôchette, non-seulement pvr le vigoureux

Adonis Piôché, qui piôche, soit en cón, soit en cúl, mais de faire alòrs enculer le Père qui fout sa Fille, par le Grandpère qu'encule un Laquàis, sur le cùl duquel est assise Piôchée, foutue par un autre Laquàis..... Il a sóin qu'On fasse suivre au vieux Piôchard un regime échauffant, afin que ce Monstre tantôt encónne sa Fille, tantôt encule son Fils. Pendant cette scène, l'impuissant Ribaud patine les tetons et le connin du Tendrón, ou-bien la gamahúche. Il lui prend quelquefóis des vertigôts de faire enconner la Mère, enculer Adónis par douze de ses Amis en un seule seance. La Jeuneperfone est alòrs nuë en perspective, montrant le cúl aux Encúleurs, et le cón aux Encónneurs.... C'est le vieux Piôchard qui insère les vîts dans le cón ou dans le cúl.

Tu vóis par-là quel parti nous pouvons tirer de ta Femme, lorsqu'une-fóis elle sera depuçelée. Tu ne seras pas privé; tu mettras les vîts dans le cón et dans le cúl de ta Femme; tu en seras le maquereau, et quand elle sera bién élargie des deux trous, peutêtre te permettra-t-on de la foutre en cn ou même en cón. L'élargisseur.

P.-f. *J'apprens par une dernière visite, faite à Pîôchencùl, que Pîôchette a effectivement eû la plüs joliîe petite Fille; On me l'a môntrée; elle a 3 ans. Mâis ce qui ést le côm̂ble dú libertinàge, le vîeûx Pîûchencùl lùy fàit dejà teter son vît flasque, pendant que la jeune Mère lùy chatoille les coüilles. Je lùy en demandái la râisón? » Je profite, repondil-du temps où l'Enfant n'a pas encore de discernemeut, ni de degoût à me súçer».* Que dis-tú dù vîeùx Bougre?

### Chap. DU Conin goûté.

VOILA quel aurait été votre fort, Madame, dis-je à Conquète, fi vous n'étiéz pas décédée, ét que vous fufſiéz reftée l'épouse de Vitnègre-. Expreſſions qui étonnèrent Tout le monde, hors ma Fille, & les Brideconnin.

Cette Lettre, qui avàit été lue après le champagne, avàit mis les jeunes-gens en rut. On deſcendit au magaſin, pendant que les Hôtes ſerraient les débris du ſoupér. Là, Tràitdamour, demi-griſé, me dit, en me deſignant ſes Camarades : —Comment ces

Bougres-là peuvent-ils avoir une idée de notre bonheur, & de ce qu'est le Connin de votre Maîtresse, s'ils n'en tâtent pas ?... Je n'entens nullement qu'ils y déchargent ; mais seulement qu'ils y plongent rapidement leurs vits, pour en palper le satiné. Dès qu'un des Enconneurs sera retiré, le mieux en état de nous-deux, vous ou moi, achèvera Madame, & la fera decharger ? —Je le veux bien (repondis-je). Cordàboyau bandant roide se présenta. Nous renversames ma Fille sur le foutoir, nous la troussames, & nous declarames que nous nous tenions prêts à le desarçonner, dès qu'il aurait senti le velouté de l'étroit connin de notre Fouterie, & que le clignotement de ses ieux annoncerait l'éruption du foutre. —En ce cas (s'écria le Bougre), que l'Une de ces trois Garses se couche-là le Con pomadé, pour que mon vit convulsivant s'y précipite & decharge-? On pomada Rosemauve. Cordàboyau enconna lentem$^t$ Conquète, dont le satiné le fit se recrier... mais il plongea jusqu'au fond. On l'observait. Il clignota de l'œil. Aussitôt Brisemote & Traitdamour l'enlevèrent comme une plume, en jurant, *Le Sacrébougre! il va partir...* Et ils le mirent sur la brune Rosemauve bién écartée, & Conète dirigea le vit. Cette Fille, la plus chaude des Garses, si Mad. Vitnègre ne l'eût pas surpassée, engloutit le vit en trois coups de cul sans intervale. Cordàboyau dechargea en heurlant de volupté, Rosemauve l'étreignant avec une delicieuse fureur.

Cependant, ce que je voyais m'avait roidi, & j'enfonçais dans le Con humide de ma Deesse, qui suffisamment limée, dechargea deux-fois, avant que je l'hamectasse de mon foutre paternel... Elle gigotait, criotait, sonpirotait. —Hâ! (s'écria Traîtdamour), vous êtes le Dieu de son Con, chër Maître! il se fond en jus d'amour, quand vous le perforéz! Voyéz comme elle en donne, l'adorable Enfant?.. Alons, celeste Coquine, tremousse, tremousse! Fous, divine Garse! decharge-...

Ce fut ensuite le tour de Brisemote. Conète pemadée, fut étendue sur le foutoir... Il enconna ma Fille. La grosseur du vit & sa roideur lui arrachaient de sourds gemissemens; elle travaillait de toutes ses forces, mais le terrible Engin avait encore plus de trois pouces pour toucher le fond. Tout-à-coup nous nous apercevons que le perfide Brisemote veut inonder d'un torrent de sperme, le Connin qu'il martyrise. Nous ne pou-

# XXXII Chapitre.

vions l'enlever & l'arracher, son vit lapait comme celui d'un gros Dogue, dans la vulve enflamée d'une grande Levrète. En ce péril, nous implorames Traitdamour & moi, la pudeur de Conquète ? L'adorable Fouteuse, fidelle à nos vits. donna un coup-de-cul en-arrière, & se deconа. Traitdamour plongea rapidem.<sup>t</sup> son braquemart en furie dans le Con béant.....

Brisemote enragé se jeta sur Rosemauve, qni ne s'y attendait pas, & la foutit en levrète, avec tant de brutalité, qu'il la fit crier autant de douleur, que de plaîsir...Et voyant Conète se lever : —Reste-là, Garse! lui cria-t-il : Je suis dans une rage, par ce Con velouté que fout Traitdamour, que j'enconnerais la ruë *Maubué* & celle *de la Tannerie*-... En-effet, Rosemauve deconnée, il fondit sur Conète, la fit crier; enfila Minone sans intervale, & reprit Rosmauve.... =Que n'ai-je-là notre Putain d'Hôtesse! la Garse boite avec grâce, elle a de blancs tetons : qu'on me l'appelle-?... Nous lui préparions Rosemauve, qu'il encula.

Pendant ce temps-là, Traitdamour se delectait sur Mad. Vitnègre, qui se plaignotait tendrement, & dechargeait sans-cesse, parceque son Enconneur ne la deconnait pas.

—Que la Bougresse qui est libre (nous dit-il), chatouille les petons de ma Deesse; ça la fera me secouer. —Alons ! m'écriai-je, que Minone lui chatouille le haut de la motte, la douce main de Conète les couilles du cruel Pourfendeur, & moi je chatouillerai les piéds delicats de la belle Enconnée-? Ce qui s'executa : de violens soubresauts, des cris, des blasphèmes de volupté, *Foutu Dieu... Sacre-Dieu... Dieu-Con... Dieu-Vit...* marquaient l'égarement des deux Conœuvrans.

Cependant Cordàboyau flairait la chaussure mignone de Conquéte-Ingenue, & alait y mettre son vit : —Laisse-donc ! lui dit Rosemauve, tout-enculée qu'elle était ; cela est insensible; mon Con est libre ; que ne le fous-tu-? Le Bougre lui mit le ventre en l'air, & tandis que Brisemote la sousaccadait en cul, Cordàboyau lui saccada le Con.

Je bandais si fort, en entendant & voyant tout-cela, que j'alais enconner Minone ou Conète. Ma Fille qui dechargeait, me dit tendrem$^t$ : —Un autre Con... que le mién... peut-il vous tenter-?... Cette tendresse vraiment filiale, me toucha au cœur. —Ote-toi (dis-je à Traitdamour) ; tu dois avoir dechargé-? Il deconna : Et moi, ému d'un amour-paternel sans bornes, j'enconnai ma

## XXXII Chapitre.

Fille, sans laver. —Mêlons nos trois foutres (lui disais-je en enfonçant): que ton Con filial engouffre le Vit-paternel avec delices!... Remue du cul, adorable Enfant! Rens-moi tout le foutre que j'ai dechargé dans le Con de ta Mère,... pour te faire!... Hâ! comme la Garse remuait du cul, oscillait du con, le jour où je l'engrossai de toi! Elle était chauffée, parée, un-peu chiffonnée, & si chaude, qu'elle se mit sur moi & s'encouna. Pour m'exciter davantage, elle me disait, en saccadant: *Pousse... Enfonce... mon Con est frayé... je viens d'être foutue par ce beau Commis aux Aîdes, dont tu es si jaloux...* Et elle saccadait... Pour moi,... je foutis avec fureur,... comme je te fous à-pésent... C'est moi qui t'ai engendrée, enfoutrée dans son Con satiné,... quoique tu ressemble à *Louis-XV*, qui,... dit-on, l'a aussi foutue... —Mon cher Pére... ô Vit divin! (répondit Ingénue, oppressée de foutre & de tendresse), je sens..à mon insatiable connin..que je suis votre fille. ... je le sens au plaisir.. que me fait la celeste idée que mon ... Pére me fout.... Decha--argeons ensemble, chër Papa!... j'ai... plus de .. foutre avec toi, qu'avec tout-autre !... *Hâ! hâ!.. fourgonne... fourgon-*

ne, Vit-papa... Le foutre... eſt long... à venir... J'ai tant foutu !... Mais je n'en ai que plûs de plaiſir... Hâ ! hâ !... foutre !... Dieu ! Delices !... Vitnègre !... ô Monſtre, qui me dechirais, ſans me pouvoir en--filer, que n'es-tu ſur moi... ton Vit noir me pourfendant le Con... Foutàmort... enfondre-moi......: Chër Papa... Dieu-fouteur... je pars... je decha--a--arge... à l'intention... de ... Foutàmort-. ... Et elle ſe pâma, dans un égarement, un delire ineffables.

Cependant elle avait croiſé ſes jambes ſur mes reins, & elle me feſait une jolie bronette de ſes cuiſſes & de ſon Con. Je dis qu'On la rechaufsât, & à chaque coup de cul, elle fit claquer l'un contre l'autre ſes hauts talons, comme feſait ſa Mère, pour me rappeler en foutant la beauté de ſon pied. Ce ſpectacle parut ſi delicieux à mes trois Droles, qu'ils enconnèrent en furieux, Traitdamour Rosemauve, Cordàboyau Conète, & Briſemote Minone. & qu'ils les firent crier comme dss Depucelées.

Dès que j'eûs émis, je dis à mon Scerétaire, de déconner, de m'enlever, & de me porter ſur un fauteuil. Il m'obéit. Ma Fille palpitait. Je la montrai ſe chatouillant elle-

## XXXII Chapitre.

même le Con. Traîtdamour rebanda comme un Enragé ; il se précipita sur elle. —Enculéz-moi, s'il vous plaît, Monsieur ( lui dit-elle ), il me semble que ça me fera mieux... —Decharger (s'écria le Bougre ) : Vous avéz le Con trop fatigué-. Et il lui perça le cul sans mouiller. —Je vais... redecharger (lui dit-elle, en continuant de se branler elle-même ). —Attendéz ! attendéz ( lui cria le jeune & vigoureux Perforeur ) ; je vous branleraí, en vous enculant-. Conquète enculée & branlée, roucouloit de plaisir...

En ce moment, Brisemote, qui finissait Minone, se jeta sur Rosemauve, abandonnée par Traîtdamour, pour ma Fille : Elle se fit enculer & branler. Cordàboyau retourna Conuète, & lui en fit autant. Minone libre ala gamahucher ma Fille, que son Frère tenait enculée ; & moi, je branlaí Minone. Les trois Bougresses se recriaient, que l'enculage branlé était divin .

Pour moi, j'étais sur mon fauteuil, un doigt dans le Con de Minone, que j'avais à-peine la force de branler, tombant de sommeil, & bandant encore pour toutes-quatre : il me devenait indifférent laquelle j'enconnasse. Je le dis. Brisemote m'avança Rosemauve tout-enculée. J'alais enconner la v ve Brune. Minone se retourna, mit ses fesses d'albâtre sur ce Con noir, & me présenta son Con. —*Que je te voye!* (s'écria Conquète, en s'arrachant du cul le vit de Traitdamour), *si Cupidonet doit mourir en rut, c'est dans mon Con!...* Elle se mit sur Minone, m'étreignit dans ses bras & m'engouffra. —*Hà!* (s'écria Brisemote, qui nous portait tous-quatre), *que n'ai-je le vit assez long, pour les enculer toutes-trois?*

Ainsi finit cette belle soirée. La partie fut remise au Dimanche suivant. Conquète, après avoir fait amplement bidet, se coucha modestem$^t$. Je ne pouvais marcher. Mes trois Gaillards remenèrent leurs Belles, & revinrent me prendre, pour me porter chez moi, où ils me mirent au lit.

### Chap. De la Fouteuse sensée. Histoire.

LE lendemain, après mon travail, je vins voir ma Fille. Elle était dans mon magazin. Elle m'embrassa la première, & me dit, & me dit: —*Au nom de Dieu, chèr Papa, ménagéz-vous! j'ai besoin de votre tendresse-paternelle, plusque jamais... Que deviendrais-je, si je vous perdais? Vous êtes le meilleur des Pères: vous me donnéz le necessaire & la* volupté. J'ai un Bijou insatiable : mais votre Traitdamour l'emplit & le satisfait audelà de toute vraisemblance. Je suis bien sensible au don que vous m'en avez fait. Aussi la reconnaissance & la tendresse sont pour vous ; je ne lui donne que du... —Foutre, mon adorable Fille... Tu es toujours égalem$^t$ modeste. —J'ai aussi beaucoup d'obligation à Traitdamour d'avoir amené sa petite Sœur & sa jolie Maîtresse : surtout d'avoir donné Celle-ci à ses deux vaillans Camarades, pour me rester plus entier, & vous soulager d'autant, vu mon extrême chaleur. Ces Jeunesfilles sont de bonnes petites Creatures, & valent mieux que Rosemauve, qui cependant n'est pas sans mérite.... Menagez-vous, chèr Papa. Ne voyez que moi : c'est bièn assez. Une partie, tous les huit jours, suffira pour vos forces. Traitdamour me donnera le surplus de ce qu'il me faut. En ne jouissant que les Dimanches, les Garsons, les Petites, tout-comme nous, l'appetit & le plaisir seront plus grands ; nous passerons une demi-journée delicieuse... Mais je suis jalouse de vous & du beau Traitdamour ; ne le mettez qu'à moi. Avertissez-les tous de cela. C'est mon ca-

ractère que la jalousie. Et-puis, où trouveriéz-vous une Femme ou Fille qui me vaille ? Toujours propre, abluée à chaque pipi, autant par volupté que par délicatesse : car j'ai cet endroit que vous avéz la bonté de trouver charmant, toujours si chaud, que je ne le mets jamais dans l'eau s qu'avec une volupté qui approche de la jouissance. Ne me le mettéz donc pas de la semaine, pour avoir plüs de plaisir, sans vous tuer, le Dimanche. Ne me touchéz ni le Bijou, ni le sein ? —Non (répondis-je) : durant la semaine, je ne baiserai que ton joli pied. Et je veux toujours avoir une de tes chaussures au trumeau de ma cheminée ! —*Rien de si flateur*, répondit-elle, *que d'être ainsi adorée, jusque dans sa parure : Aussi mon pied est-il soigné, comme vous l'adoréz. Je le lave à l'eau-rose deux-fois le jour matin & soir, & après avoir marché.* —Hâ ! celeste Fouteuse, que je le baise, que je le baise ? —*Point de ces mos-là ! dans la semaine : ils vous excitent... Baiséz votre idole ? j'y ai autant de sensibilité qu'ailleurs ; mais restéz-en là.... Du-reste, je suis à vous : Vendéz-moi, livréz-moi, quand vous le voudréz ; je*
me

XXXII *Chapitre.* 133

*me donnerai avec plaisir pour vous;*
*comme Une autre Ocyrhoé.* [ lacune.
Je me privai donc, malgré moi : mais par
néceſſit; je me contraignais. [ autre lacune...

Mais j'avais à ma cheminée ſa chauſſure
*roſe à talons-verts,* à laquelle je rendais
mon hommage tous les jours en l'honneur
de la Fille la plüs pieuſe & la plüs devouée
qui ait jamais exiſté. Conquête-Ingénue,
à qui je le edis le ſamedi, en fut tranſportée
de joie. Elle darda ſa langue, me fit ſucer ſes
tetons, palper ſon poil ſoyeux, ſe mit à genoux, & dit avec ferveur; —*Mon Dieu! je*
*vous remercie de m'avoir fait naître d'un*
*ſi bon Père! Nous ne vous offenſons pas;*
*je rens à mon Papa en plaiſirs delicieus*
*les ſoins qu'il a pris de mon enfance.*
*Je ſuis le baume & le charme de ſa vie;*

I *Partie,* H

*il est le baume & le charme de la mienne. Benissez-nous-?* Elle fit trois signes de croix, baisa la terre, & se releva, en disant : *Doux Jesus, qui le mettiéz à Madelène, elle était aussi votre fille ; & en amour, vous le savéz par experience, rien n'est si voluptueux que l'inceste-!...* Je fus si édifié de cette prière, que je me propose de la faire recommencer, à la fin de nos parties.

Un instan après, à 8 heures-&-demie, toute la petite Société, Traitdamour, Minone sa sœur, Conète sa maîtresse, Rosemauve, Cordàboyau & Brisemote, vinrent prendre langue pour la reünion du lendemain. Je donnai le mot & les retins à soupér. Il y avait un excellent gigot de 18 livres, & du vin de Bourgogne, avec un pâté chaud. Après le repas, voulant les émoustiller tous, & moi-même, je fis lire par Rosemauve, devant nos Hôtes, l'histoire suivante :

### Chap. De l'Homme-à-queue.

Vous aiméz les histoires, dis-je, ne voulant pas manger de pâté ; nour aurons demain toute autre chose à faire : je vais en conter une, pendant que vous achèveréz de soupér-. Un rire d'aise preceda le silence.

# XXXIV Chapitre.

Il y avait à *Sens*, une Veuve encore belle, quoique mère de six Filles, dont l'Aînée, qui atteignait vingt ans, é se nommait *Adélaïde*. La seconde, *Sophie*, n'en comptait pas encore dixneuf; la tsoisième, *Julie*, en avait près de dixhuit; *Justine* dixsept; *Aglaë* seize, ét enfin *Emilie* la Cadète quinze ans. Quant à la Maman, mariée à treize, accouchée de son Aînée à quatorze, elle avait trentequatre ans. Mad. *Linârs* (c'est son nom), avait en-outre deux Nièces de quinze ét vingtdeux ans, *Lucie* ét *Annète-Bar*, une jolie Femmedechambre de dixhuit, outre une Cuisinière, grande ét belle fille de vingt ans. Le Mari avait mal-fait ses affaires, avant que de mourir. La Veuve ne soutenait sa nombreuse Famille qu'avec le revenu de sa dot, qui rapportait cinq à six-mille livres. On était gêné; car les Nièces n'avaient que quinze-cents livres de rentes entre elles-deux. C'était onze Jeunespersones à entretenir avec 7500 francs.

Il parut alors à Sens un gros ét bel Homme dont la phisionomie annonçait trente ans, encore qu'il n'en eût que 20. Il passait pour très-riche. Et en-effet, il l'était. Ses bras ét sa poitrine étaient couverts de poil. Il avait le regard dur ét presque féroce : mais son sourire l'adoucissait, ét il souriait toujours, en voyant de jolies Femmes. L'Aînée des plles Linars était charmante : *Fysitére* la vit ét en devint éperdûment amoureux, quoiqu'il eût alors dans son sérail une Femme-mariée enlevée à Paris, de l'aveu du Mari même; la Sœur d'icelui, vendue par son Père, ét une superbe Carmelite, leur cousine, qui s'était livrée elle-même, parcequ'elle était hysterique. Mais toutes ces Maîtresses étaient alors enceintes, ét Fysitère n'en jouissait, que pour avoir des enfans. Il ala chéz Mad. Linars, pour lui demander en mariage Adelaïde.

Le Velu, en voyant onze Femmes dans une seule maison, tressaillit d'aise... Il étala sa fortune, ét proposa d'épouser l'Ainée. Trentemille francs de rente qu'il prouva (il en avàit bien davantage)! Le firent accepter sur-le-champ. Il rendit ensuite des visites jusqu'au mariage, ét fit des présens, tant à sa Prétendue qu'à la Mère, aux Bellessœurs, à Lucie ét Annéte-Bar, les deux Nièces, ainsi qu'à *Geoline* ét à *Maréte*, la Femmedechambre ét la Cuisinière. Ce fut avec ces présens qu'il attaqua leur vertu... Mais il faut quelques préliminaires, qui fassent mieux connaître ce Personage.

Fysitère était Un de ces Hommes poilus, qui descendent d'un mélange de notre Espèce, avec celle d'*Hommes-à-queüe* de l'Isthme de *Panama*, ét de l'Ile de *Borneo*. Il etàit vigoureux comme dix Hommes ordinaires; c'est-à-dire, qu'il en auràit batu dix à armes égales, ét qu'il lui falàit, à lui-seul, autant de Femmes qu'à dix Hommes.

A Paris, il avàit acheté la Femme d'un nommé *Guæ*, un scelerat, qui la lui avàit vendue ét l'avàit livrée. Fysitère la tenàit exactement

renfermée depuis. Il jouissait de cette Infor-
tunée, la plus provoquante des Femmes, ét
qui avait beaucoup de temperament, dix à 12
fois par jour. Ce qui la fatiguait tellement
qu'elle lui avait donné le conseil d'acheter de
leur Père sa Sœur-cadète, nommée *Doucète*,
qui partagerait le travail. Il le fit. Mais ces
deux Femmes avaient été biéntôt sur les dents.
Heureusement un Confesseur de Nones découvrit alors pour le Velu, la Religieuse histeri-
que, cousine des deux Victimes : Il la tira de
son Couvent, sous prétexte de lui faire prendre les eaux, ét la livra au Fysitère, qu'elle
occupa seule durant quelques femaines. Ce
qui avait reposé ses deux Cousines.

C'est à cette époque que l'Homme-à-queûe
était venu à Sens, ét qu'il y avait vu la Famille
Linars. Avant qu'il eût Mad. Guæ, On lui a-
menait trois Filles Couturières chaque matin.
Mais les précautions qu'il était obligé de prendre pour sa santé, avec des Creatures qu'il
laissait libres, le degoûtèrent de cette jouissance. D'ailleurs, comme il avait formé le projet de multiplier l'Espèce des Hommes-à-queûe
ét d'en peupler l'Ile entière de *Bornéo*, pays o-
riginaire, il voulait pouvoir surveiller tous
les Enfans qui lui naîtraient. Ses trois Femmes étant grosses, il ne voulait plus les fati-
guer. Quand il fut lié avec Mad. Linars, il
aurait bien cherché à deflorer sa Future, ou à
se donner Une des Nièces ; ou la Cuisinière,
ou la Femmedechambre. Mais il trouva que

tout-cela avàit ses inconveniens. Il reserva ce supplément de ressources, pour après son mariage. La Première qu'Il attaqua, ce fut sa Bellemère future. Il Lui fit un-jour un présent de deux-mille écus en espèces : Et La voyant dans l'extase de la reconnaissance, Il Lui mit la main sous la jupe, en Lui disant : «Autant tous les six mois, ſi Je vous Le mets, Et ne craignéz pas de faire du tort à votre Fille ! Elle n'en aura que trop de reste....» Comme il était extrémement fort, tout en parlanɟ, Il La renverſàit, L'enfilàit. La Dame se trouva prise ſans l'avoir prévu. Elle fut rabatelée une dixaine de fois, tanɟ Elle était vigoureusement contenue... Enfin devenüe libre, Elle Lui dit; «Hô, quel Homme!» «Je ſuis tel (repondit-il), que votre Fille ét vous, quand vous m'auréz toutes-deux, me donneréz vous-même des Maîtresses, pour vous reposer». La Dame, qui aimàit le jeu d'amour, sourit, en rougissant d'esperance et de plaisir.

Elle fut exploitée tous les jours, en attendant celui du mariage de sa Fille. Quand ce jour fut arrivé, effrayée pour Une jeune Vierge, Elle pria l'inépuisable Fysitère de La menager? «Six-fois: repondit-il, pas plûs, ſi vous me promettez de me recevoir enſuite, ou de me donner Lucie, l'Aînée de vos Nièces? «Non; mais je vous donnerai Geoline, ou Marète, celle que je pourrai avoir le plûs facilement... Le ſoir des noces, Fysitéré, quoiqu'il eût toutes les nuits fourbi mad. Linars, était impatient à trépigner, d'avoir sa Mariée. Il l'enleva commé une plume, dès qu'on eût soupé, se jeta sur Elle, ét lui fit pousser des cris effrayans. La Mère alarmée, accoutut avec Geoline, au moment où Fysitère, sans trop s'embarrasser des gèmissemens de la Jeuneperfone, la recommençàit. La Mère le laissa l'achever. Puis, sur l'instante prière de sa Fille, Elle la retira du lit, pour laver le sang ét le suc d'homme, dont sa conque martyrisée était remplie. Fysitère saisit alors Geoline, ét la viola, malgré ses clameurs. Il la retint sous lui quatre à cinq fois.:. Elle profita d'un intervala, pour s'échapper Mais Fysitère menaça mad. Liuars, fi elle ne remplaçàit pas sa Fille, de tourmenter Celle-ci jusqu'au jour... La Dame étàit fatiguée : Elle ala chercher Marète, qu'elle enferma dans la chambre-nuptiale. Fysitère la viola, ét la contint sous lui quatre-fois : puis il lui permit de dormir.

Dans le 'our, il assoupit les plaintes des deux Filles domestiques, ét même il les gâgna, en leur constituant douze-cents francs de rente à chaqu'une. Mais elles demandèrent du repos, pour la nuit suivante.... Le soir, Fysitère ramona six-fois sa Nouvelle-Epouse, qui prit un-peu de gout à la chose : puis sa Mère reposée, fut à son tour fourgonnée six autres fois. Ce qui suffit à l'Homme-à-queüe.

Le soir du troisième jour, il ne ramona sa Femme qu'une-fois ; car Elle demanda grâce.

Il eût ensuite Geoline, six fois; puis Marète, cinq fois. Ce qui fut la dose à laquelle il se régla. Il eût le quatrème soir, sa Femme, une fois; sa Bellemère quatre; Geoline trois; Marête quatre: douze en tout. Il en agit ainsi pendant deux mois.

»Mais, lui dit Mad. Linars, vous vous épuisez? A quoi bon nous le mettre tant de fois? »Mon but est de faire des Enfans, pour en repeupler une Ile des *Indes*, dont les Hommes de mon Espèce sont originaires. Dês que vous sérez grosses, je ne vous le mettrai plus; vous m'en donnerez d'Autres; mais surtout vos Filles ét vos Nièces, parceque vous êtes toutes d'un beau sang. Je leur ferai à chaqu'une six-mille francs de revenu, ét douze-cents francs seulement aux Etrangères que vous procurerez... Mad. Linars fut très-étonnée de cette proposition! Mais les six-mille francs de revenu pour ses Filles ét ses Nièces la tentèrent.

Aubout des deux mois, ét de six semaines de mariage, Mad. Linars, la Nouvelle-Epouse, Geoline ét Marète se trouvèrent enceintes. Fysitère leur declara, qu'il ne les *verrait* plus, qu'après leurs couches. Et il pressa Mad. Linars de lui donner ses Nièces, ét deux de ses Filles?... Elle fut obligée d'y consentir. Elle les conduisait elle-même, après les avoir instruites, ét assistait à leur defloration, calmant leurs cris par ses discours ét ses caresses. »Ma raisonable Enfant, disait-elle à Lucie renversée sur le dos, ét qu'On troussait, il est doux d'avoir 6 mille fr. de rentes ?... Cinq-cents francs par mois, ajouta-t-elle en la pomadant ?.. Et foncières, ma chère Nièce! dirigeant le gros Membre dans sa fente ». Aussi la belle Lucie, quoique vierge, ne cria-t-elle pas.

Vint ensuite Aunête la seconde. Sa Mère l'exhorta, la pomada, inserant son index onctué le plus profondement possible, pour fràyer la route. Elle introduisit le Membre dans la fente ainsi préparée. Cependant Annète perforée, jeta les hauts-cris. Mais ils n'arrêtèrent pas Fysitère, dont Mad. Linars caressait la queue poilue, qui fretillait vivement. « Hâ! Maman! (lui dit-il), mets-toi sur moi, et te l'enfonce dans ta conque; tu auras bien du plaisir »! Elle le fit, et fut si ravie, qu'elle appela sa Fille-aînée et les Chambrières, pour leur procurer les mêmes délices.

Annète suffisamment ramonée, et demandant grâce, Geoline la remmenà, pour laver le sang et le sperme, dont son Bijou était barbouillé : et Mad. Linars ala chercher Sophie, sa seconde Fille. Geoline et Marète l'apportèrent nue assise sur leurs mains jointes. Mad. Linars la pomada ; puis elle intromit. Geoline s'enfila avec la queue poilue, au refus d'Alaïde l'épouse. Sophie ne poussa que quelques gémissemens, an premiér Assaut ; elle riposta aux deux autres. Elle fut cependant ensanglantée. Geoline se fourgonna de la queue-à-poil durant toute la séance.

Fysitère n'avait joui que neuf fois : Il lui

en falàit trois encore. On ala Lui querir Julie la troisième Sœur, âgée de dix-sept ans. Sa Mère La pomada. Ce qui ne l'empêcha pas de crier, parcequ'elle était fort étroite. Julie et sa Cousine Annète furent les deux qui n'émirent pas dans le coït, les quinze premiérs jours. Lucie fut prise tout-de-suite, et Sophie trois jours après. Mais elles n'en dirent rien, aimant le plaisir. Quant à Julie et Annette, il s'écoula trois mois avant qu'elles fussent enceintes... Marète se farfouillait avec la queue poilue, pendant les assauts de Julie.

Lorsqu'il fut bien décidé que les quatre Belles avaient le sac rempli, Mad. Linars fut requise de donner ses trois dernières Filles, et une Cousine du côtè-gauche, fille hors mariage de son Mari, nommée *Naturelle-Linars ?* Elles Lui furent livrées, et Justine, Aglaé, Emilie même, qui n'avait pas quatorze ans accomplis, se virent enfilées dans une seule nuit, malgré leurs cris et la dechirure de leurs jeunes appas. Naturelle avàit vingt-un ans : ce fut une delicieuse jouissance, que l'Homme-à-queue fatigué avàit réservée pour la dernière. Celle-ci fut engrossée surlechamp; et les trois Autres, malgré leur jeunesse, ne l'échappèrent pas dans le cours du mois. Elles étàient regulièrement fourgonnées trois fois par nuit: mais soit qu'elles eussent moins de temperament, soit qu'étant plùs étroites, elles souffrissent toujours, elles furent ravies, lorsqu' elles fu declarées enceintes. L'Homme-à-queue avàit en ce moment de fécondées, 14 Femelles, qui Lui promettàient au moins 14 Enfans.

A cette époque, Mad. Linars accoucha d'une Fille. Un mois-et-demi après, Adelaïde, ou Mad. *A-queue*, mit également une Fille au monde. Puis Geoline et Marète eurent chaqu'une un Garſon. Annète et Lucíe chaqu'une une Fille. Toutes-six voulurent nourrir. Ce qui fut executé dans une Terre écartée, du-côté de *Seignelai*, éloignée des routes, comme de l'*Yonne*, mais sur la petite Rivière de *Serin*.

Cependant comme les Unes nourrissàient, et que les Autres étaient encore enceintes, il falàit de nouvelles Femmes à Fysitère. Il demanda permiſſion à Mad. Linars de reféconder ses trois premières Concubines, Mad. Guæ, sa sœur Doucète, et la Carmelite, qui n'était plus hystere, depuis ses couches. La Belle-mère y conſentit avec la plus grande joie : car Elle était fort embarrassée pour trouver à son Gendre des Sujets fecondables. Elle avàit deja bien marqué les quatres Pucelles les moins laides du Village, et même une cinquième la plus jolie, femme mariée, sterile avec son Mari ; Elle les avàit presque gagnées, au moyen des douze-cents francs par année, mais Elle n'etait pas encore sûre de leur discrétion... Les trois Concubines étàient mandées. Elles arrivèrent.

Dès le même soir, Elles furent mises toutes trois dans un grand lit propre à cinq Perſones : Fysitère s'y coucha au milieu : Il Les palpa toutes ; puis il prit Mad. Guœ, la plus voluptueuse, qu'il fourgonna trois-fois avec fureur. Il faisit ensuite Doucette, que ses tendres gemissemens lui firent ramoner en Enragé. En la quittant, il sauta sur la Carmelite, qu'il exploita six fois, sans desarçonner. Mais Elle l'assura qu'Elle était guerie de sa maladie, et Elle Le pria de se parrager également entr'elles trois ?... Ce qui fut arrêté.

Le lendemain, Mad. Linars, qui avait tout écouté pendant la nuit, demanda aux trois Parentes, *Comment elles appartenaient à Fysitères!* Mad. Guœ repondit : « Nous alons vous faire notre Histoire qui vous paraîtra singulière! en-même-temps qu'elle vous donnera une idée juste de notre Mari à Toutes, qui est Un Homme d'une nature particulière. Mad. Linars ne demanda pas mieux que de l'entendre : Mais elle fit observer à Mad. Guœ, que ce Recit ne serait pas moins agreable aux 12 autres Femmes de Fysitère ? Mad. Guœ en couvint, et Adelaïde, Sophie, Julie, Justine Aglaé, Emilie, Lucie, Annète, Geoline, Marète, Naturelle, appelées par Mad. Linars, vinrent avec elle assister à la narration que fit la belle Mad. Guœ, en-présence de Doucette sa sœur, et de de *Victoire* la Carmelite leur cousine.

Chap. *De la Garse insatiable.*

« Vous me voyéz ; J'ai toujours été desirée des Hommes ; A huit ans, un Ouvrier qui travaillait dans la maison à de la menuiserie, me

prit

## XXXIV Chapitre.

prit le bijou ; ét comme je ne criai pas, il me mit son membre entre les cuisses, me les fit serrer, ét me les inonda, en dechargeant. Je le dis à ma Mère, qui me lava les fesses, ala menacer le Menuisier, ét le fit deguerpir... Ce debut annonce que le Recit sera un-peu libre ; mais il faut être sincère.

„A dix ans, mon Père déculoté m'asséyàit à crû sur ses cuisses nues, fesàit aler son membre entre les miénnes, comme le batant d'une cloche, ét, bién échauffé, il alàit enfiler ma Mère, une jeune Tante sœur de celle-ci, ou ma Gouvernante.

„A treize ans, j'avàis le Bijou cotonné, ét si joli, que mon Père venàit me Le lécher la nuit pendant mon sommeil. Eufin il me sentit riposter à ses coups de langue, ét comprit que j'avàis du plaisir. Il dardàit plüs fort, ét je partàis... Auſſitôt mon Père se mettàit sur moi, me suçàit mes petits Tetons naissans, posàit son membre à l'orifice de ma petite Conque, ét me barbouillàit toute la Mote de sperme... Il me lavàit à l'eau-rose.

„A quinze ans, un Jeunehome, frère de ma Maîtresse de modes, me prit le Con à la poignée, au moment où je regardàis par la fenêtre, ét voulut me chatouiller le Clitoris avec son doigt : mais il me fit mal, ét je Lui donnai un soufflet.

„A cette époque, mon Père n'osàit plus m'asseoir à cùl-nu sur ses genoux, ni me faire decharger en me léchant le Con ; il se retiràit

*I Partie*      I

dès que je donnàis le premiér signe d'éveil: Mais comme j'ai le piéd joli, ét que M. *Dardevil*, ainſi que tous les Hommes delicats, est infiniment ſenſible à cet attràit-là, il fesàit faire mes chaussures par un habile Cordonniér, celui de ma Mère ét de la Marquise DE-Marigni; le Voluptueux ne me les donnàit neuves, que lorsque j'alàis chéz Lui; il me les fesàit méttre après un pédiluve, avec des bas de fin coton, me fesàit marcher chaussée, mettre à la fenêtre, pour mieux voir ma jambe ét mon piéd, qu'il baisàit; il me fesàit enſuite asseoir, me tiràit un soliér, s'en coïfàit le vit, me feſàit Lui patiner les couilles avec mon piéd chaussé, poussàit de profonds soupirs, cognàit au planchér, ce qui fesàit monter Mad. Mezières voisine d'audessous; Elle Lui arrachàit mon souliér, ou ma mule; Elle se renverſàit sur le dos; Il La trouſſàit, ét La fourgOnnàit, en me ſesant relever ma jupe en perſpective d'une glaſe jusqu'au genou. „Votre Père me fàit ce qu'il ne peut vous faire, me diſàit La Mezières, parceque tu es sa Fille; mais c'est Toj qui Le fais bander... Hà! ſi Tu Lui montrais ton joli Conin, comme il me rabàteleràit, ét me donneràit des coups de vit en Con„! Touchée de ce langage, ſouvent je me trouſſàis, ét montràis une mote à poil ſolet ét soyeux, que mon Père trouvait adorable! Je m'en apercevais aux vives estocades qu'il donnait à la Dame... En La quittant, il venàit me rechauſſer. Mais quelquefois La

## XXXV Chapitre.

Mezières l'en empêchait, ét furieuse de luxure, Elle me renverſait, me lèchait le connin, ét mettait dans le sién la pointe de mon ſollier, ou de ma mule, comme un godmiché... Pendant ce temps-là, mon Père me palpait doucement les fesses ou les tetons. "Tu la foutras, Bougre (tu la depuceleras, ét biéntôt! ét elle deviendra grosse de Toi, si Tu ne la maries"! Ce propos, souvent repeté, fit que je demandai vivement à me marier.

"J'avais un Oncle, mari de ma Tante. L'escalier de leur demeure était obscur. Un jour que je le montais, mon Oncle me suivait. Au beau milieu, il me glissa la main sous la jupe, ét me hâpa ce qu'il nommait mon *Connôt*. Je me recriai! "Tais-Toi donc (me dit-il): vas-tu troubler mon ménage"?... Je me tus. Et il me patina le Connôt, le cùl, d'une main, les tetons de l'autre; me mit ſon membre dans la main, me le fit serrer en jurant, ét tout en me ſuçant les tetons, me dechargea dans les doigts.

"J'entrai toute rouge chez ma Tante. Mais je ne dis mot. Quand je m'en retournai, mon Oncle me guettait; il m'accompagna, ét me dit: "Tu veux te marier; J'ai un Parti, ét il n'y a que moi qui puis gâgner ton Père; Je le gâgnerai, ſi je te le mets ſeulement trois fois avant le mariage, ét lorsqu'il sera bién sûr? "Que me mettrez vous? (je fesais l'ignorante, puisque j'avais vu mon Père ét la Mezières). Nous étions dans l'alée. Il mit ſon vit à l'air, ét m'empoigna le Con: "Ceci, dans ce que je te tiens ». Je me debarrassai, ét ne repondis rien. J'étais à la porte de mon Père : J'entrai. Il était abſent : j'attendis.

» Seule avec moi-même, je resolus de preſſentir mon Père, à son arrivée, sur mon mariage ? Il arriva : Je ſus moins sevère avec Lui qu'à mon ordinaire, ét lorſque je l'embrassai, aulieu des ieux, j'appuyai sur ses lèvres. Il fut ravi. Je dardai la langue, comme je l'avais vu faire à La Mezières. Il me mit la main entre les cuisses, mais sur les jupes. Je m'abandonnai, en Lui disant : » Je voudrais me marier ? Et comptéz que vous seréz bien caressé, si vous y conſentéz ? » De tout mon cœur, à cette condition... As-tu un Parti ? » Mon Oncle en a Un, que je n'ai jamais vu. » Bon ! ce n'est pas une amourète... Il faut dabord que je Te gamahuche aujourdhui ? » Qu'est-ce que c'est ? » Te lécher-là (me prenant le Bijou). Je fis une petite grimace. » Alons, prens cette éponge fine, ét lave le bien, à-cause du joli poil, qui commence à l'ombrager ? Le plaisir que tu auras, te dedomagera de la contrainte que Tu te fais ? Il me ſuça légèrement les bouts des tetons, pendant que mes fesses, mon cùl ét mon connin nageaient dans un bain tiéde.

» Mon amoureux Père ne me donna pas le temps de reflechir : Dés qu'une ſerviète fine eût pompé l'eau, Il me renverſa sur le pied de son lit, troussée audessus des reins, appliqua ſa bouche sur la fente de mon connôt, qu'il lècha vivement, en dardant sa langue, jusqu'à ce que je donnasse des symptômes de décharge. Ce qui arriva au bout d'un demi-quart d'heure. En me sentant prête à émettre, mon Père me quitta, me mit gros comme une noix de beurre frais dans le bas de la fente du connôt, m'y inséra son vit, avec beaucoup de peine. Il saccada : je dechargeais, ét j'avais tant de plaisir, que je Le secondai, malgré quelques douleurs. Heureusement le vit de mon Père n'était pas gros ; mais il était long ; il me donna un plaisir complet ; car il penetra si avant, qu'il me chatouilla le fond ; ét au moyén de ce que j'étais très-étroite, il m'emplissàit le con, comme si j'y avais eü un Vit de Mulet... Voila comme je fus depucelée.

Je priai mon Père, pendant qu'il me lavait le Con, de ne pàs differer son consentement, que je ne voulais pas devoir à mon Oncle ; ét je Lui en dis la raison. » Il ne faut qu'il te le mette ! me repondit-il vivement : Le Bougre a le Vît trop gros : Il t'élargirait ! Au lieu qu' après moi, ton Futur, on tout autre Fouteur, Te trouvera comme Pucelle ». Je promis qu' Il n'obtiéndrait rién. » Des bagatelles çepend-dant, reprit mon Père : Branle-Le, quand il Te prendra le Con. Tu pourrais même Te laisser enculer, s'il était assez raisonable pour s'en tenir là. » Comment fait-on ça ? » Je vais Te le montrer ». Et il m'encula. J'eüs du plaisir ; car je dechargeai. Mon Père me dit ensuite : » Quant à mon consentement, envoie-moi ton Prétendu : Si c'est Un certain Drôle que je soupçonne, Tu n'en deviéndras pas folle, ét... Suffit ». Je m'en retournai contente chéz mon Oncle, où sa Femme ét Lui me présentèrent leur Protegé, une sorte de Mulâtre, qu'ils nommèrent M. GUÆ.

Dés le mêmesoir, ayant eü, avec ce M. Guæ, un entretién trés-vif, pendant lequel je Le vis prét à me prendre le Con. sa laideur ét sa sotise ne me rebutèrent pas, attendu que mon Oncle ét ma Tante m'avaient prèvenue qu'il était terrible pour les Femmes ; ce qui m'avait bién tentée! aucontraire, je Lui dis, Que j'avais obtenu le consentement de mon Père, ét qn'il pouvait se présenter. Il me pria de le conduire, n'en étant pas connu. Je remis au lendemain midi.

»Nous arrivames au moment où mon Père alait sortir. Guæ m'avait pris le cùl dans l'escaliér, ét m'avait fait empoigner son Vit ; ce qui me donnait un coloris brillant ; j'étais ravissante! Je présentæ Guæ, comme mon Futur. Sa figure hideuse ét basse fit sourire mon Père, dont elle calma la jalousie. Il nous dit: »Mes Enfans, j'ai une affaire pressée : mais elle sera courte ; attendéz mon retour ». Aprés son depart, Guæ me dit : »Il paraît, à son ton, qu'il vous tiéndra sa parole, de consentir? » Je le crois ; car il ne se contraint pas, quand une chose Lui deplaît. »Ma Belle! (ajouta Guæ, dont l'œil noir petillait de luxure, permettéz de vous Le mettre icy, sur le piéd du

Lit de votre Père?... Consentéz-y »? Je ne demandais pas mieux, à-cause de mon depucelage, ét parceque le Bijou me demangeait, depuis que mon Père m'avait perforée : Mais je repondis : » Hô-non ! mon Père n'aurait qu'à rentrer ! » Hé ! quand il rentrerait ? vous voir enfilée, ne ferait que hâter notre mariage »».

» Il me renversa sur le pié du Lit. Je me defendis gaûchement. Il me mit le Vit entre les babines du Con, ét poussait à m'enfondrer... Mais il ne put penetrer, quoiqu'il se mouillât le gland. Il redoubla d'efforts, qui aboutirent à me decharger une chopine de sperme sur la mote, le ventre ét les cuisses.

» Je me debarrassæ, pour aler laver. » Hô ! vous êtes bién Pucelle ! me disait Guæ, en se reculotant. Comme je m'essuyais, j'aperçus mon Père caché... Je n'en fis pas semblant Un instant après mon retour vers Guæ, ce Père rusé entra auprès de nous. Guæ me demanda en mariage? Mon Père Lui repondit, Qu'il me laissait la maîtresse absolue. Et il signa les bans. Il dit ensuite à Guæ, qu'il avait à me parler, ét qu'il le priait de s'en retourner seul ; qu'il me remènerait chéz ma Tante, à laquelle il avait à parler aussi. Guæ s'en-ala.

» Dés qu'il fut sorti, mon Père me dit : « As-tu été foutue »? Et il me prit le Con à la poignée. » Vous avéz bién entendu que non. » Où donc a-t-il dechargé ? » Sur le poil. » Un-peu entre les lêvres ? » Oui. » Il suffit : On peut devenir enceinte avec cela seulement, ét Tu n'a plus rien à craindre Mais va le voir chéz Lui, ét qu'il ait toute facilité. En attendant, je vais en frayer encore un peu. Il me renversa, ét a-l'aide du beurre-frais, il m'enfila... avec quelque facilité: ce qu'il répeta trois-fois, excité par ce qu'il venait de voir, ét parceque j'étais extrèmement bien chaussée, en fouliérs de foie neufs. Je déchargeæ trois foisa chaque enconnage, comme disait mon Père. Cela fit neuf fois. Mon Père me dit, que j'avais beaucoup de temperament, ét que j'alais être une bonne fouteuse!... Je me lavæ foigneusement, ét il me remena.

" Nous trouvâmes Guæ chéz ma Tante. J'étais plûtôt mise en appétit que rassasiée, par le triple fourgonnage de mon Père: Je dis bas à mon Prétendu: " Aléz chéz vous; j'æ à vous parler ". Il y courut. Mon Père parlait à ma Tante, prenant des mesures pour accelerer: car il craignait, à la manière dont j'avais dechargé, que je ne devinsse grosse de Lui ; ét il le desirait en-même-temps: Mais il falait que je fusse mariée... Ma Tante fortit avec Lui.

" J'alais fortir aussi, pour laisser essayer à Guæ un enconnage complet, lorsque mon Oncle rentra. J'étais fi *envoluptée*, que je n'en fus pas fâchée, quoiqu'il me deplût. Il ferma la porte au verrouil, ét vint à moi: " Tu vas donc te marier ? me dit-il: Alons, il faut en decoudre à nous-deux ? Aussi-bien Guæ a le Membre fi gros, qu'il te ferait fouffrir le maryre ". (Ceci acheva de me determiner)... Il me faisit. ''Laisséz-moi! Laisséz-moi! dis-je faiblement). Mon Oncle ne m'écouta pas, ét voyant que je ne criais, ni n'égratignais, il me renversa sur le Lit, me troussa, ét dirigea son vit dans le vagin de mon Con. J'eüs l'art de paraître me défendre, en le secondant. Il me fit mal; je criæ, ét m'apercevant que les cris le facilitaient, je me mis à crier de toutes mes forces. Ce qui le fit enfoncer jusqu'à la garde, avec tant de plaisir de ma part, que mes gemissemens étaient de volupté. Je me debattais, mais mon Con supait le gros Vit, donnant de si bons cups de cul, que je dechargea avec des convulsions terribles, et des contractions des trompes qui pinçoient le gland de mon Oncle. Il se recria,... ét se pâma de plaisir... '' Hâ! pour une Pucelle, que Tu fous bien! me dit-il ensuite: Que sera-ce donc un jour? ... Recommençons''... Il me recommença trois-fois, malgré mes pleurs; car je sentis qu'il falait pleurer...

Quand il fut rassasié; il deconna. '' O celeste Fouterie, me dit-il, si le merite de ton Con était connu, il ferait ta fortune! '' Oui! vous me l'avéz bién accomodé! répondis-je en sanglotant, sur un bidet préparé par mon Oncle. Il ôta le verrou, jeta l'eau mélée de sang ét de foutre; puis craignant le retour de sa Femme, il sortit, en disant: '' Remerciéz-moi! sans cette préparation, Guæ vous aurait estropiée; ét revenéz à moi, s'il le faut''?

Je ne fus point effrayée de ce langage. Dés

qu'il fut sorti, j'essuyai bien-vîte mes larmes, et je pris un air riant. Ma Tante revint. Je la prévins de l'attaque de son Mari, mais non du succès, pour lui faire presser mon mariage ; la priant de ne lui en rien temoigner, depeur qu'il ne levât le masque. Je promis de toujours bien me defendre, comme je venais de faire ; et tout en en parlant, le Con étant venu à me redemanger, je courus chez Guæ, esperant que préparée comme je l'étais, il me l'enfoncerait enfin. Il m'attendait.

» J'ai bien des choses à vous dire »... Ce fut mon debut. Il ne me laissa pas continuer ; il me prit la Motte :» Foutons dabord, me dit-il, en me renversant. Je n'en fus pas fâchée ; car je ne savais trop que lui dire de-nouveau. Je me defendis gauchement, comme avec mon Oncle et mon Père. Mais quoique je fusse élargie, ses tentatives furent encore inutiles. Je n'osais lui dire de prendre du beurre, depeur de paraître instruite : je m'attendais qu'il y songerait. Cela ne lui vint point en pensée. » Tu és diablement Pucelle ! me dit-il, en me tutoyant... Il me tourna sur le ventre, me cracha au trou du derrière, et m'y enfonça son engin, avec des efforts infinis. Je poussais des cris horribles ! mais il me tenait si ferme, en m'empalant, que je ne pouvais remuer. Je le secondæ, pour souffrir moins, et mes ripostes me firent decharger. Je croyais avoir un timon de carrosse dans le cùl... Le retiré ne fut pas sans plaisir...» Tu vaux ton pesant d'or ! me dit

Guæ, même en cùl! Suffit»! Il me demanda ensuite pardon: »Votre beau Con, votre beau cùl, vos blancs tetins m'avaient mis comme un Enragé; ne pouvant vous enconer, je vous ai enculée: Pardon, ma belle Maîtresse! j'æ plüs d'un projet, pour vous dedomager». Le cùl me fesait mal: Guæ me le mit dans l'eau tiéde; puis il me le baisa, me le lécha, alant quelquefois au Con. Il rebanda: mais je voulus m'en-aler. Il fut obligé de me remener en fiacre; je ne pouvais marcher qu'avec douleur. Ce qui n'empêcha pas qu'il ne me fît Le branler dans le carrosse, Lui ayant le néz dans une mule mignone, qu'il m'avait arrachée du pied, ét dans laquelle il dechargea. Dans le delire du plaisir, il me dît; »Ma Reine: j'æ le Vit trop gros pour Toi; choisis de l'œil un joli Jeunehomme pour Te depuceler, ét je trouveræ le moyén de Te Le faire avoir, sans Te compromettre». Ceci me fit plaisir…. Guæ me descendit, ét me porta. Je me mis au Lit; le sommeil calma mon cùl.

»Le lendemain, j'alæ chéz mon Père, auquel je racontæ tout ce que Guæ m'avait fait, ét dit. »Bon! me repondit-il: Tu as du temperament: Tu seras foutue, en con, en cùl, en bouche, ét Tu seras heureuse… Vous seréz mariés dans huit jours, ét je t'auræ un Fouteur plüs gros que moi. En attendant, je vais Te Le mettre; On ne saurait trop élargir un Connin si mignon». Mon Père m'enconua, recomença trois fois. »Tu és toujours pucelle ! me dit-il. »Et pourtant, m'écriæ-je, mon vilain Oncle, avec son gros Membre, m'a hier violée trois fois! »Trois-fois! reprit mon Père: quel Connichonnet as-tu donc? On pourra vendre mille fois ton Pucelage!... Il faut que je Te refoute». Et il me refoutit...

»Tandis que je me rinçais le Con avec de l'eau tiéde, mon Père s'était mis à la fenêtre, ét causait avec un jeune Procureur son voisin, gros ét beau garſon de 30 ans. Le Con lavé, j'alæ regarder, en soulevant le rideau. Mais le jeune Procureur m'ayant aperçue, je me retiræ. »Quelle est donc cette celeste Perſone? demanda-t-il. Mon Père ne repondit que par un geſte, qui, je crois, ſignifiait que j'étais sa Maitreſſe. Ils gesticulèrent encore. Puis le Procureur disparut. Mon Père me dit auſſitôt: »Veux-tu que ce bel Homme Te Le mette, en payant? »Hô! hô! mon Père! »Appelle-moi Monſieur, devant Lui «!... On frappa. Mon Père ouvrit; ét j'entendis qu'il disait tout-bas au Jeunehomme : »Aportez-vous les 50 Louis? »Les voilà. »Mademoiselle? me dit alors mon Père; vous ſavez que je vous aime pour vous même: Voici un bel Homme de mes Amis, qui veut vous faire un préſent; je ſors; temoignez-Lui votre reconnaissance ». Mon Père ſe cacha, ét le Procureur le crut sorti.

»As-tu été foutue aujourdhuy, me dit-il, en venant pour me prendre les Tetons. Je Le regalæ d'un soufflet. »Apprenez que je ſuis icy chéz mon Père. ″Vous êtes Mademoiselle .... ″Oui, Monsieur. Je dois être mariée dans huit jours. C'est un mariage de raison, ou d'interêt. Mais mon Père ayant été instruit que mon Futur est... monstrueux ;... ce bon Père a ... pris sur lui de ... me faire préparer. Je vous æ cru son Ami ; j'æ consenti, après vous avoir vu ″. Le Procureur était à mes genoux. Il me demanda mille pardons ! ″Soyéz donc honnête ? repris-je. Alors il me caressa. Je luy rendis enfin un baisér. Il me renversa. Il avait le Vit comme mon Oncle, mais il était moins adroit. ″De la pomade ! luy criai-je : Mon Prétendu m'ayant fait entrer chéz luy par surprise, il ferma les portes, ét voulut me violer.. Ne le pouvant, il me pomda, ét ne réüssit pas encore. Vous, pomadéz-... moy ″... En parlant ainsi, ses tentatives me fesaient decharger. Je soupirais de volupté. Mon Père crut que c'était de douleur. Il arriva ; me pomada ; dirigea le Vit de mon Fouteur dans mon Con, ét dit, à lui : ″Pousséz ″. A moi : Soulève le cùl ; étreins dans tes bras ; seconde ton Depuceleur, à chaque coup, par un coup de croupe en-avant ; passe tes jambes sur ses reins, ét serre, en remuant du cùl,... Bon ! Bon ! Saccadéz, vous !... Bon ″! ″Hâ Dieu ! quel plaisir ! s'écriait le Fouteur : comme Elle a ... le Con étrait !... le ... mouvement... delicieux ″! Je lui dardæ ma langue, en marmurant, ″Mon cœur !.. Mon Roi ! ... Mon Dieu ! je t'adore !... ″ Hâ ! la chère petite Amie! elle est tendre!... Je decharge! je La fous... Hâh!... „Il me fout, mon Père! ... Tous les Hommes foutent-ils?... Hâh!... Mon Père!... quel plaisir!... Mon âme... va sortir par... le trou qu'il me fait „! ... Je dechargeais, en me roidissant. „Hô! la petite Reine!... s'écria le jeune Procureur: Elle decharge!... Mon Pére... donnez La moi pour Femme; je L'æ depucelée; je L'epouse „?.....

„Mon Pére, qui avait ses desseins sur Moi; refusa. Il en resulta que le Procureur enragé, s'acharna sur Moi, ét me foutit 18 fois... Mon Père fut obligé de l'ôter de sur Moi, ét de Le porter chéz Luy; il ne pouvait marcher..... Quant à Moi, j'étais à-peine fatiguée. Mon Con lavé, rafraîchi, il n'y parut plus. Au retour de mon Père, Le voyant tout ému, à la vue de mes Tetons, je Lui dis: „Si vous baudéz, satisfaites-vous, en me foutant deux ou trois fois?„O quelle scêne! s'écria-t-il: Mais Tu as un Con ét un temperament impayables! ils feront notre fortune... Voyons si Tu dechargeras encore: foutons „?... En m'enconnant, il me loua fort de m'être avouée sa fille, ét du soufflet donné! „Les Fouteurs dedaignent les Foutues; mais avec Toi, ce sera le contraire; je veux te mettre audessus de ces Bougres-là!

„Je decharge! m'écriæ-je. „Et moi aussi! repondit-il en me saccadant. Il me re-enconna trois fois, ét toujours je dechargeæ.. Je lavæ, en Lui disant: „J'épuiserais dix Hommes „. Je Lui recommandæ d'instruire mon

Futur de ce qu'il falait faire, pour m'enconner. Je Lui dardæ ma langue, et je partis.

„ J'avais été foutue 25 fois dans la journée, ſept par mon Père. Je retournais chéz ma Marchande: Mais tous les Hommes que je rencontrais, me tentaient. „ Que les Putains ſont heureuſes ! ( penſæ-je ) elles attaquent qu'elles veulent„ ! Tout-à-coup une idée me vient : „Alons chéz Guæ ; je Lui diræ de me pomader : Qu'il m'eſtropie ; mais qu'il me foute„. J'y volæ.

Il était avec un beau Jeunehomme, qu'il fit cacher, au bruit de mes talons. Mais j'entrevis par le trou de la ſerrure. Guæ me reçut myſtérieuſement, et me conduiſit dans la Pièce obſcure, où je Luy avais vu cacher le Jeunehomme. „ Ma Reine ! ma belle Future ( me dit-il ), je crois que je pourræ vous enfiler aujourdhuy : Ayéz ſeulement de la complaiſance ? „ Oui ! mais, pomadéz... Ma Tante... „ J'entens .. j'entens „... Je ſentis qu'il me remettait à une main plus douce. On me prit les Tetons, le con ; On me darda la langue. Je careſſæ. On me trouſſa. Je fis beau con. L'On ſe mit ſur Moi, je ſentis qu'On m'inſerait un morceau de beurre-frais à l'entrée de la vulve, ou trou du Con. On pouſſa. Je ripoſtæ un-peu. L'On entra. Je ſecondæ, m'appercevant avec étonnement, qu'On ne me feſait preſque pas mal. Enfin l'On parvint au fond ſans m'avoir bleſſée, et l'On y déchargea. L'abondance et la douce chaleur du foutre me firent partir auſſi, mais avec un plaiſir, des élans, des tranſports incroyables! Je m'écriais: „ Chër Amant! divin Amant... j'expire... de bonheur... ét de volupté... Je t'adore „!...

„ Le Jeunehomme deconna. Il me ſuça les Tetons, les Lêvres, me fit darder la Langue. Ce que je fis tendrement... Auſſitôt il me re-enconna avec fureur. J'eüs autant de plaisir que la première fois... Bref, il me recommençait sans-cesse, ét ce fut Guæ qui Le renvoya: car pour Moi, deja foutue 25 fois dans la journée, je crois que j'aurais laiſſé aler ces deux Hommes jusqu'à 50, ſi tousdeux avaient pu me Le mettre. Guæ me voyant quelque difficulté à marcher, envoya chercher un fiacre, pendant que je me lavais le Con. „ Hé-bien, ma charmante Reine, T'ai-je bien foutue? me dit-il. Je rougis. „ Loin d'être épuiſé, je me meurs encore d'envie de T'enculer? „ Hô-non, non! ( m'écriæ-je avec effroy ). „ Hé-bien, branle-Moi des deux mains, comme te voilà, le cùl dans l'eau „. Je branlæ son Vit, qu'à-peine je pouvais empoigner. Quand le foutre fut prêt à venir, il heurlait de plaisir. „ Ta bouche? (me disait-il), ta bouche... ou je T'encule „? Je decalotai le gland, je le pressai de mes lêvres. Le foutre arrive, ét de peur qu'il ne tombe dans mes Tetons, j'ouvre la bouche, ét il m'est lancé au fond du gosiér. Je l'avale comme un Lait-de-poule. Il y en eüt une chopine: „ Foutre! foutre... ( s'écriait Guæ ), je me pâme,.. Hâ... celeste Garſe...

Tu vaux mieux que toute la Terre... Est-ce bon ? » Ce qui fait tant de plaisir en-bas, doit faire du bien en-haut. » Hâ, divine Putain... je T'en nourriræ ». Le fiacre arrivait ; Guæ m'y porta.

On me L'avait mis 37 fois. Le Frère de ma Marchande se trouva seul à la maison, lors de mon retour. » Mademoiselle Conqcloutè ! me dit-il, que vous êtes cruelle pour moi ?... On dit que vous alez vous marier ? Vous devriéz bien favoriser un Jeunehomme qui vous adore, aux dépens du Futur ? C'est Un Veuf, Un Laid... Vous êtes Pucelle, ét si jolie ?... Dailleurs, il l'a très-gros (dit votre Oncle), ét il vous fera bien mal ? Si un plûs menu que le sién vous préparait ? Voyéz ? ( Il mit à l'àir un vit charmant ) ; c'est un veritable croque-pucelage, sans faire mal.... Je sais m'y prendre : Le Mary de ma Sœur èst Un Bandàlaîse, ét elle se fait de-temps-en-temps ôter par Moi les Aràignées dn Bijou ». Ce langage me plut, ét son vit me tentàit : Je Luy repondis, en riant : » Je n'ai pas d'Araignées à ôter ». Il vit, à mon àir que je n'étais pas de mauvaise-huméur. Il me prit les Tetons. » Finisséz donc, Libertin ! ( Luy dis-je doucement et sans presque Le repousser ). Il me prit la Motte. » O c'est trop fort, ceci... Voulez-vous bién finir »!... Il était deculoré ; il bandait ròide ; il me renversa sur le Lit de sa Sœur, me retroussa, ét se mit sur Moi ) tandis que je disais nonchalamment : » Hé-mais... c'est donc une violence »! ét que je me defendais d'une manière qui me livrait. Il me dit: »Hâ! celeste Innocente! je vous Le mettræ »!... Il m'enfila. Je ripostais, en haussant du cùl, comme pour Le repousser. Il n'en dardàit son vit que plus fort. »Non! (s'écriàit-il en dechargeant), il n'ést rién tel que d'enconner l'Innocence »!... Cependant craignant que je ne Me derobasse, il Me foutit trois-coups sans deconner, (ce qui fit mes 40 fois dans la journée), ét ne Me quitta, qu'en entendant du Monde.... Je courus Me lâver.

»C'était la Marchande. Elle dit à son Frère: » Heureusement que c'ést avec Convelouté! Toute-autre aurait fauté le pas, Poliçon?... Mais L'as-Tu attaquée? »Oui. En ce cas, Tu dois n'en pouvoir plus... Viens que je Te foulage»? Il y avait encore de l'huile dans la Lampe: Le Jeunehomé mit le verrouil, nous enfermant ainsi Tous-trois, ét il se jeta sur sa Sœur, qu'il enfila d'un seul trait. Hâ! quels coups-de-cùls elle donnait! »Lime (Luy disait-elle)... je decha...arge... Sors à-moitié, ét... rentre... vivement... Fous-Moy vingt fois... en une»... Je Les voyais. Ranimée par-là, mon infatiable connót redesirait un vit, lorsqu'On frappa doucement. J'ouvris, en tirant le verrou plus doucement encore. J'esperais que ce serait le Mari de ma Marchande, qui depuis longtemps brûlait de me Le mettre. Je me proposais de le pousser dans une autre Pièce. Point-du-tout! C'était un beau Jeunehom-

## XXXV Chapitre.

me, qui avait beaucoup d'air de Celui par qui Guæ venait de me faire foutre.

» Mademoiselle ( me dit-il ), se nomme Agnès-Convelouté? » Oui, Monsieur. » Mademoiselle est la Prétendue de M. Guæ? » Mais, oui, Monsieur. » Aimez-vous, fort ce M. Guæ? » Monsieur, la raison, ét non la passion, fait mon mariage. » En ce cas, Mademoiselle, je je ne vous ferai pas de peine, en vous revelant un secret? » Quel ést-il, Monsieur? » C'ést que tout-à-l'heure, vous avez cru être possedée par votre Futur... » Quel conte vous me faites-là, Monsieur? » J'étais présent, mais caché, Mademoiselle : son Timon de carrosse ne pouvant vous perforer, il m'a vendu votre Pucelage cent Louys, ét c'ést moy qui vous ai deflorée... Me prefereriéz-vous? » Ce que vous me dites ést impossible, Monsieur! » Cela ést: Il l'a trop gros; On viént de vous le mettre, ét c'ést Moi. ( Je le savais bién ). » Il n'ést qu' un mot à dire, Monsieur : Pouvez-vous m'épouser? » Mademoiselle, je suis marié à une Vieille de 78 ans, qui m'a fait ma fortune, ét je suis obligé d'attendre qu'elle soit morte. » Et si je devenais grosse, Monsieur?... J'épouserais M. Guæ. » Voulez-vous être ma maîtresse? » Cela ne conviéndrait pas. » De son consentement? » Comme vous m'avez eüe dejà, ét que ce soit de son consentement., je m'y prêterais; pourvu qu'il ignorât que je le sais... » Hó! de tout mon cœur! Ceci marque votre honnêteté... Etes-vous seule? » Non; la Marchande est là. ″ Pourrais-je vous avoir à coucher? ″ Hâ-ciel! Je ne saurais decoucher que sous le prétexte d'aler veiller mon Père, en Le supposant Indisposé: Ainſi, cela est impoſſible. ″ J'iræ, ſi vous le permettéz, parler tout-unîment à votre Père : Je suis riche ; Il vaudrait mieux que je vous donnaſſe le prix de vos faveurs, qu'à Un vil Malheureux, comme Guæ? ″ Hé-bién, parléz à mon Père. ″ Je reviéndræ vous chercher, s'Il m'accorde ma demande? ″ Mais ne revenéz pas seul : Je veux voir Quelqu'un à Luy, ét que je connaiſſe? ″ Vous seréz tranquiliſée ″.

Il ala chéz mon Père : Il Luy raconta comment Guæ n'ayant pu me depuceler, Lui avait vendu mon Pucelage cent Louys, en quatre seances, vingtcinq Louys par chaqu'une, dont la première était payée : Qu'Il m'avait enconnée, en me pomadant. ét qu'il avait trouvé mon Bijou ſi delicieux, ſi ſatiné, qu'Il n'en voulait plus d'autre ; Qu'Il m'avait demandé de coucher avec Moy, ét que c'était par mon conſeil, qu'Il s'adreſſait à Luy. Il offrit enfuite les 75 Louys restans pour les trois nuits ſuivantes. Mon Père repondit : ″ Puiſque Guæ a voulu être cocu, qu'ainſi ſoit. Je conſens que vous couchiéz icy avec ma Fille, ſi vous avéz cueilli ſa Rose ; ce qu'elle me dira. Aléz La chercher, avec un Billet, par lequel je vais La demander ″. Et Il écrivìt. Puis Il accompagna le Galant juſqu'à la porte de ma Marchande, que son Frère foutait encore.

„ Cependant je m'amusais à voir conniller le Frère ét la Sœur. J'étais en feu, quand le Jeunehomme reparut, avec le Billet de mon Père : je vis par la fenêtre, Celui-ci qui nous attendait dans le carrosse de mon Depuceleur prétendu. Je partis, en avertissant que j'alais veiller mon Père malade. A notre arrivée, le Galant paya un beau souper, ét remit vingtcinq écus-d'or à mon Père. On mangéa; On but; puis je fus mise au Lit. Le Jeunehomme éxigea que mon Père me deshabillât, ét me lavât la Motte. S'étant ensuite Lui-même mis nu; en un instant, il entra dans une chemise, fort large, ét qu'il avait apportée, afin de me palper mieux. Il appela mon Père, pour qu'il Lui mît le vit dans le trou de mon Con; puis il poussa... Il eût autant de peine que chéz Guæ (ce qui m'étonna moi-même!) Aussi dit-il : „Elle a reellement le Connin étroit : Elle se repucelerait en huit jours, si On La laissait tranquile ». Il me foutit six coups ; mon Père, couché à-côté de nous, Lui mettant toujours le vit dans mon Con. Il s'endormit ensuite, ét Moy aussi.

„ Le lendemain-matin, il fit faire d'excellent chocolat, qui me refit. Je refusæ la voiture pour retourner chéz ma Marchande. On ne se douterait pas pourquoi! J'avais ouï-dire, que le foutre avalé chaud, était excellent pour la poitrine, fortifiait, ét blanchissait le teint. Je voulais aler en avaler ma chopine en **suçant le Vit de Guæ. J'y courus**, dès que je me vis libre. Il alait sortir. ˮJe viéns vous donner du plaisir (luy dis-je), mais sans en prendre : vous m'avéz trop fatiguée hiër ˮ. Allons, ma Toute-belle, que faut-il faire ? Vous enculer ? vous encuisser, vous endosser, vous enaisseller, vous enoreiller, vous encoller, vous entétonner, vous decharger sur le nombril, me faire ferrer le Vit entre vos deux mollets, faire un Con de votre solliér, ou de votre jolie mule : Tout, je feræ tout, hors vous enconner ; je ne le saurais, parceque nous sommes, vous trop belle, ét moi trop beau ˮ ? Au lieu de repondre à ce Langage, qui était de l'Arabe pour moy, j'avais deboutonné sa culote, ét je le branlais d'une main, ét chatouillant par instinct les couilles de l'autre. Il se recriait de plaisir ; ˮDéesse !... Sacrée Garse !... Divine Putain !... Branle !... branle !... Chatouille ! chatouille les couilles ?... Hô ! hô ! quelles delices !... Bougresse !... Gueuse !... Putain !... Divinité ! le foutre... viént ˮ !... A ce mot, j'embouchæ le gros Vit, le palpotant de ma langue ét du palais. Ce fut alors que Guæ en delire blasphêma ; ˮFoutu Dieu ! Bougre de Dieu ! Sacré Con de la Vierge Marie ! Con de la Magdelène connillé par Jesus ! Con de Sainte Thècle, de Sainte Theodore, de Sainte Catherine, de Sainte Cecile, d'Agnès-Sorel, de Marion-Delorme, de Ninon, de La-Daubigné, de La-Vallière, de La-Pompadour, de La Duté, de La Lange, de La jolie Mars, de l'adorable et provoquante Mèzéray, de la jeune et naïve Hopkins, de la belle Henry,

# XXXV Chapitre. 167

vous ne valéz pas ... cette Bouche-là... Je fou-
..ou..ous... Je.. decha..a..arge!... Ava..ale !
gorge-Toi de foutre, ma Reine »! Il deboucha vivement, quoique je Luy suçasse encore
lé Vit. » C'êst trop de plaisir ! (dit-il ); On
mourrait ». Il me fit prendre quelques cueil-
lerées de café. pour me rincer la bouché. Puis
je me remis à Le branler. Il me suça les Tetons, me fit Luy darder ma Langue, ét voulut
me gamahucher. Je m'y refusæ, devant être
foutue le soir.... Il rebandait. Je secouai,
je chatouillai ; le foutre revint, ét j'en avalai
une nouvelle dose. Ce qui eût lieu trois fois
de-suite. Le manque de temps nous obligea
seul de nous separer.

» Le soir, à 9 heures, une voiture vint me
prendre, ét me conduisit chéz mon Père. On
y soupa, coucha ét foutit comme la veille. Le
lendemain, après le chocolat, j'alai faire mon
dejeûner de foutre chéz Guæ. J'en pris quatre
doses... De-retour chéz ma Marchande, son
Mary. sans-doute instruit par le Frère de sa
Femme, voulut me le mettre. Je m'y refusæ
absolument. Il s'en plaignit à sa Femme, qui
m'en fit des reproches. Mais Luy ayant dit que
mon Prétendu me l'avait mis six fois, en gar-
dant mon Père avec moi, elle fit mes excuses
à son Mary, en Le priant d'attendre son tour.

» Le soir, On vint me prendre. Mad. Vie-
dase ma Marchande, me dit à l'oreille : » Tâche de ne pas être foutue ; afin que mon Mary
puisse Te le mettre demain ? Il s'en meurt »?

... Je trouvæ mon Amant chéz mon Père. En soupant, On parla de Guæ, Mon Amant dit, qu'ayant été enconnée devant Luy, je ne devais pas redouter la grossesse. » C'êst pourquoi ( ajouta-t-il, j'enfourne à plein Con, ét decharge au fond. » Je vous mets le vit dans le connin de ma Fille avec plaisir (dit mon Père); afin de mieux cocufier ce Jean-foutre de Guæ, qui vous a vendu son Pucelage. » C'êst ce qui me met auſſi en fureur érotique, quand jé fous sa Future (reprit mon Galaut): Je penſe : Encore une corne à ce bougre de Guæ... ét je me trouve intarissable... Il m'a même passé une idée par la tête : C'êſt de vous donner à chaqu'un 50 Louys, pour que vous foutiéz enſemble tous-deux; pour que le Mâtin ſoit recocu, ét ſurcocu? » Top ! (s'écria mon Père); àprès votre affaire faite. Vous me mettréz le vit dans le con de ma Fille... » Non ! non ! ( m'êcriai-je ). » Vous me la tiéndréz, ſi elle recalcitre. » Je n'ai pas ces idées ( Leur dis-je ): Si je remue du cùl, comme je le fais, à-lors qüe mon Amant me fout, c'êſt que je l'aime : Qüant à M. Guæ, je Luy dois beaucoup de reconnaissance ! Il êſt ma Nourrice, ét c'êst Luy que je tète ». On ne comprit pas le ſens de ce mot. On me coucha.

» Au Lit, mon Amant me foutit ſix fois. A la ſixième, mon Fouteur dit à mon Père : » Mets-Toy ſur la Fille. ét fous-la : Je vais T'introduire le vit »? Mon Pére me grimpa. le Jeune homme Luy mit le vit dans mon Con.

# XXXV Chapitre.

ét il poussa. Comme j'étais amoureuse de lui plus que de tout autre Homme, je remuai de la charnière, comme une Princesse foutant avec un Page... Le Jeunehomme ranimé, entra dans un tel érotisme, en nous voyant decharger, qu'il nous fit mettre sur le côté, èt il m'encula, tout enconnée que j'étais... J'alai laver, ét nous dormîmes.

Le matin, au dejeûner, le Jeunehomme paraissait yvre de joye! « Hâ! qu'il èst cocu, le Bougre! (s'écriait-il.)... Bonhomme, voilà un effet de cent Louys: Il faudra que Tu La foutes, àprès le Mariage, ét il y aura vingtcinq Louys à chaque fois ». Il partit, ét je courus chéz Guæ, que je commençais à aimer prestant que mon Père.

« Il me reçut avec transport, me traitant de divine Garse, de celeste Putain... Il m'alaita de foutre six copieuses fòis. Ce qui me mit dans un tel érotisme, que je retournai chéz mon Père: » Ton Procureur? (Luy dis-je essoufflée): Il doit être remis, depuis l'autre jour? Je brûle... Cours-y, si Tu m'aimes ». Il y vola, en m'appelant, Cleopâtre! Clepâtre!... Il trouva le Jeune Procureur à la fenêtre, son vit baudant à la main. » Je viéns de voir entrer votre Fille (Luy dit-il), ét j'alais me branler à son intension. » Gardéz-vous en biên! Apportéz un petit présent, ét venéz le Luy mettre? » Vingtcinq Louis? » C'èst trop pour une Pratique: un Louys par coup. » Soit: mais je n'en remettrai pas: Elle gâgnera peutêtre la

*I Partie.*   J

somme ». Il vint avec moi. En entrant, il jeta la bourse sur le pié du Lit. » Alons, ma Fille (me dit mon Père), Tu ês à tes pièces; autant de coups foutus, autant de Louys: Mais il ne faut pas tuer un Amy! Il alait se branler à ton intention, quand je suis entré ». A ce mot, je me jetai à son cou, ét luy dardai ma langue) en dîsant: » Chër! chër Amy! » Hâ je t'adore ¡ (me repondit-il). Et il me prit les Tetons, le Con. Je me renversai. Il se mit sur moi. Je me fourai son vit dans le con, ét en quatre coups de cùl, je le mis au fond. Il dechargea, en me sentant émettre... Il me foutit dix coups. » J'ai quinze Louys à-compte (luy dit mon Père, en le voyant laver ét se reculoter: Vous reviéndrez quad il vous plaîra ».

» Nous en étions à l'avantveille du mariage. Tous les matins, Guæ m'avait alaitée, ou plûtot affoutrée; ce qui m'avait rendu la peau plüs blanche, le teint plüs brillant, le con plüs satiné, ét me donnait un temperament si violent, que je n'étais à mon aise, qu'un vit au con. Le Jeunehomme dit, en dejeûnant: » Guæ doit être surpris de ne me pas revoir! Cela pourrait faire tort dans son idée, au cou de ma belle Fouteuse: Ainsi, je veux luy acheter la première nuit de sa Mariée, puisque l'impayable Agnès veut absolument l'épouser. (Je le luy avais dit, en foutant). Mon Père applaudit. Mais en me reconduisant chez Guæ, que j'alais teter, ce bon Père ajouta: » Tu n'ês pas une Mariée ordinâire: ce qui etein-

XXXV *Chapitre.* 171

drait la soif d'Une-autre, n'êt qu'une goutte de foutre, pour Toy : J'ai une idée, C'èst de m'arranger à Te regaler, après demain, en Te Le fesant mettre jufqu'à extinction de forces, par Tous ceux qui T'ont foutue ; Moy dabord ; Ton Oncle ; Ton Procureur ; le Frère de Ta Marchande, ét peutêtre son Mary : S'il fe trouve quelques nouveaux Bougres, ils T'enculeront, sous prétexte de reserver Ton Pucelage à Ton Epoux : c'èst un delice que d'enculer une Mariée, le jour de ses noces, ét Ils le payeront bién. Je m'arrangerai avec Guæ pour tout cela ». Nous arrivions. J'embrassai mon Père transportée de reconnaissance, en Le priant de tâcher de Me suivre secrêtement, pour Me voir teter. J'entrai, puis je L'Introduisis.

» Guæ courut à Moy, en se deculotant. Il Me baisa dabord pied, jambe, cùl, con ét Tetons : Il Me fit enfuite Lùy darder ma langue ; après quoy, il Me mit son Vit en main. Je Le fecouais vivement, lorsqu'il Me dit : » Garfe, je suis raisonnable : Je ne T'enconne pas ; il faut que Ton Père ét Ton Oncle te foutent le jour du Mariage : Je T'aurai enfuite, pour la nuit, trois vits frais, dont celuy qui T'a depucelée sera Un... Hâ! l'Idée que Ton Père T'enconne va Me faire Te decharger une pinte de foutre, ét Te l'entonner dans le gosier «... Alons, Garfe, je fens que ça viént : embouche-moi le Vit... Hâ hâ hâ... le Bou...ougre fout... sa Fille... Ton Père Te fout, Garfe ! Te fout, Putain... Hâ! je decharge, à cette

J 2

divine idée!... Hônh »!... Il se pâma presque... Pendant l'Interruption forcée, j'alai prendre Mon Père à sa cachette: « Fous-Moy, Luy dis-je, puiſqu'il le faut pour le bonheur de Mon chër Prétendu »! « Hâ! Deesse! (s'écria Guæ, en se précipitant à genoux, Tu incestue pour Moy! je T'adorerai toute ma vie »... Il Intromit le vit paternel. Remue du cùl! (Me criàit-il), saccade! » Je de..cha..arge (Luy dis-je)... Viens, chër Amy.. que je Te branle »? Guæ blasphêmait de plaisir, en sentant venir le foutre... Il m'embouchà, sans que Mon Père me quittàt, ét en-même-temps, j'avalai du foutre, j'en reçus dans le con, ét j'en donnai. Mon Père me foutit quatre coups, ét Guæ m'avàit embouchée quatre fois, quand On frappa. Guæ courut ouvrir, tandis que je me rinçais bouche ét con. C'était mon Oncle. » Vous arrivéz à point (Luy dit-il): On esſàye Ma Future, ét vous aléz l'essàyer ». Mon Père expliqua la chose; Guæ me renverſa ſur le foutoir, ét mon Oncle m'enconna. Il me foutit ſix coups, je tetai ſix nouvelles fois le VIT de Guæ; après quoy, On me làiſſa respirer. Il fut enſuite convenu, que douze Fouteurs me paſſeràient ſur le corps le jour de mon mariage, en con ou en cùl, à mon choix, ét que Guæ, qui ſeul auràit la bouche, me feràit foutre la nuit, ét dans l'obſcurité, par trois VITS nouveaux de son choix. Mon Oncle emerveillé, s'écria: » Mais elle sera Putain? C'éſt ce qu'il me faut, pour que je l'adore....

XXXV. *Chapitre.* 173

Et ne vous en faîtes faute, ny son Père, ny vous; puisque vous seréz les seuls qui ne payeréz pas ». En achevant ces mots, il se prosterna devant moy, en me traitant de Deesse.

„ Je retournai chéz ma Marchande. Son Mary, ét elle-même me tourmentaient, pour que le Premiér m'eût une seule fois avant Mariage. Ils me pressèrent plus fort que jamais; ét je cédai. La Femme me mit dans le con le VIT de son Mary. Je ne fus foutue qu'une fois, cet Homme étant faible, ét sa Femme le voulant être après Moy. Ce fut de ma main, qu'elle reçut dans son Con brûlant le VIT MARITAL..... Cette operation faite, ét repetée, je les quittais, en leur disant Adieu. Ils pleuraient: „ Ce qui me console de ta perte (me disait ma Marchande), c'est que mon chër Mary T'a foutue... Ta voluptueuse idée me lé fera mettre plus souvent ». Je partais, quand le Frère entra. Sa Sœur luy dit ce qui venait de se passer. Il ne repondit rién : Mais il me ramena du-côté du Lit, m'y renversa, ét me foutit devant eux, sans prononcer une parole. Il voulait me recomencer. Je m'y refusai, en l'invitant, ainsi que son Beaufrère, à venir me le mettre le surlendemain jour de mon mariage. On me remercia.

Chap. *De l'Homme-poilu, la Conveloutée, Linars &c.*

A MON arrivée chéz mon Père, je luy racontai tout ce que je venais de faire. » Il

J 2

ne faut pas (me dit-il), quand On a tant d'ouvrage payé, en faire qui ne rapporte rien. Il vient de m'arriver Un Homme d'asséz agreable figure, très-vigoureux, car il ést brun ét tout poilu, qui offre une forte somme, pour t'avoir cette Nuyt? » Que rién ne vous empêche de te prendre! (repondis-je en souriant): Je ne suis pas fatiguée par si peu de chose ».

» Mon Père rassuré me fit deshabiller nue, prendre un bain tiéde, puis un froid, mettre au Lit, avec une chemise large; me fit avaler un excellent consommé: ensuite Il me laissa dormir. Il était alors 5 heures du soir. A minuit, je m'éveillai, en me sentant lécher le con. Je priai l'Homme de se montrer? Il leva la tète, et je vis un Basané d'une fort belle figure. Je souris. Il me suça les Tetons, en me disant des choses agreables: » Vous avéz un beau Con... une superbe Motte... un Ventre de Pucelle... un Cûl d'albâtre... des Tétons blancs comme neige. ... un col dégagé... des lêvres voluptueuses... de belles dents... les plus beaux ieux... les cils, les sourcils ét les cheveux comme la Déesse de la Beauté ... la jambe parfaite... le pied le mieux fait... Quand je vous aurai foutue, je vous dirai le reste».

» Mon Père me dit de me lever pour souper. Le Basané me porta toute-nue dans ses bras auprès du feu: Là, je vis Guæ avec grande surprise! Je mis mon corpset souple; Fysitère (le Basané) me laça, me priant de bien faire refluer mes Tetons. Mon Père me chaussa une Jambe ét un Piéd, Guæ l'autre Jambe ét l'autre piéd, en bas ét en folliérs de foye d'une éblouissante blancheur.  On fe mit à table.  Mon Fouteur voulut que je reftasse les Tetons decouverts.  Nous foupâmes.  J'avais appétit, Le Basané but ét mangea comme Un Hercule. En fortant de table, il dit à mon Père ét à mon Futur : » Vous ne m'avéz pas trompé ; Elle êst audessus de vos éloges. Si l'Interieur du Con ressemble à l'exterieur, Elle êst à moy, coûte qui coûte. » Voyons votre Vit (repondit Guæ). ... Elle ne sera que trop parfaite !... Voici le mién ; ét vous savez que je n'ai pu l'encônner, puisque c'êst ce qni vous a fait parler à M. Conveloûté mon beaupère. » Je verrai fi Elle a le merite de ce beau nom... Mais vous avéz un Vit épouvantable, M. Guæ !... Empoignéz-le, la Belle, que je voye comme il êst bién bandant » ? Je saisis le Vit de Guæ, qui se recria de plaisir... » Je bande (reprit Fysitère): Mais faites bander votre Père, ét comparons ». Je Luy prîs cependant le Membre, qui groffit en le serrant dans ma main. On compara enfuite. Guæ l'avait le triple de l'Homme-velu, qui luymême était le double de mon Père. » Je voudrais luy dire un mot » ? (demanda Guæ furieux de luxure). Il me poussa vêrs une fenêtre. Me cacha derrière le rideau, ét me dechargea dans la bouche. Mon Pére seul devina ce que Guæ venait de me faire. Pour moy, je fus finguliérement fortifiée par cette bavaroise ! Je brûlais... Auffi, je fus ravie, lorsque Fysitère dit : *» Il faut dabord que je la foute habillée ».* Il me porta sur le pié du Lit, ôta ses culotes, et nous laissa voir un corps velu, comme celuy d'un Singe. Il me fit Luy prendre son braquemart, ét me dit : "*Introduis-moi cela dans le trou de ton con, ét tève du cùl comme il faut, à chaque fois que je pousserai*". Je m'enconnai. Aussitôt il poussa. Je fis un cri : car il me dechirait, étant plus gros que mon Oncle, ét que tous les vits qui m'avaient foutue. "Ce n'est rien ( me disait-il ) : *je te deflore... je te depucèle: Remue du cùl* ". Je remuais de mon mieux, tout en soupirant, ét Luy rendant en coups de cùl, tous ses coups de vits. Il parvint au fond. Mes trompes Luy pincèrent la tête du gland. Il heurla de volupté. "*Garse adorable!* (s'écriait-il ), *ton Con satiné pince le vit! Ta fortune est faite, ainsi que celle de ton Père ét du Futur, qui t'ont vendue à Moi... Alons, fous bien*"!... Je remuai, je tortillai du cùl, je soubresautai, de la manière dont me le disaient mon Père, ét Guæ Luy-même. "*Je suis ravi!* (s'écriait le Basané): *Elle decharge!... Hâ! Elle me fera un petit Bougre-à-queûe!*..... Il dit à mon Futur : "*Viens-ça, Jean-foutre : Passe-moi la main sous le croupion, ét chatouille-moi d'une main ce que tu y trouveras, ét les couiiles de l'autre* "? Guæ obéit. J'ai su depuis qu'au croupion, le Basané avait une queûe, de la même forme qu'un vit, mais velue comme son corps, ét que ce fut cette queûe que mon Futur chatouilla).... "*Je ne quite pas d'une heure ce con celeste!* (disait l'Homme-à-queûe, en me saccadant): *chatouil-*

# XXXVI Chapitre.

le, chatouille, Bougre! les couilles ét ma queûe «! Il dechargea six fois, sans deconner... Je demandai alors à laver. Mon Futur m'épongea le con, ét me le baisa, en l'appelant *Con d'Or*. Mon Père me suça les Tetons. Guæ dit au Basané: »Elle êst à vous: Mais je bande comme un Carme: permettéz que je l'encule?... »L'enculer, non; c'êst du foutre perdu. Encore moins l'enconner; je veux qu'Elle me fasse un Petit-à-queûe: Mais si Elle avalait le foutre, *comme j'ai vu certaines Femmes temperamenteuses, je consentirais que tu l'embouchasses* ». A ce mot, je saisis le Vit de mon Futur, ét je l'aurais avalé, s'il n'avait pas eté si gros. Il me dechargea au fond du gosiér, en rugissant, ét le foutre me descendit bouillonnant dans l'estomax. »*Hâ! Elle aime le foutre!* (s'écria le Basané); *Elle a toutes les perfections!... Et Elle sera aussi longtemps belle, que feconde!...... Alons, Papa, embouche-la aussi: De tous les foutres, le paternel est le meilleur* ». Je me jetai sur mon Père, le renversai sur le Lit, saisis son vit bandant, que je fis aler ét venir dans ma bouche, jusqu'à ce qu'il dechargeât. Je suçai son foutre avec delices... »Bon! (s'écria le Poilu); *Elle est dans les bons principes; Elle est impayable* »! Le Basané me deshabillait, me dechaussait: Mon Père ét Guæ luy aîdaient. Je fus mise nuë, spatinée, baisée du haut en bas, tandis que je me rinçais la bouche: On me passa la grande chemise; l'Homme-à-queûe velu ét tout-nu, y entra, me suça les Tetons, me fit luy darder la langue, puis dit à mon Futur de luy intromettre le vit dans mon con.

» Le Basané me foutit six nouveaux coups, sans deconner. Je me sentis fatiguée : je voulus laver. Je restai une heure sur le bidet le con dans l'eau. Le Basané qui, pendant tout ce temps-là s'était amusé à faire bander Gux, ét à luy faire me decharger trois fois dans la bouche, m'appela, en me disant : » *Tu es assez rafraichie ; reviéns sur le foutoir, que je te donne le bouquet* » ? Il se le fit introduire par mon Père ; qui me dit : »Courage, mon Enfant! Voicy un Fouteur qui en vaut dix : Mais je tâcherai de Te faire soulager, si cela continue». Je fus encore foutue six fois ; mais avec tant de véhémence, que je n'en pouvais plus. Sur ma plainte, le Basané dit, que *le bouquet était le double des autres assauts.* » Hé ! combién donc l'aléz-vous foutre de coups ? (luy demanda mon Père). » *Vingtquatre est ma dose.* » C'êt trop, ét Elle ne ferait pas d'Enfans : Elle a une Cadete, aussi jolie que l'Ainée est belle ; je vous la donnerai, pour soulager sa Sœur ? » Je l'accepte ! (s'écria Fysitère) : Et il m'en faudra bien d'Autres ! car je ne les fout plus, dés qu' Elles sont pleines, ni pendant qu'Elles alaitent leurs petits. La jeune Garse est-elle là ? ( Or il me foutait toujours ). » Non : Vous ne pouvéz l'avoir que demain-soir. » *En ce cas , j'achève de foutre Celle-ci mes 24 coups : Je déconne ; qu'elle lave ; Elle n'en a plus que cinq. Si son Futur se trouve en état , qu'il luy donne à teter du foutre*

## XXXVI Chapitre.

cela la fortifiera »? Aussitôt GUÆ m'apporta ses couilles à chatouiller, ét son Vit à branler. Je m'en aquittai si bién, qu'il hennit aubout de quelques minutes, ét qu'à-peine eüs-je embouché son Vit, qu'il dechargea, en facrant. » Elle a toutes les qualités... Elle est parfaite! (s'écriait le Poilu, en me re-enconnant): Si sa petite Sœur la vaut, ce sont deux connins impaqables »! Il acheva de me foutre cinq fois, sans deconner. Je puis me rendre le temoignage, que je dechargeai, à chaque assaut, plûtôt deux ét trois-fois qu'une: Aussi Fystère en était-il émerveillé! ét me nommait-il *la seule Fouteuse digne de luy*. Mon Père Luy dit alors: » Cé ne sera pas encore assez de ma Cadete: Mais j'ai votre affaire: Il me reste une Nièce Religieuse, qui a des vapeurs hysteriques; je vous La donnerai, pour reposer mes Filles? » *Je leur ferai à Toutes-trois 12 mille francs de rentes* (repondit le Basané). Amenez-les moi chaque soir, demain excepté, que j'ai à fourgonner une grande Blonde, qui a ouï parler de moy, ét qui veut en tâter. Il s'en-ala.

» Cette scêne changea tous nos projets. Je dormis jusqu'à midy, qu'On m'habilla. Je fus mariée à une heure. La noce fut gaye. Ma Sœur y était, ainsi que ma Cousine la Carmelite hysterique, mon Père ayant trouvé le secret de l'avoir, au moyén d'une permission de prendre les Eaux, qu'Il sollicitait depuis longtemps. J'eüs reellement pitié du connichon de ma Sœur Doucette, ét je resolus de le voir dans la journée. Mon Père me le montra, ét le gamahucha devant moy, en allegant le motif de prévenir une maladie. Hâ! qu'il étaît mignon!... Je l'aurais gamahuché, à mon tour, sans ma coîfure d'Epousée, car son joly petit Foutre virginal me tentait... Notre Père La prévint qu'il falait qu'elle me foulageât la nuit de mes noces, ét l'aimable Enfant y confentit avec naïveté. Je vis auffi le Con de ma Coufine la Carmelite, ou la belle *Victoire-Londò*. Il n'étaît pas fi mignon, mais il avait une fuperbe perruque noire. Elle entra en fureur érotique dès qu'On le Luy eût touché du bout du doigt, ét mon pauvre Père fut obligé de le Luy mettre devant ma Sœur, ét devant moy. Ce qui ne La calma que pour un instant. Nous appelames mon Oncle, qui La foutit trois fois. Puis le Jeunehomme fut introduit. Enfuite le Procureur. Tous ceux qui devaient me le mettre ce jour-là. Les Enculeurs vinrent après. Elle fut foutue, refoutue, enculée, re-enculée, ét calmée. Mais On n'appela pas M. Guæ; j'en étais jalouse... Pendant ce temps-là, mon Père branlait ma Sœur; l'enculage de la Religieuse le fit entrer dans une telle érection, qu'il La pouffa dans un cabinet, où je les fuivis, La renversa, ét La depucela. J'inferai le vit paternel dans le joly Connin, en difant à Doucète, que c'étaît une ponction necessaire.

On lavait la Religieuse. M'étant aperçue que Guæ la convoitait, je Luy temoignai une jaloufie qui le flata. Il me promit de referver

fon

## XXXVI Chapitre.

son foutre azuré, ét son gros Vit pour ma bouche, en attendant que les Enfans m'eussent élargi le Con. " Mais vous m'aviéz vendue ( Luy dis-je ), avant de m'avoir livrée à l'Homme velu, pour être foutue ét enculée ma nuit des noces : Combien de Fouteurs ét d'Enculeurs devais-je avoir ? " Six, à 2 mille écus chaqu'un. " Vous voyéz que je n'ai besoin que de repôs : Mais il ne faut pas manquer une aussi jolie somme : Vous avéz demandé le silence ét l'obscurité ? " Ouy, ma Reyne adorée : Je ne me suis engagé qu'à te faire voir toute-nue sans chemise, comme en jouant avec Toy, nu aussi, dans la chambre. Au-reste, le silence ét l'obscurité sont essenciels, puisqu'ils eussent passé pour Moy. Les six Bougres placés chaqu'un dans une chambre séparée, devaient repaître leurs regards de tes charmes, ét t'esperer chaqu'un comme possesseur unique, à un signal donné. " Tout-cela se fera. Je serai remplacée par 3 Persones. Nous donnerons le plus delicat ét le plus petit vit à ma Sœur : Le plus vigoureux ét le plus brutal à la Carmelite : Je vais vous avoir ma Marchande, qui ne demandera pas mieux que d'être foutue, sans être compromise. Vous arrangeréz tout, pour qu'elles reçoivent chaqu'une deux Hommes ; ce qui sera d'autant plus facile, que vous n'auréz que les Hommes à tromper : ce qui sera facile ". Guæ admira mon entente ét mon économie ! Il me promit une soumission entière à mes ordres, ét me demanda la permission d'appeler ma Sœur, ou la Religieuse, pour le branler. Je les appelai Toutes-deux. Je dis à la Carmelite, en Luy decouvrant les Tetons, de prendre le Vit ét les

*I Partie*        K

couilles de mon Mary. Je mis enſuite ma Sœur en poſition, trouſſée juſqu'audeſſus des reins, ét comme Elle avait le plūs joly cūl du monde, Elle montra le derrière. Je me mis à côté d'Elle, trouſſé de-méme, je montrai le devant. Guæ chatouillé par une main douce, ét jouiſſant d'une triple perſpective auſſi belle, en y comprenant la ſuperbe gorge de la Religieuſe, ne tarda pas à hennir de plaiſir. Biéntôt il entra en fureur, ét il alait enconner la Religieuſe, ſi je ne Luy avais ſauté ſur le Vit, que j'embouchai. Il me dechargea dans le goſiér, en rugiſſant. Nous ſortimes Tous-quatre, pour aler danſer, ét ma Sœur, ma Couſine ét moy nous fumes reçues avec tranſport.

» Mes 6 Fouteurs pour la nuit ſuivante, étaient de la noce: Guæ qui ſe fût bién gardé de me les montrer, ſi j'avais dû les avoir, s'en fit une fête, quand ce furent d'Autres qu'On leur alait livrer. Il me les deſigna. C'étaient 6 Monſtres de laideur. Guæ trouva le moyén de les faire mettre nue ſucceſſivement dans une pièce iſolée, ſous le prétexte de les froter d'un baume fortifiant. *Le Premiér était un ſquelete decharné, ayant le vit comme mon Père. Il avait un long néz qui touchait à ſon menton, les joues creuſes, l'œil vif, des verrues noires ſur le corps. Je te reſervai pour ma Sœur, à-cauſe de ſon vit, n'eſperant pas mieux. Il ſe nommait Widewit.*

» *Le Second était un gros petit Homme, trésventru, ayant le vit de mon Oncle, la peau comme une Ecrevice cuite, pour néz une groſſe bi-*

## XXXVI Chapitre.   183

terave, de gros sourcils gris, une bouche évasée, ét les lèvres hâlées, gerfées des gros Mangeurs. Ce fut le second de Doucette, si je ne trouvais pas mieux. On l'appelait en russe Wiwitencoff de-la Cowilardière.

» Le Troisième était fait comme un Héron et un Dromadaire : Il était juché sur de longues jambes sans mollets ; il portait sur ses épaules une colline en cône aigü ; son visage était noir ét sec ; ses cuisses grêles n'étaient distinguées de ses jambes que par d'énorme genoux : Tout ce qui manquait à ces parties se retrouvait dans son Vit, plûs gros que celui de notre Homme-à-queûe, ét moins que le double Wit de Gwæ. Je destinai Towtenwit à ma Marchande, qui était chaude, large ét sterile.

» Le Quatrième était un gros Marchand de blé, auſſi large que haut, tout noir, tout bourgeanné, ayant quelques livres de cowilles, ét un vit trèslong, gros comme celui de mon Oncle. Je destinai Witblongeardow à ma Cousine, à-cause de ses couilles.

» Le Cinquième avait le visage de la teinte d'un ventre de Crapaud, la tête monstrueuse, le ventre de Desessarts, le vit comme Gwæ ( il devait m'enculer, de convention faite ) : Son regard était affreux, sa bouche dégoûtante, ét son nez encore plûs : Witerwel fut voué au large Con de ma Marchande.

» Le ſixième ét dernier était grand, voûté, noir, bancroche, roux, chaſſieux ; il avait un wit à bourelet, tant il était long ; auſſi en avait-il apporté un, qu'il devait écarter, pour m'enculer. Perceawant fut le second de mon ardente Cousine.

» Le soir arrivé, l'On me mit au Lit, ét chaqu'un des ſix Monſtres crut qu'il alait avoir le

K 2

plaisir d'être mon bourreau. GUÆ ME conduisit dans la chambre nupiiale, ét parut ME mettre au Lit : Mais il nous distribua dans quatre Pieces, ét les lumières furent exactement retirées. Quant à MOY, j'étais restée debout, fesaut à chaqu'une des Lieutenantes de mon con, le portrait ét l'éloge du beau Jeunehomme qu'elles alaient presser dans leurs bras. Je me croyais obligée en conscience de Leur donner des plaisirs imaginaires, à defaut de la realité. *"Ma Toute-belle!* (dis-je à ma Sœur), *avec quel plaisir tu me sacrifierais ton repos, si tu voyais le jeunehomme charmant, qui doit froisser tes appas ? C'est un Sylphe ; c'est un Amour"*..... J'alai ensuite à la Religieuse : *"Tu vas sentir le difference de la couchéte de ta cellule, au lit d'un Nouvelle-mariée, ma chaude Cousine; Un Belhomme, un gros vit... Crie, mais ne parle pas, puisque tu vas passer pour Moy"*... Je me rendis ensuite auprès de ma Marchande; *"Vous alez être rassasiée de ce vous aimez tant, mon aimable Maitresse : Un Jeunehomme superbe, ét peutêtre deux, qui me desirent avec empârtement, vont me le mettre dans votre Con brûlant, jusqu'à extinction de forces. Les Vits sont gros ! ainsi faites-vous pomader comme une Pucelle, ét remuéz du sul, pour avaler plus vite ces énormes morceaux"*... Ma Marchande me remercia, en me priant de La mettre promptement aux prises. Je courus Luy chercher Toutenvit, le Troisième... Mais je vais mettre de l'ordre dans mes recits.

*"*GUÆ m'attendait. Dès que je parus, il me

# XXXKI - Chapitre.

fit parler, ét conduisit par la main Widewit, le premiér Monstre, auprès de ma Sœur. « Mon chër Mary (dis-je doucement, la tête appuyée sur l'oreiller de Celle-cy), ménagéz-moy? » Oui, oui ; mais ne parle pas : j'ai decouvert que toute la Noce nous écoutait, à-cause de mon gros Vit »..... Durant ce court Dialogue, Witdewit, deshabillé d'avance, fourageait deja ma Sœur. Guæ par mes ordres, prit ensuite Witplongeardow le Quatriéme, ét le conduisit, avec les mêmes précautions, auprès de la Religieuse : Je parlai sur son oreiller... Towtenwit le Troisiême, fut le lot de ma Marchande. Les 3 Autres avaient rendéz-vous quelques heures plûtard.. Il faut à-présent donner chaque ſcéne particulière, en 6 Tableaux de la NUIT DE LA MARIÉE.

Chap. DES SIX FOUTEURS POUR TROIS FOUTUES.

« Hâpée par le Monstre, Qu'elle croyait un Ange, ma timide Sœur soupirait. J'entendais qu'On la gamahuchait ; qu'elle déchargeait. « Je me meurs ! (murmura-t-elle). » Comme tu as la voix douce, belle Mariée ! (luy dit Widewit bién bas). Et aussitôt il grimpa sur elle, ét l'enconna. La pauvre Petite, quoique depucelée, fit un cri ! Je parlai pour la deguiser. Le vieux Manstre la menageait ét la caressait. Elle le secondait de tout son pouvoir, ét redechargea. Grâces à moi, elle avait lé même plaisir que ſi elle eût foutu avec Un beau Garçon.... La voyant bién enflée, j'alai à la Religieuse.

» Witplongeardow s'était avisé de ne pas mettre

son bourrelet : je m'en doutai aux gemissemens de la pauvre Martyre. Je le dis à Guæ, qui le desarçonna, ét luy donva quelques soufflets. J'entendis qu'il luy disait bién bas : « Bougre ! vas-tu m'estropier ma Femme ? Ton bourrelet » ? Le Fouteur le prit, ét la Foutue n'eüt plus que du plaisir.

« Je courus à ma Marchande, que Toutenwit ne pouvait enconner par maladresse. Je mis la tête sur l'oreillér, ét je dis en soupirant : « Priéz donc mon Père de vous l'introduire » ?... Guæ, qui me suivait doucement, vint faire l'intromission, ét tout ala bién.

« Chaqu'une des 3 Belles fut foutue deux-fois en con. Ensuite, comme dé-concert, les 3 Bougres retournërent la medaille. Toutes-trois avaient leur pucelage de cûl. Ma Marchande crut qu'On alait le luy mettre en levrette ; mais les deux Autres ne s'attendaient à rién. On leur perça le cûl à toutes-trois au même instant, ét elles s'écrièrent, malgré la defense, toutes-à-la-fois : DOUC. Hô le fondement ! LA RELIG. Hô l'anus ! LA MARCH. Hô le trou du cûl !... On n'y fit pas attention. Heureusement ma Sœur avait le cûl large ; elle souffrit moins. Quant à la Religieuse, que Witplongeardow enculait sans bourrelet, elle avait une aune de vit dans ses entrailles, ét elle sentait celui de son Enculeur luy chatouiller le nombril. Elle souffrait beaucoup de son farfouillage ; car il retirait ét reenfonçait brutalement. Elle n'eüt de plaisir qu'à la decharge, par la douce chaleur du foutre, qui luy onctua le gros boyau. Ma Marchande était la plüs maltraitée par Towtenwit. Elle avait le trou-du-

## XXXVII Chapitre.

cùl aussi étroit, qu'elle avait le Con large : le Vit énorme la pourfendait. Elle jurait entre ses dents. Enfin la décharge l'abreuva, et elle fut soulagée.

» Les 3 Vieillards en avaient autant qu'il leur en falait. Guæ vint les faire retirer, de-sorte qu'ils ne se rencontrassent pas... On étuva les 3 cons ét les 3 cùls : On fit les lits, On changea les draps, recoucha la triple Mariée, ét Guæ introduisit les trois nouveaux Acteurs.

» Il ala chercher Wiwitencoff, que je mis dans les bras ét sur le ventre de ma Sœur. Un-peu aguerrie, elle caresse tendrement le Monstre, qui l'enconna, le vit introduit par Guæ, qui profita de l'occasion, pour patiner ma Sœur, ét la chatouiller. Ce qui fit tellement tressaillir la pauvre Petite, que son Fouteur s'écria, croyant parler à moi: » Hâ ! que tu es putain » !... Voyant Guæ acharné sur ma Sœur ; j'introduisais les deux Autres. Je donnais Perceavant à la Religieuse, ét j'eüs soin qu'il eût son bourrelet. » Voila une main bien douce qui me touche », dit-il en voulant saisir la mienne) ; mais j'échappai. » Remue du cùl, Bougresse, (disait-il à sa Monture) ; je te tiéns, je suis dans ton con ; ainsi tu ne saurais m'échaper. Je ne suis pas ton Mary ; j'ai payé pour coucher avec toy, ét te depuceler ; ainsi tu es ma Putain. Fous, Garse, ét remue du cul ; j'ai payé pour ça. »..... Guæ l'entendit. Il vint à luy, le saisit à l'étouffer. » Tu manques à nos conventions ! (luy dit-il) ; je ne les tiéndrai pas non-plûs : fous-moy le camp, Malhonnête-homme ! » Ouy : mais quand je l'aurai enculée ». Et il encula la Carmelite, malgré les coups de poing

K. 4

dont Guæ le gourmait. La Religieuse, poussait des cris horribles... J'étais auprès de ma Marchande, que j'accouplais avec le gros Witerwel. Il ne devait qu'enculer : mais la chaude Coquine se dirigea elle-même le vit dans le con. « Tu n'es donc pas pucelle, Garse, crut-il me dire, que tu connais si bién la route des vits?... Alons, fous, Putain, et comme il faut ! j'ay payé ton Maquereau de Mary »' Comme elle ripostait bién, il alait disant: » Hô ! elle est putain ! elle est putain ! j'ay le reste des autres »! Et tout en dechargeant, il la pinça, la souffleta. Elle se recria ! « En bouche, sacree Putain ? ( dit-il en deconnant ); et tu avaleras mon foutre ; sans quoy je t'assomme »! Guæ, qui venait de laisser enculer la Carmelite, et de chasser son brutal Fouteur, entendit le grabuge ; il accourut, apostropha le sale Bougre d'un violent coup de poing, en luy disant : » Lave-toy donc au-moins, sacré Mâtin, avant de l'emboucher ! Je ne l'embouche jamais que je ne me sois lavé le vit à l'eau-rose, et que je ne l'aye ensuite trempé dans du lait. Execrable Bougre ! vray Desades, tu veux luy faire soulever le cœur ?... Mais tu as manqué aux conditions ; tu ne merites plus de l'avoir. » Voila cent louys... » Ils seront pour elle. Lave-toy... Voilà de l'eau-rose... Voicy du lait..... Alons, souffre, m'Amie : Voilà tes cent louys ». Le vieux Reître, cru Un beau Jeunehomme, emboucha, encula, en-tetonna tant qu'il voulut. » Hâ que tu es putain, sacrée Chiénne »! ( repetait-il ).... Guæ se mourait d'envie de luy montrer qu'il ne m'avait pas eüe. En le mettant à la porte, il me fit trouver sur son passage toute-habillée. Ce fut comme une vision ; car je m'enfuis. " Hâ je suis fait ! ( s'écria le Monstre ) : le Scélérat m'a donné une Putain, aulieu de sa Femme "!... Et il jura, sacra.... Quant à moy, pendant ces scènes, j'assistais à la fouterie de ma jeune Sœur. La pauvre Petite fut enconnée, embouchée, enculée comme les Autres, par son Adoré Witwitencoff de-la-Couillardière, qui ala jusqu'à extinction de forces. Il m'adorait. Ce qui le tua, c'est que, lorsqu'i se sentait épuisé, il se fesait sucer le vit bien approprié à l'eau-chaude, et baiser les couilles par sa jolie Monture. Il luy mettait encore couilles et vit sur le cùl ou les tetons : Puis il se fesait donner au gland un suçon. Il bandait alors, et enculait. Au dernier culetage, il eût un priapisme, et crût ne faire que bander. Il fourgonna dans le cùl de ma Sœur jusqu'à ce qu'il s'évanouit. J'appelai Guæ, qui la decula, en enlevant son Enculeur. On le porta évanoui dans sa voiture. Arrivé chéz Luy, des cordiaux, que demanda Guæ, ranimèrent le vieux Libertin : " Hâ ! ( s'écria-t-il ), je vis encore ! je voulais mourir dans son cùl !.... je bande encore... Qu'On me La rende... que je L'enfile... et.. que... j'expire. " .... Et il expira......

[ " Hâ ! la belle mort ! ( s'écria Traitdamour et toute la Compagnie en dit autant )... Mad. Guæ acheva.

" Voilà comme s'est passée la nuit de mon mariage. Gnæ, à son retour, était furieux de Luxure : Il voulait toutes nous enculer, puis nous emboucher. On s'arrangea : Il m'emboucha ; encula ma Sœur et ma Cousine, enconna ma Marchande, qui en fut estropiée pour un mois, et L'engrossa, deux choses qui L'empêchèrent d'être achetée par Fysitère. Pour Guæ, je suis sa Maîtresse, ét son gros Vit me fortifie par son foutre qui me nourrit. Je serai enconnée par Luy, de convention faite avec Fysitère, après mon douzième Enfant.

Chap. De la Conclusion de l'Histoire des 3 Garses.

» Persone ne sait comment l'Homme-caud decouvrit que Guæ avait vendu la première nuit de ses noces. Il arriva furieux. Il me demanda. J'étais au Lit. Ce fut la reponse de Guæ. » Je le crois ! (repondit Fysitère), ét Un Homme est mort d'épuisement dans ses bras. » Elle a vaqué toute la nuit : mais c'est pour autre chose : Sa Cousine la Religieuse ayant été un-peu courtisée dans le jour, ses vapeurs hysteriques l'ont reprise dans la nuit, par un rêve, où elle croyait être foutue. J'ai été appelé. N'ayant pu l'enconner, je l'ai enculée. » Je me fous de son cùl: Mais si Tu l'avait enconnée. « Quant à ma Femme. elle dort ; ét vous pouvéz voir à la fraîcheur de son con ét de son cùl, que je ne luy ai pas touché. » Voyons dabord la Carmelite? » Elle dort aussi ». Ils y alèrent. Guæ la decouvrit, sans l'éveiller. Elle etait couchée sur le côté, ne pouvant se tenir sur le dos, à-cause de son cùl, qui luy fesait mal. Elle l'avait en marmelade. » Comme Tu les accomodes !.. Et le con?.... Il n'èst pas si maltraité... » Je l'ai un-peu fatiguée par mes inutiles efforts ; ét-puis elle s'èst branlée.» Voyons la Mariée »?... Ils vinrent à moy. On

## XXXVIII Chapitre.

sait que je me repucelais par le bain, ét un-peu de repos. Mon con ét mon cùl furent trouvés si appêtissans, si jolis, que Fysitère les baisa tous-deux. Puis il signifia au cupide Guæ qu'il avait un logement cloîtré, pour nous sequestrer, pendant tout le temps que nous luy ferions des Enfans, moy, ma Sœur, ét ma Cousine. Il ne vit Doucette qu'habillée! ét elle l'enchanta. Il nous emmena toutes-trois, en disant, que jusqu'à notre grossesse bien declarée, On ne nous verrait qu'à un parloir.

„ Fysitère êst extrêmement riche. Il donne 20-mille francs par an à Guæ pour moy, 40-mille à mon Père pour ma Sœur ét ma Cousine. Le soir, après un excellent soupér, il nous fit coucher Toutes-trois ensemble dans un large Lit, où il se mit avec nous. Il me foutit dabord. Puis ma Sœur. Ensuite la Carmelite, qui le fut deux-fois sans deconner. Il me reprit. Puis ma Sœur. Bref, nous fumes ainsi foutues 8-fois chaqu'une dans la nuit. Ce qui fesait les 24 de Fysitère. Quand il en foutait Une, les deux Autres luy chatouillaient, Une la queûe du cùl, la Seconde les couilles.

„ Nous devinmes grosses Toutes-trois à-la-fois. Alors il nous declara, qu'il ne nous le mettrait plus qu'après nos coûches ét l'alaitement. Il vint icy. Il vous vit, Madame; il vous foutit. Il épousa votre Fille-Aînée, enconna les 5 Autres, fourbit vos deux Nièces, ramona la Bâtarde de votre Mary, viola vos 2 Chambrières, ét vous engrossa Toutes. Durant le temps-là, nous accouchâmes, nous alaitâmes, nous nous trouvâmes libres, et il nous refout. Tâchez d'être libres aussi, quand nous serons prises, afin qu'il nous refoute alternativement.

„ Telle est notre Histoire : voilà ce que nous savons sur l'*Homme à-queue*. J'ajoûterai seulement, que dans le temps où M. Fysitère ne nous l'a plus mis, nous ayant des desirs, nous avons eû recours à mon Père, à mon Oncle, à Guæ, au Procureur, et à mon premier Galant, qui nous ont fourbies, Guæ en bouche, les Autres en con. Cependant nous avons Toutes voulu avoir Guæ, à la première douleur pour l'accouchement ; son Vit, gros comme l'Enfant, frayait le passage, et son foutre l'onctuait.

„ Après nos couches, nous avons prié mon Père de nous choisir de jolis petits Garſons non pubères, mais bandans roide, pour nous ramoner le con : ces Enfans, dont les petits vits huilés entraient calotés, ne déchargeaient pas, et cependant farfouillaient agréablement dans le connôt ».

Les 12 Belles furent très-excitées par ce Récit, et Quelques-unes alèrent ſurlechamp et ſucceſſivement ſe faire ramoner par Fysitère, qui fut très-étonné de cette boutade! Il se ſervit de ses 2 Queues, en expediant ainſi 2 à-la-fois, Une dessous, Une dessus.

Cette bourafque appaisée, Fysitère revint à ses Us et coutumes. Mais bientôt ses 3 Coucheuses parurent enceintes. Il les pria, ainſi que Mad. Linars, de luy en procurer 3 ou 4 AU,

# XXXVIII Chapitre. 193

tres, pour luy faire des Enfans, en attendant leur liberté? Mad. Guæ seule en procura 3, Une *Tetonnette*, son Amie d'étant fille, ét *deux* Sœurs, *Biénouverte*, grande blonde, avec *Dardenbauche*, aimable ét vive brunette, très-caressante, dechargeant comme quatre. *Tetonnette* était Une de ces Brunes à peau blanche, qui ont toujours Une si belle gorge. Fysitère assura les 12-cents fr. de rentes à ces 3 Filles, se chargea de leur Ample entretien durant tout le temps de leur fecondité, les fit coucher au grand Lit, ét les depucela 8 fois chaqu'une la première nuit. Il commença par *Dardenbouche*, la plus jeune. Elle était si Amoureuse, bienque pucelle, qu'elle riposta, dès le premier coup de vit. Elle soutint les 8 Assauts de-suite Avec Un courage héroïque... Fysitère prit ensuite *Biénouverte*. Elle fut plus moderée. Elle cria, quoique peu étroite ; parceque ne dechargeant pas d'abord, Elle ne s'humectait que faiblement le Conin. Elle était pucelle neanmoins. Malgré sa langueur, elle fut foutue 8 fois, comme *Dardenbouche*; Fysitère aurait eû peur d'en mortifier Une... Il prit ensuite la belle *Tetonnette*. Il l'enfila plus difficilement que *Biénouverte*: mais Elle remua si delicieusement du cùl, ses tetons étaient si Appétissans, Elle avait le connin si étrait, qu'Elle donna Autant de plaisir que *Dardenbouche*....

Après les 24 Assauts, Fisitère laissa dormir. Le lendemain-matin, 3 Valets-de-chambre entrèrent, pour lui demander ses ordres ? Il s'éveilla; mais il feignit de dormir, la bouche sur la gorge de *Tetonnette*, et une main sur les tetons de chaqu'une des 2 AUTRES. " Voilà Un BOUGRE bienheureux! (dit Un des Valets). " Oui "! (Répondit Un-Autre). Et ils se mirent TOUS-trois à se branler. Alors FYSITÈRE feignant de s'éveiller, leur dit: " Je vous Ai entendus, Jean-foutres: Vous ne les enconnerez pas; je veux qu'elles ne soient grosses que de MOY: mais tournez-les sur le ventre, et m'en enculez Une chaqu'un ". Il n'Avait pas Achevé, que les 3 Belles poussèrent un cri fimultané, causé par les 3 vits, qui leur entraient dans le cul. FYSITÈRE les exhorta à la patience, par l'idée d'une bonne ŒUVRE; il les ASSURA QUE ces 2 Hommes Alaient décharger par terre. Elles se Rendirent à cette Raison, et culetèrent à Qui mieux mieux.

*Explicit* L'HOMME-A-QUEUE.

A cette longue Histoire, Tous & Toutes fe recrièrent. —*Nous ne sommes que de la Saint-Jean, auprès de ces Fouteurs & de ces Fouteuses-là! Que ne sommes-nous à demain!* —N'alez pas vous branler, Bougres! (leur dis-je). —*Nous nous en garderons bien! notre foutre n'est pas à nous; il est à nos Belles.* Qui était étonné de nous entendre parler ainsi devant ma Fille, c'étaient Brideconnin & fa Femme... Mais ils en verront bien d'autres.

# SUJETS DES ESTAMPES.

I. *Cupidonnet, & Jenovefette.*
L'Adolescente à quatre, troussée, et le jeune Cupidonnet à-genoux, la couvrant cyniquement, tâchant de l'enfiler. Elle se cambre les reins, pour être atteinte. » Hausse, hausse le cul ».   p. 5

II. *Cupidonnet, & le Con soyeux.*
Cupidonnet sur Madelène, âgée de dix-sept ans, dont il lèche le con poilu. Elle est sur le dos, les jambes écartées, et se prête en poussant sur la bouche de son jeune Frère, qui la gamahuche.
» Darde ta langue dedans, cher petit Ami ».   p. 9

III. *La Mère foutue.*
Cupidonnet enconnant une Femme de quarante ans, au lit, les draps à terre. Il enconne pour la première-fois, et paraît se pâmer. La Femme:
» Jamais.. jamais... vous ne m'avez donné tant de plaisir ».   p. 12

IV. *Cupidonnet, & la belle Marie.*
Cupidonnet évanoui, le vit en l'air après avoir déchargé dans le con de sa Sœur la belle, mariée à Paris, & parée, un jour de Vierge. Marie detetonnée, & con & cul visibles. Elle dit:
» Hâ.. Grand-Dieu.. c'est Cupidonnet ».   p. 16

V. *Cupidonnet, & l'Orlogère.*
Cupidonnet au lit, sans couvertures ni draps, foutant la belle Orlogère, à laquelle son Mari, couché de l'autre côté d'elle, dit:
» Courage, ma Femme.. hausse le cul ».   p. 20

VI. *Cupidonnet, avec sa Femme le cul decouvert.* 20
Il est appelé par sa Femme debout, mais courbée sur un lit, troussée au-dessus des reins, & montrant le plus beau cul: Il court à elle, le vit bandant.
» Si j'ai la verole (pense-t-elle), fous-moi en cul »

VII. *Cupidonnet, & Conquette.*

Cupidonnet gamahuchant Conquette la nuit, sa lampe sur un garde-sel : Elle est à-découvert, & se tremousse toute endormie, quand elle sent la langue entre les lèvres de son conin à poil naissant. » Hâ.. hâ.. hâ.. ça m' chatouille ». p. 25.

VIII. *Conquette, et Cupidonnet.*

Conquette qui vient d'être gamahuchée, & que Cupidonet le vit bandant, tâche d'enconner. p. 30

» Hâ. ce joli gamahuchage, tant que vous voudriez ».

IX. *Cupidonnet, et Victoire.*

Cupidonnet tenant Victoire troussée jusqu'aux dessus du genou, & se fesant empoigner le vit, qu'elle ne voit pas :

» Mignone.. serre moi le doigt, fort.. fort ». p. 32

X. *Conquette, Culant, Vitnegre.*

Conquette assise devant le feu, entre Vitnègre & Culant déculotés, bandans ; Elle troussée : p. 36

» Alons, Bougresse. branle-nous Tous-deux ».

XI. *Cupidonnet, Conquette, Vitnègre, le Moine.*

Cupidonnet dans un cabinet obscur, voyant Vitnègre le vit à l'air, montrant à nu les appas de sa Femme : Un Moine debout dans le cabinet, vu par le Père de Conquette, caché derrière un Sofa, & qui n'est pas vu. Le Moine tenant en main son vit monstrueux, regarde la scène :

» Troussée, Putain, audessus des reins ». p. 39

XII. *Cupidonnet, et Conquette en levrette.*

Conquette le ventre appuyé sur le pié d'un lit : Cupidonnet l'a troussée audessus des reins ; elle cambre sa tâille, & il l'enfile en levrette.

» Remue du Croupion... mon Ange ». p. 44

XIII.   *Conquette, Vitnègre, un Payeur.*

Vitnègre debout à côté du lit, caché par un rideau, tandis qu'Un-autre le remplace sur sa Femme. Le Mari dit à Celle-ci:
     » Dechargès-tu »?    p. 48

XIV. *Cupidonet, Conquette, Vitnègre, le Jeunehomme.*

Cupidonnet caché: Vitnègre une lumière en main, trouvant le Jeunehomme sur sa Femme troussée:
  » He-bien, est-elle enconnée ». (dit-il). p. 53

XV.    *Le Fouteur à la Justine.*

Le Moine *Foutdmort*, ayant mis Conillette nue, expirée & dechirée sur une table, lui cerne les Tetons avec un bistouri, &c:
     » Decharnons-la ».    p. 56

XVI.   *Cupidonnet, Conquette, Timori.*

Cupidonet caché dans le sofa, avançant la tête, pendant que Conquette gamahuchée par Timori, lève les jambes en l'air, & fait claquer ses talons:
  » Hâ.. Timori.. ta langue vaut un vit ». p. 62

XVII.    *Conquette enculée.*

Cupidonet sous un Sofa: Timori enculant Conquette, courbée, dont le cul est bien perforé: L'Enculeur s'ecrie:
  » Quel cul? quel plaisir des Dieux ». p. 63

XVIII. *Conquette s'enconnant du Vit paternel.* 67
Cupidonnet au lit avec Conquette, deux flambeaux sur la table-de-nuit: Il est sur le côté, le vit bien bandant: Il dit à sa Fille nue, cherchant à s'enfiler: » Appuie lentement, ma Reine ».

XIX. *Montencou, Cupidonnet, Hochepine, Vitsuçète.*

Montencon embouchant Adelaide Hochepine en presence de Cupidonnet & de Vit suçète.
   » J'embouche la jolie Garse ».  p. 70

XX. *Cupidonnet, Conquette, Montençou.*
Cupidonnet fortant du con de Conquette : Montencon le vit en main, alant fe mettre fur elle dont le con & les cuiffes font bien à-decouvert.
       » A toi, Bougre »       *p.* 7

XXI.    *Les Moines verolés.*
Tous les lits font couverts de robes monacales : Vitnègre affis auprès du lit de *Foutâmort*, qui lui montre un tableau, repréfentant une Femme à laquelle il viént de ne faire qu'un trou du cul & de la mote, & dont il cerne les tetons :
  » Je me fuis fait accommoder fon con ». *p.* 81

XXII.    *Le fommeil enconné.*
Cupidonnet endormi, le vit dans le con de Conquette, qui dort également encounée. En commençant à s'éveiller, elle dit :
» Hà ! mondieu ! c'eft mon Papa, qui me.... » *p.* 83

XXIII.    *Cupidonet, Conquette.*
Cupidonet devant Conquette affife, en court jupon, les tetons decouverts : Il vient de fe mettre le vit à l'air : Elle joue avec fa mule mignone, qu'elle fait badiner avec le bout de fon pied :
      » Je veux te griller ».    *p.* 88

XXIV. *Conquette, Cupidonnet, Centlouis.*
Centlouis prenant les tetons & le con de Conquette, en préfence de Cupidonet, auquel il dit de ferrer les cinquante louis.    *p.* 91
» Ce con fatiné, ces tetons touchés les valent ».

XXV. *Conquet., Cupidonnet, Traitdamour. p.* 95
Conquette renverfée, trouffée audeffus du nombril, & à laquelle Cupidonnet préfente Traitdamour, qui tient à la main & montre fon gros & fuperbe vit. Conquette avançant fa main, pour prendre le vit :    [laifir »...
» C'eft donc toi qui m'as fait tant de mal... & de p

XXVI. *Cupidonnet, Conquette, Traitdamour, Minone, Connète.*

Cupidonnet foutant Conquette, qui lui darde sa langue: Traitdamour tenant les tetons de sa Sœur, qui lêche le trou du cul du Fouteur; tandis que Connète le suce dans la raie du dos:

» Quels delices!..., Je suis rendu »... p. 100

XXVII. *Minone, Connette, Cordàhoyau, Brisemotte* ( 1 grouppe ).                108

Connète chatouille les couilles de Cupidonet debout, tandis que Cordàboyau enconne Minone, que Brisemotte encule couchée sur le côté.

» C'est une routerie de Princesse... ».

XXVIII. *Cupidonnet, Conquette, Traitdamour.* 110
( 2 grouppe ):

Conquette sur Traitdamour, qui la tient enculée sur lui : Cupidonnet dans le con de la Belle, ainsi limée entre deux feux :

» Piquez... des deux: la Garse est enculée »...

XXIX.         *La Danse Negre.*           114

Cupidonnet habillé, mais le vit à l'air, regardant la danse, dans laquelle il pousse Conquette nue par les fesses. Traitdamour danse avec Rosemauve, une nouvelle Actrice ; Cordaboyau avec Connette; Brisemote avec Minone ; Tous six nus de la tête aux piéds: Ils figurent les mouvemens voluptueux ; un Couple paraît prêt d'enconner; Un-autre d'enculer; le Troisième, en se contournant, met les tetons sous la bouche, le vit sous la main, & montre le con qui l'appète.

» Alons! Du mouvement, Garses »?

XXX.      *La Piochée, & ses Piocheurs.*      117

La Piochée sur le routoir; Piocheur-père enculant Piocheur-fils; Piochencul les excitant, & se fesant bander, à l'aide de la main & des tetons de la Jeunefillle. » Bougre... encule ton petit garson».

XXXI. *Piochette.* 119
Le vieux Piochencul patinant les tetins de Piochette, âgée de 14 ans, & fille du Frère & de la Sœur, pendant que ces 2 Individus font enconés, & que le vieux Piocheur grandpère encule son Fils.
» Tu me depuceleras ta fille, dès que ton Grandpère t'aura deculé ».

XXXII. *Les Gourmets de Con.* 123
Conquette enconnée par Cordaboyau, feulement comme Gourmet du fatiné de fon con, eft enlevé de fur elle, prêt à decharger, par Traitdamour & Brisemote, le vit bandant & decaloté, pour le plonger tout brandi dans le Con de Rosemauve, étendue fur un foutoir hauffant du cul:
» Le Sacrébougre alait partir »....

XXXIII. *Honnête Entretien du Pere et de la Fille.*
Cupidonnet prenant le con de fa Fille d'une main, les tetons de l'autre: Elle dit: 133
» Mon Dieu: je vous remercie d'un fi bon Père ».

XXXIV. *L'Homme enfilant deux cons d'une volte.*
L'Homme-à-queüe foutant Sophie-Linars de fon vit, tandis que Geoline s'enconne avec la queüe velue qu'il a au croupion. Celle-ci dit: 141
» Et moi, je vais me fervir de cette queüe raide ».

XXXV. *La Fouteuse infatiable.* 157
La belle Agnès, livrée par fon Père, enfilée par le jeune Procureur, qui fe loue de fes delicieux mouvemens: Elle s'écrie, en dechargeant:
» Hâh...mon âme va fortir...par le trou qu'il me fait »

XXXVI. *Indicibles Fouteries!* 175
Agnès, après fouper, ayant un corpfet reftuant, cachée derrière un rideau de fenêtre, defire que l'Homme-à-queüe feul, qui lui prend le con, ne voit pas fon visage: Elle tient d'une main le vit

de ſon Père ; de l'autre, elle retient à l'entrée de ſa bouche, & preſſe de ſes lèvres, le Gros Membre de Guæ qui decharge, & lui lance le rontre au fond du goſier. Fyſitère leur dit :

» Il faut d'abord que je la foute habillée........ ».

XXXVII. *Les ſix Fouteurs des Trois Foutues.*
Agnès, Doucette, la Carmelite, & la Marchande-de-modes maîtreſſe d'Agnès-Conveloutè. La 1re en deshabiller de gaze tranſparente, avec le chapeau de Mariée ; les 3 autres nues, ſont inſtruites par Agnès. † *coupure*. Six Vieillards, le Vit en main, nus, endoctrinès ſeparement par Guæ, nu auſſi, à l'entrée d'une autre pièce, où il les attire les Uns après les Autres.... Le premier eſt Un grand, maigre, dont le nez touche au menton ; vit ordinaire. Le ſecond, gros, très-ventru ; le nez comme une groſſe betterave ( le vit long. Le troiſième monté ſur de longues jambes ſèches ; ayant un pain-de-ſucre ſur les épaules ; le Vit gros comme celui de l'Homme-a-queüe aumoins. Le quatrième auſſi large que haut, a le vit de l'Oncle d'Agnès. Le cinquième a la tête monſtrueuſe, le ventre comme un tonneau, le Vit comme celui de Guae. Le ſixième eſt grand, voûté, bancroche ; ayant un bourelet à ſon long Vit. Quant au laid Guæ, On voit ſon Vit, gros comme Un Timon de carroſſe ſoulever ſa chemiſe...

» Chaqu'un des 6 Monſtres crut qu'il alait avoir le
» plaiſir d'ètre mon BOURREAU ». 183

XXXVIII. *Fyſitère au grand lit avec ſes 3 Fouteuſes.*
Elles ſont nues : Fyſitère nu enconne Doucette ; Agnès lui chatouille les couilles ; la Carmelite lui branle la queüe velue, dont elle ſe diſpoſe à s'enfiler. Le mot eſt pris de l'Hiſtoire par Agnès
» Nous fumes ainſi foutues 8 fois chaqu'une dans la
» nuit ; ce qui feſait les 24, ordinaire de Fyſitère »
p. 192.

*La Préface.* 3
I. Chapitre De l'Enfant qui bande. 5
II. Chap. Du Con foyeux. 8
III. Chap. De la Mère foutue! 11
IV. Chap. D'un autre Beaufrére Cocu. 14
V. Chap. Du bon Mari spartiate. 18
VI. Chap. De l'Epouse qui se fait enculer. 20
VII. Chap. Du Conin au Poil-Follet. 25
VIII. Chap. Des Conditions de mariage. 28
IX. Chap. Des Dédommagemens. 31
X. Chap. De l'infame Mari. 33
XI. Chap. Pucelage destiné aux gros Vits, pris par un petit. 39
XII. Chap. Du plus delicieux des Incestes. 43
XIII. Chap. Du Con & du Cul vendus. 46
XIV. Chap. Le Jeunehomme, la Fille, le Moine. 51
XV. Chap. Du Fouteur à la Justine. 54
XVI. Chap. Foutoir : Petit Magasin : Enterrement : Amour. 58
XVII. Chap. Du Pucelage du Cul : Le Père enconneur. 63
XVIII. Chap. Des Avis paternels, tenant sa Fille enconnée. 67
XIX. Chap. Du Père juste, & du Vit grisonnant. 70
XX. Chap. Du, Hâ, comme elle fut foutue! 74
XXI. Chap. Du Ressouvenir, & de l'Episode. 80
XXII. Chap. De la Fouteuse mise en appétit. 83
XXIII. Chap. De la Tendresse Filiale : & de l'Amour Paternel. 86
XXIV. Chap. Du Chefdœuvre de Tendresse-paternelle. 91
XXV. Chap. Du bon Pere qui fait foutre sa Fille. 93
XXVI. Chap. d'AVIS trés-utile au Lecteur, & d'l'Auteur. 98
XXVII. Chap. Du commencement des grandes Fouteries. 101

XXVIII. Chap. De l'Enculo-connillerie. 106
XXIX. Chap. D'une nouvelle Actrice : Danse Négre. 112
XXX. Chap. Le Pioché, la Piochée, le Piochard. 116
XXXI. Chap. Suite des mêmes, Piochette. 119
XXXII. Chap. Du couïr goûté. 122
XXXIII. Chap, La Fouteuse sensée. 130
XXXIV. Histoire de l'Homme-à-Queue. 134
XXXV. Chap. de la Garse insatiable. 144
XXXVI. Chap. Des Fouteries de la Convelonté, &c. 174
XXXVII. Chap. Des six Fouteurs pour trois Foutues. 185
XXXVIII. Chap. Conclusion de l'Histoire des trois Foutues. 191
XXXIX. Chap. Du Fauteuil. 207

Fin de la Table de la I Partie.

※※※※※※※※※※

## EPILOGUE de la I<sup>re</sup> PARTIE.

J'aî longtemps hésité, si je publierais cet Ouvrage posthume du trop fameux Avocat Lingüet. Tout consideré, le câsement deja commencé, j'ai resolû de ne tirer que quelques Exemplaires, pour mettre deux ou trois Amîs éclaîrés, et autant de Femmes d'esprît, à-portée de juger sainement de son effet, et s'il ne fera pas autant de mal que l'Œuvre infernale à laquelle On veut le faire servir de contrepôison? Je ne suis pas asséz depourouû de sens, pour ne pas sentir que l'ANTI-JUSTINE est Un pôison : mais ce n'est pas là ce dont il s'agît. Sera-ce le côntre-pôison de la fatale JUSTINE ? Voilà ce que je veux consulter, à des Hommes, à des Femmes desinteressés, qui jugeront de l'effet que le Livre imprimé prodûira sûr eux et sûr elles. L'Auteùr a prétendû éloigner de la crüaûté, de la sôif dû sàng et de la mort de la Femme pòssedées : A-t-il reüssi? Il a prétendû ranimer les Maris blâsés pour les faire joüir de leurs Femmes avec goût, à l'aîde de la lecture d'ûn demi-Chapître de son Ouvrage : A-t-il atteint ce bût? C'est ce qu'On decidera.

On a vû, par la Table seule, combien cet Ouvrage est sàlàce ! mâis il le falàit pour produire l'effet attendû. Jugéz-le, mes Amîs, et craignéz de m'indüire en erreur!

L'ANTI-JUSTINE aurà VII ou VIII Parties comme celle-cy.

FIN de la I. Partie.

# L'ANTI-JUSTINE,

OU

## LES DELICES DE L'AMOUR.

*Par M. Linguet, Av. au et en Parlem.*

Casta placent Superis.— Manibus puris sumite [cunnos].

Avec Figures.

## Seconde Partie.

AU PALAIS-ROYAL,
chez feue la Veuve GIROUARD, très-connu

## 1798.

JE suis parvenu au II.d Volume de cet Ouvrage, destiné à ranimer les Maris blasés, auxquels leurs Femmes n'inspirent plus rien: Tel est le but des nequices de cet excellente Production! que le nom de Lingüet rendra immortelle.

# L'ANTI-JUSTINE.

Chap. *Du Fauteuil*.

Le dimanche arrivé, il y eût un joli dîner, qui fut servi dans mon magasin. J'y avais fait mettre, oûtre le Lit & le vieux sofa, un 3$^{me}$ foutoir commode, que j'avais trouvé par-hazard chéz un Serruriér de la ruë *de-la-Parcheminerie*, qui l'avait acheté pour le fér & l'aciér seulem$^t$, à l'inventaire de certain Duc. J'en fis l'histoire à ma Société :

» Ce Fauteuil, ou Foutoir, se monte. Le Serruriér le monta un-jour, pour en voir le mécanisme. Il alait s'y asseoir, au 1$^{er}$. La jeune Femme trè-potelée de son vieux Voisin *Aupetit* le perruquiér arriva. La jolie Voisine essoufflée, se jeta sur le diable de Fauteuil. Aussitôt elle fut saisie par les bras. Un ressort la troussa, & un-autre lui écarta les cuissee. Un-autre lui fit faire beau con ; un troisième la fit osciller. —Hé! qu'est-ce donc que ce machin-là ? s'écriait-elle. —Ma bonne-foi si je le savais ! repondit le Serru-

*II Partie.* L 2

rier : j'ai monté la machine pour la connaître ; mais je vois que c'est celle avec laquelle le Duc *de-Fronsac* essayait les Filles recalcitrantes, que des Parens maladroits lui avaient vendues. Si vous voulez, ma Voisine, je vais vous essayer ? — Alons donc ! Est-ce qu'On viole jamais Une Femme malgré elle ? Je mordrais-… L'Homme-de-forge se deculote ; se met sur elle. La Traquenardée veut le mordre. Un ressort assez doux lui fait ouvrir la bouche, & en l'angoissant un-peu, la force à darder sa langue. Le Suppôt de Vulcain profite de tout-cela, & enfile la Perruquière, qui ne put l'empêcher, ni même crier… L'operation faite, la machine se trouva aubout de ses rouleaux, & Mad. Aupetit ne fut plus contenue. C'est alors qu'elle se mit à pleurasser, à criasser, comme si elle avait été au-desespoir. —Grand'bête ! (lui dit le Cyclope), je vous ai trop bien operée, pour que vous ne deveniez pas grosse : vous aurez un Enfant, que votre vieux Jeanfoutre n'aurait jamais fait. Mais il faut un-peu vous Dès aujourdhui dites-lui que vous avez une neuvaine à S‿julién, qu'il vous chevez c'te nuit, & que le Saint benîra ses travaux. Remuéz du cùl, quand il vous le dites-lui des foutèses, & s'il demettra ;

## XXXIX *Chapitre.*

chargeote un-peu, pâmez-vous, en disant qu'il vous inonde-. Mad. Aupetit s'en-ala munie de ces instructions, qu'elle mit en pratique. Le Fauteuil me fut prêté le lendemain.

Le Cyclope m'ayant vu passer, m'appela, me montra la Machine, me la vanta, & me mit au-fait de son usage. Elle me fut donnée à-l'essai, & je la destinai aux Begueules, s'il nous en venait à nos Orgyes. Je remis à monter la machine, quand il serait à-propos, afin de ne pas en éventer le secret. Nous nous y assîmes trois en dînant, Mad. Poilsoyeux, une jolie Chapelière de la ruë *Bordet* ou *Bordel*, amenée par Traitdamour, & nommée *Tendrelyss*; j'étais au-milieu. *In petto* je reservais le Fauteuil monté à la jolie Tendrelyss, encore pucelle, quoique Traitdamour lui eût quelquefois dechargé entre cuisses; ou, si la Chapelière était docile, à Rosemauve, ou à sa Sœur *Rosalbe* la blonde, ou enfin à notre Hôtesse Mad. Brideconin, que je voulais mettre de nos fêtes, ainsi que son Mari, voulant le faire cocu en sa présence. Nous dinames bien, mais sans trop manger, ni trop boire. Nous avions dailleurs de la volaille, & toutes choses de de facile digestion. On ne tardera pas à voir comment j'executerai tous mes projets.

Chap. *Des Cons rasés.*

EN sortant de table, Traîtdamour nous dit : —Toute la semaine, il m'a roulé dans la tête de rendre le connin de Mad. Conquette-Ingenue-Pòisóyeux ce qu'il doit être ; c'est-à-dire, PUCEL : car je suis sûr que depuis huit jours qu'elle n'a foutú, il s'est retréci en Diable !.. Brisemote, Cordaboyau, vîts implacables, trousséz-moi Minone & Conète ; il ne serait pas séant qu'elles se troussassent elles-mêmes-. On les troussa jusqu'audessus du nombril. Pas un pòil ! Je les ai rasées ce matin ( dit Traîtdamour, pour voir l'effet, avant de proposer la même chose à notre Deesse. Vous voyéz comme elles sont propres ? Tout le corps l'est de-même : Elles se sont baignées tous les jours, depuis qu'elles savent que la belle Fouteuse met tous les jours son Con dans l'onde limpide , & y plonge entiér son corps appétissant. Elles m'ont assuré que, lorsqu'elles étaient en chaleur, l'eau fraîche dans laquelle trempaient leurs Cons brûlans , leur donnait un plaisir presque fouteùr... Mais vôyéz-moi ces Cons-là ? Ne dirait-On pas des connins de Fillètes de 12 à 13 ans ? On en convint.

En-conséquence, je priài ma Fille de se

laisser raser la Mote. Elle se cacha le visage dans mon sein. Traitdamour aussitôt la renversa sur un foutoir, le Con au grand jour. —C'est pourtant domage ! ( dit-il en le maniotant ;; la perruque en est superbe !... Je vais dabord employer les cîseaux : Nous mettrons ce pôil soyeux sous verre dans un câdre doré : ce seront de précieuses Reliques-. Il coupa. Ensuite il tira d'une jolîe boîte une savonnète parfumée, & savonna longtemps le connin. Comme cette operation excitait Conquête, elle me pria d'appuyer mes lêvres sur sa bouche. Elle me dardota sa langue, pendant tout le temps qu'On fit la barbe à son Con, & lorsqu'il fut rasé, On le lui lava d'eau-rose ; On lui sècha les cuisses avec des linges doux, & Tendrelys mit le beau pôil de la depouille sous le verre-à-câdre. Puis le conin sans barbe fut livré à l'admiration de l'Assemblée. Tout le Monde, surtout les Filles, jusqu'à la modeste Tendrelys, qui, disait-elle, n'était venue que pour voir, & rougissait de tout, le trouvaient si appétissant, qu'elles demandèrent à le baiser, & qu'elles se jetèrent dessus. La jolîe Chapelière cola ses lêvres vermeilles sur le con rasé, & sa langue ala dans la fente exciter la volupté: Rosemauve, qui arrivait, vint sur elle comme Une Enragée, la debufqua, & gamahucha fi vivem.t la Deeffe, qu'elles émirent toutes-deux. Les Hommes eûrent leur tour ; ils fucèrent le conôt dechargeant, & le firent decharger encore.. Pour moi, j'admirais, les deux mains plongées dans les tetins de Tendrelyf, qui les avait charmans, & n'ôsait fe deffendre, —Hâ! quelle partie ? me dit-elle. —Tu ne vois rien ! lui repondit Minone.

En-effet, Traitdamour ayant fait retirer les Gamahucheurs du con de Conquette-Ingenue, qu'ils ne quittaient pas, dit à fes Camarades : —Imitéz-mòi? Auffitôt tous les vits en éreꞔtion furent à l'air. —Alons ! alons ! au Con ! au Con-! Tendrelyf baiſſait fes beaux ieux : mais Conquette étendue fur le Foutoir, la mote legerem.t branlée par Rosemauve, foulevait la tête pour voîr les vîts. —Laquelle enconnéz-vous, me dit mon vigouteux Secretaire : Laquelle enconnéz-vous de la voluptieuſe Conquette, de moi, ou de la pucelle Tendrelyf ? J'héſitais pour ma reponſe, lorſque tout-a-coup j'entendis ma Fille s'écrier faiblem.t : „ Le vît ! le vît „ ? Traitd'amour ſe précipita fous elle, la prit fur fon dós, me la préſentant oſcillante : =Enconnéz, me dit-il, la Fouteuſe fait beau con-... J'enfonçæ. Je bandais ſi ròide, que je la fis

## XL Chapitre.

crier en la perforant. Mais elle fourit aussitôt, en me disant: —Bon... (hauſſant le cùl), bon!... Hà! que tu bandes bien!... Fous... fou---fourgonne... Fou ---fourage, chèr Pap.. je dech---a---a--- (Traitdamour la ſecouait) arge-... Je dechargeais aussi. Son delicieux connin me pinçait. La Deeſſe m'enivrait. Traitdamour la fesait osciller, come le *Corax* de PETRONE ſon Maître *Eumolpe*... Cependant Brisemote avait mis ſur ſon dos Rosemauve nue, que foutait Cordabóyau ſans chemiſe: Les 2 petites Enragées Minone & Connette nues comme la main, venaient de mettre Tendrelyſ nue comme elles, & la tenaient entr'elles, ſe frotant le côn ſur ſes cuiſſes d'albâtre, en lui chatouillant l'Une la môte, l'Autre le trou du cùl: Elles dechargèrent toutes-trois avec les 2 Foutûes: »Grand-Dieu! s'écia la jolie Chapelière, comme vous ſavéz être heureux«!

### Chap. Vit inatendu.

En ce moment, l'On entendit frapper des mains à la porte. (C'était un ſignal que j'avais donné). J'avais deconné; j'alai ouvrir. C'était le Cyclope. Il ne devait pas entrer: mais il me pouſſa. Un Homme qui avait les ieux bandés & les mains liées derrière le dôs. Il était couvert d'une grand furtout de laine blanche, fous lequel il était nú fans chemife. Je le prîs par le corps : je le pouffai vèrs le Foutôîr à Fronfac, fur lequel Traitdamour jeta fa Sœur ; On le monta, & dès que l'Enfant fut prîfe, On fit tomber fur elle, en lúi arrachant fon couvretout, l'Inconnu que je venais d'intrôdúire. Quand il fut nú, fon grôs Vît épouvanta tout le Monde, & il fe fit Un *Hâ !* univerfel. Conquerre le reconnut, & pâlit. (Obfervéz que Touf pouvaient parler, excepté Conquerre & môi). Minone (la Traquenardée), fut la feule que ce Vît, qui ne le cedait qu'à Foutamort, n'effráya pas. Elle le faifit courageufement, & lui mit la tête entre les lèvres de fon Côn, en lúi dîfant : ⹀Pouffe, Bougre-. Il eftocada, comme un Beliér de fiége. Maîs il ne penetrait pas.⹀Soulève du'cûl, Pútain ! lúi dit le Brutal ; je suîs trop-haut-. Minone fouleva. Le Vît trouva l'ouvertúre ; & quôîqu'elle ne fût que la môîtié de qu'il lúi falait, il la força. Minone fouffrait le martyre. La fueur & les larmes fillonnaîent fes joues. Enfin, le grôs Vît, parvenú au fond, injecta fon baume-de-vîe, & adoucit, en les onctuant, les parôîs dilacerés : Minone qui venait de clamer de douleur, f'exclama de plaisir: ⹀Hâh! hâh!.. il m'inonde!... je fous... je decharge... je me pâme-! Et la jolie petite remuait du cùl comme Une Garse, foutue par Un Moine au bordel.

Nous étions dabord touſ ſtupefaits d'admiration! Puîs nous bandames touſ comme des Enragés. Brîsemote le mit en levrette à Rosemauve; Cordaboyau enfila Conette pardevant; Traîtdamour consulta mes îeux, en me designant Conquette ou Tendrelyſ: je permis la 1ʳᵉ, ajoutant fort-bas: —Il fout ta Sœur; fous-mòi ſa Femme. —C'eſt Vîtnègre-! Et îl ſe jeta comme Un Fúrieux ſur l'Epouse du Jeanfoutre, ſi brutalemᵗ enconnée, qu'elle en crîa... Maîs elle dechargea preſqu'auſſitôt: ce qui changea ſa douleur en plaîsir. " Toute Femme qui decharge comme ça, balbúcîait Traîtdamour, en la fourgonnant, eſt bonne; il n'y a que Celles qui ne dechargent jamaîs, qui ſont mechantes-.

Cependant Vîtnègre refoutait, ſans deconner, & Mînone redechargeait: Rosemauve henniſſait ſous Brîsemote; Conette ſous Cordaboyau; Tendrelyſ émue, appúyée ſur mon épaule, me préſentait ſa jolie bouche, & Conquette martyrisée par Traîtdamour, pleurant, cùletant, émettant, crîotant de douleur & de volúpté, envîait encore les tourmens de Mînone. Son Fouteùr me crîa: —Sacre-

Dieu! pomadéz donc,... & dépuceléz-mòi... cetté Garse de Tendrelyſſ? L'aîmable Enfant me lança Un lông regard, en se mettant la maîn devant le còn, comme pour le deffendre. Nous avîons-là du beûrre-fraîs; j'onctúai le connîn, renversæ la Vîerge sur Un foutòir, malgré ses tendre prîères, & mon vit pénetra. —Aumoîns, me disalt-elle, en le sentant entrer, vous ne me livreréz pas au Bourreau de Mînone, nî à ces au—tres-là? —Remue du cùl, Bougresse! lui crîa l'impitòyable Traîtdamour : Eſt-ce comme ça qu'On fout? Regarde ma Belle, & ces... 3 autres — Garses?... Tiéns, —Putaîn-pucelle,— nous de—char—geons! —
La pauvre petite, à cette exhortation énergique, gigota sous mòi comme elle put. Je pénetrais doucem$^t$; je caressais, dardotant la langue, disotant des tendresses... —Vous la menéz tróp bellem$^t$, s'écria Traîtdamour, fouragéz cómme mòi, ou cómme ce Côcú, que voila sur le fauteuil?... Tenéz? il mord les tetóns qu'il ne saurait patiner?.. Ne va pas lui faire trop mal, Bougre! c'eſt — ma Sœur, & — je t'aſſommeraîs.... Je de—charge..... —Hâ! qu'il me devôre, s'écria Mînone; pourvû qu'il — me foute!.... Je decha—arge-... " Je fous ? je decha—arge!

ge! s'écria Rosemauve. —Je decharge!... cria Conette. —Hahahah-! fit Conquette... Pour Tendrelys, dont j'ateignais le fond du connin, elle dit: —Ze suis depucelée! ze decarze!... Que dira Maman? —Elle ne le verra pas, jolie Fouteuse : Le vit de mon Maître conserve les pucelages (cu'a Traitdam.)

En ce moment, Vitnègre deconna Minone trop fatiguée. On lui pomada Rosemauve, que Brisemote deconnait (car les tourmens de la courageuse Minone avaient épouvanté toutes nos Belles. Le Vit de Mulet l'enconna plus vîte; mais elle n'en souffrit pas moins : Elle pleura, sanglota, & enfin... dechargea... Elle fut ramonée 3-fois sans deconner. Minone l'avait été quatre.

C'était le tour de Conette. Elle fut pomadée avec plus de soin que Rosemauve; & cependant elle jeta les hauts-cris: Si elle n'avait pas été sur le Fronsac, elle aurait desafçonné son Bourreau.... Elle dechargea enfin, & les plaisirs succedèrent. Mais On ne s'atendait pas à l'effet qu'ils produisîrent!

C'est que Mad. Poilsoyeux eût envie du gros Vit de son Mari. Elle demanda tout-bas & voulait qu'On la mît sur le Fronsac, au moment où Vitnègre deconna la Conette, quoique Celle-ci eût le con aussi barbouillé

*II Partie.*　　　　　　　　M

de sang que de foutre. Mais Traitdamour la hâpant, la renversant & l'enconnant, lui dit tout-bas : ---Garse ! je suis jaloux de toi pour mon Maître & pour moi : je t'étranglerais plûtôt, que de te laisser foutre par ton Cocù de Mari en ma présence. —Pardon ! Vît divin ! leurs douleurs m'ont tentée ! Fourgonne-moi, à m'en ôter l'envie ? Car je ne compte plus que sur toi : voila M. Lingüet qui donne son fou----outre... je decha----arge....à la --- sacrée Ma---âtine... de Teudrelys... —Hâ ! Reîne des Pûtaîns, tu es jalouse ! Tiens, tiens, voila des coups de Vît dans ton connin-dieu... Hah !... hah !... te redeza----arze-! murmura-t-elle...

Cependant, que fesait Vîtnègre ? Il prenait du repos & quelques liqueûrs brûlantes, tout en patinant les tetons de ses 3 Foutües, qui le branlaîent pour s'amuser. Tout-à-coup M<sup>lle</sup> Lingüet dit à son Foutant : ---Mais ce Bougre est Un-autre Guæ ? il faut qu'il me restaure ? Qu'On lui lave biên le Vît à l'eau-rose ; je veux le teter, comme fesait Mad. Guæ le gros Vît de son Mari-? Nous ne pouvions nous refuser à Une proposition aussi raisonnable. On lava le Vît monstrüeux ; 2 des 3 Garses soutinrent Vîtnègre de chaque côté, en lui livrant leurs tetons ; Ro-

## XLI Chapitre.

semauve lui chatoüilla les covilles & le trou du cûl; Traîtd'amour se coucha par-terre sur le dos sous ma Fille à genoux qu'il enconna; M$^{lle}$ Lîngüet baisa 5-à-6-fois le gros Vit, tout en riposlant aux saccades de son Fouteûr: Prête à decharger, elle emboucha, fesant aler & venir l'énorme Wit du bord de ses lèvres de corail, au fond de son gosiér satiné. En dechargeant, elle mordit... Telle la voluptüeuse Femelle du Serpent-Geant écrase dans sa gueule, la tête de son Mâle trop amoureux.... Vitnègre mordû se recria de volupté! Il émit Un torrent, quoiqu'il eût deja foutû 9 coups, & M$^{lle}$ Lingüet fut inondée de foutre au même instant dans la bouche & dans le con... Elle voulut teter 3-fois Vitnègre, que les 3 Garses qui le chatoüillaient, secouaient tellem$^t$, qu'il rebandait auflitôt. Dailleurs, il s'écriait à tout-mom$^t$: —Ma Femme n'est pas morte! c'est elle que j'embouche; je le sens au veloûté de son palaîs-?... Et cette idée le fesait decharger à flots... M$^{lle}$ Lingüet fut obligée de cesser ce jeû, dans lequel On voulait faire expirer Vitnègre; mais M$^{lle}$ Conquette-Lingüet avait sucé le double Wit avec tant de fureûr, qu' elle avait la bouche tout en feû... On obligea Witnègre d'enculer ses 3 Fouües;ce qui lui fit

M 2

15 copieuses décharges, par ce que les Belles-de-relais lui manipulaient impitoyablem$^t$ les covilles. Les excessives douleurs de l'enculage n'en effrayérent Auqu'Une ; au contraire, les tourmens de la Patiente excitaient leur passion, & elles la pinçaient ; pour la forcer à s'agiter, & à faciliter ainsi l'intromission du gros Wit dans son cùl.

Vitnégre n'en pouvait plus. Ce fut précisém$^t$ ce qui excita M$^{lle}$ Lingüet : Elle exigea de nous qu'il déchargeât Une 16$^{me}$ fois, & que ce fût dans son cùl, à elle ? Trait-d'amour se vit obligé de céder. On manipula Vitnègre, On lui chatouilla les covilles ; On l'assura qu'il alait enculer M$^{lle}$ Lingüet sa femme. A ne nom, il éreçtionna. On lui fit sucer les Tetons de Rosemauve, comme ceux de Conquette. Il banda roide. Aussitôt On coucha l'Enculande sur le ventre ; On lui beûrra la rosette, puîs le rectom avec Une grosse canule ; Tendrelys prit délicatem$^t$ le gros Wit avec ses doîgts de rose, pour le diriger dans l'anùss, tandis-que Minone & Conète écartaient chaqu'Une Une fesse : Rosemauve, préte à manipuler les covilles, frayait avec son doîgt beûré l'entrée du Wit-monstre dans le cùl de la Patiente..... Enfin, il pénétra, en dechirant... Mad. Vitnègre pous-

## XLI Chapitre.

fait des cris sourds, que son Mari crut reconnaître. Ce qui lui fit redoubler ses estocades. Alors l'Enculée jeta Un cri,... qui logea le Monstre tout-entiér dans son gros-boyau. ... Vitnègre ne doutant presque plus, y fourgonnait avec rage. Il ne deculà pas après avoir-dechargé; Rosemauve lui chatoüillait les couilles, l'anùs, & s'appûyant du con sur son cûl, foutait avec lui, en poussant à chaque-fois... Vitnègre déchargea 3-ondées de foutre dans les boyaux de sa Femme; ce qui fesait 18 pour la seance. Il tomba en faiblesse à la dernière......

On le tîra du cûl de M$^{lle}$ Lingüet, qui ala se le mettre dans l'eau-fraîche, pour se le raffermir. On jeta Vitnègre dans Une aûge d'eau-de-puits qui était dans la cour, pour lui faire reprendre ses sens. Le Cyclope parut. On porta Vitnègre dans son fiacre. Il le le remena. —Sais-tu qui j'ai foutu (lui disait-il en route), dans ton sacré Fronsac?..... Ah! comme elle fout!... Elle a bién appris, depuis qu'elle m'a quitté!.... Je l'ai foutûe 16-fois, tant en con, qu'en bouche & eu cûl-... Le Serrurier, après avoir remis Vitnègre à sa Filleule, s'évada.

Vitnègre rencontra le Serrurier quelques mois après. —Veux-tu m'y remener? lui dit

-il. —C'est l'impossible, répondit le Cyclope; tout est disparu. —Ah! la Garse! si je la retenais, je passerais le reste de ma vîe dans son cûl & dans son con-. Ainsi finit cette Avantûre.

### Chap. La Jalousie de deux Connins.

Nous restions tous sept émerveillés des 16 enconnades-embouchades-enculades de Vitnègre! quand Traîtdamour regardant la jolie Chapelière, nûe comme toutes les Autres, lui dit: —Te voila depucelée, Mignone, & mon divin Maître a cueilli ta rose? C'est Un grand honneur & bonheur à toi & à moi! Je te regarde-à-présent comme les Devôts regardent leur Vierge-Marîe, qui, foutûe par l'Ange-Gabriël, puîs par le Saintesprit, dont elle fut la Pûtain, n'en était que plûs vierge: Te voila consacree au vit de mon Maître; conserve-lui religieusem<sup>t</sup> ton connin, ou ne le prête qu'avec sa permission... A-présent, celeste Mignone, votre jolie Mote va être savonnée & rasée-? Tendrelys objecta sa Mère, qui toutes les nuits lui visitait le con, pour voir si l'On ne touchait pas à son pucelage, deja vendu, & qu'On devait biêntôt livrer. —Je m'en-fous, Deesse, repondit Traîtdamour, en me vo-

## XLII Chapitre.

yant monter le Fronfac; On lui dira tout-. Et il la pouſſa ſur le Fauteuil, qui l'étreignit. Il la ſavonna, & prépara ſon raſoir.

En ce moment, arriva M^lle Conquette-Ingenue-Lingüet, qui venait de ſe laver le cùl à l'eau-de-puîts, pour ſe le raffermir. —On va donc auſſi raſer le con de M^lle ? (dit-elle avec un-peu d'humeur). —Ah! ma belle Deeſſe! empêchéz-en, à-cauſe de Maman, qui ne ſaura ce que ça veut dire ? s'écria Tendrelys ſuppliante, en lui baiſant une main, qu'elle était parvenue à ſaiſir. —Non, M^lle, je ne m'y oppoſerai pas! Votre con raſé laiſſera mieux voir à votre Maman que mon Infidèle vous a deflorée... Nous verrons auſſi, après qu'On lui aura enlevé cette charmante perruque, ſi votre Bijou, M^lle, l'emporte ſur le mién, tout fatigué qu'il eſt ? —Ah! mon adorable Amie! il n'eſt pas beſoin de cela: Rién ne vous égale.—Alons, M^r, raſéz donc! Et je crois bién qu'après, mon infidèle Amant qui a depucelé cette jolie conque, vous permettra bién de vous y loger-? Traîtdamour tout en coupant la belle Toiſon-d'Or, repréſentait à Conquette-Ingénue, que tous les pucelages m'étaient devolus, & que j'étais obligé en conſcience de les prendre, ſous peine de mortifier la Neophite. Conquette ne ſavait que repondre : mais elle bouda. —Je m'approchai d'elle, & comme elle était nue, je lui baisai les tetons, & lui mit mon vit en main. —Vous aimeriez mieux qu'il fût entre les jolis doigts de Tendrelys! —Non : Persone ne me fait bander comme vous ; mais après vous, Tendrelys. On lui rase la mote ; il le faut bien, pour comparer vos cons celestes, abstraction faite de la fatigue du vôtre. On les gamahuchera dabord: Ensuite je verrai auquel des 2 mon Vit-Sultan donnera le mouchoir : Le mieux rempucelé l'obtiéndra.

M$^{lle}$ Conquète fit une petite grimace de Jolie-femme sûre d'elle-même, & se tût. Le Rasemote acheva. Le connin de Tendrelys fut lavé à l'eau-rose ; M$^{lle}$ Lingüet fit rafraîchir le sién, & les deux cons furent comparés... Ils furent desinteressém$^t$ trouvés égaux. Ce qui était bien donner la supériorité au conin de la belle Conquète, deja tant foutüe... Ce fut l'avis general. Rosemauve, Minone vinrent se comparer. Mais leurs Cons étaient loin d'avoir cette physionomie virginale de ceux de ma Fille & de Tendrelys.—Vos Cons sont aimables ( leur dit Traîtdamour ), cent-fois audessus des Conasses de Putains; mais ils ne peuvent se comparer à ces 2 connins de Houris. Conquette se pavana! Mais ge-

## XLII Chapitre.

nereuse comme elle l'était, elle prit vîte son parti.—Puisque nos cons sont égaux, me dit-elle, en baisant Tendrelys sur la bouche, lui patinant le con, redépuceléz la, & que votre Lieutenant me refoute, s'il en a la force-. Elle n'avait pas achevé la dernière sillabe, qu'elle était enconnée. —Fous-la! me cria-t-elle, fous la Garse-! J'enfilai la jolie Nymphe... Mais prête à decharger, M<sup>lle</sup> Conquéte-Ingenuë entra en fureur érotique (& je compris par-là comment les Héros de *Dsds*, sur-le-point d'émettre, deviennent cruéls), l'Enconnée s'écriait: —Foutéz-moi tous cette Putain de Tendrelys!... Brisemote! ne fais qu'un trou de son cùl & de son con-!... Elle dechargea ; & un peu calmée, elle se mit à dire : —Pardon! pardon, ma petite Sœur!... c'est le foutre .. qui me portait à la tête, & me rendait cruelle!... Qu'On lui conserve son joli con... toujours pucel,... pour les plaisirs de mon... Papa-fouteur;... c'est bien asséz .. du mién qui est .. martyrisé!... Alons pousse ... fous ... ne me ménage plus! (dit-elle à son Bourreau).... Et elle se mit à coupdeculer plûs fort que jamais. Ce qui fit re-enconner Rosemauve & Conète, dont les cùls étaient moins malades que celui de Minone : Cette bonne Sœur de Traîtdamour vint me chatouiller les covilles, & j'émis.

Chap. Minone et Conette jadis depucelées : Vieille.

CETTE scène achevée, il y eût du répos. Nous avions legèrem.t dîné, exprès pour faire colation. Nous mangeames des fraîses au vin-muscat, avec des pains-molets du *Pont-Michel*: Puis nous primes d'excellent café, fait par Traîtdamour, & nous goûtames aux liqueurs. Ensuite nous jasames...
—Mon Ami (me dit Conquète-Ingenue, en montrant Minone & Conere), vous avéz eú ces 2 jolies Compagnes, ainsi que Rosemauve, & vous venéz de depuceler Tendrelyssous nos ieux: Faites-nous le recit de votre première-fois, & dites-nous coment vous les avéz seduites? —Ah! oui, oui? s'écrièrent Tendrelys, Rosemauve, & tout le Monde. —Je ferai ce recit très-volontiers ; mais à-condition qu'On ira chercher Mad. Brideconin notre hôtesse, pour qu'elle y assiste: Nous commencerons à l'apprivoiser par-là-? Mes 3 Sacripands, pour qui elle était un Morceau nouveau, ne demandérent pas mieux: Ils l'enlevèrent à son Mari, qui en ce moment, lui tenait les tetons; sans même daigner lui repondre, l'assirent à-cru sur les mains jointes de deux, tandis que le 3.me la soutenait pa-derrière, & l'apportérent ainsi moitié trous-

tée & detetonnée. On la pósa sur le Fronsac, & si je n'en avais empêché, On lui fesait une histoire, aulieu d'écouter la miénne. Lórsque tout fut tranquile, je commençai :

—Je m'étais mis en pension chéz la Belle-mère de Traitdamour, blanchisseuse, rue d'Ablon, pendant que ma Femme courait la Province avec un Galant ; le même qui la foutait avec tant de passion, qu'il se mettait dans sa chemise, pour la palper & l'enconner mieux. Traitdamour m'apportait à dînér les jours-ouvrables ; mais j'alais dîner à la maison de la bonne Mere-Wallon les Dimanches & Fêtes. Un-jour, que nous y alions ensemble, il me pria de montrer à écrire à sa petite Sœur? Je le voulus bién. En montrant à Minone, J'avais souvent sous les ieux ses tetons naissans, blancs comme lys... [—Faites entrer mon Mari ; je suis bién-aise qu'il ait sa part de cette histoire-là-? interrompit la Brideconin. Aussitôt Traitdamour, sur un signe de mes ieux, l'ala chercher ; tandis que sur un autre signe, Brisemote & C$^{ord}$aboyau prirent l'Un la mote, l'Autre les tetons de la Dame. Elle était ainsi rayonnante entre 2 Mâles, quan$^d$ son Mari parut. Brideconin fut dabord ébaubi : puis il n'en fit ni un ni deux, il ala s'emparer du con de Rosemauve, & des tetons de Conette; Trait-d'amour prit le con & les tetons de sa Sœur: Quant à moi, je fis asseoir Conquette & Tendrelys l'Une sur l'Autre entre mes jambes, laissant de-temps-en-temps tomber mes mains sur la gorge de ma Fille, ou de sa jolie Rivale... Je repris:]

» Je dis à Trait-d'amour, en-particulier:
—Il ne faut plus que je montre à la Petite; elle me fait trop bander, & je la foutrais au 1$^{er}$ jour. —Ah! mon cher Maître! quel bonh$^r$ pour elle & pour moi, si vous la dépuceliez! La pauvre Orphel'ne! elle n'a aucun plaisir! (c'est que leur Mère était morte, & que le Père, remarié à une Bonne-amie de feue son Épouse, à l'instante prière de Celle-ci, avait mourant lui-même, laissé pour bellemère aux 2 Orphelins la Bonne-amie de leur tendre Mère). Je repondis, Que cela était bien difficil!... que la petite Sœur parlerait. —Non, je vous en repons: Minone a deja des desirs pour vous. Elle m'a dit, qu'elle aimait bien quand vous lui touchiez le chose par-dessus la jupe- Ce discours m'enhardit.

Un-D'manche que j'étais seul avec Minone, à la faire écrire, je ne pus résister à l'envie de lui baiser sa jolie bouche; puis un tetin; & de-là ma main descendit rapidem$^t$ à son connichon sans poil. J'éprouvai une é-

## XLIII Chapitre. 229

rection terrible! Mon vit me gênait. Je me deboutonnai. Il s'élança audehors. —Qu'est-ce que c'est que ça? me dit la petite. —Un vit, mon Enfant. —A quoi cela sert-il? —A mettre dans un Con. —Mais j'ai un Connin, à ce que dit mon Frère, & ma Bellemère a une Connasse. Depuis qu'il est grand, & qu'il a ce qu'il nomme du *Foutre*, il met son engin dans la Connasse de ma Bellemère, que ça fait tremousser & crioter... Il a voulu me le fourrer, à moi: mais j'ai le conin trop étroit, ou il a l'engin trop gros: jamais il n'a pu... Ma Bellemère l'a surpris, & elle l'a bien grondé! Il lui a dit: —Alons, foutéz-nous la paix: venéz que je vous enconne, vieille Truande: car je ne saurais m'en passer, en ce moment-. Et elle s'est aussitôt renversée sur son lit, en se troussant; il l'a, ce qu'il appelle foutue...Hô! comme elle gigotait! comme elle jurait des *B.* & des *F.* comme elle était contente!... Et il me disait: —Voi, Minone, comme c'est bon! Comme la vieille Garse se deméne, en supant le bâton de sucre-d'orge.... Montre-moi ton petit connin, que je decharge à ton intension-......

Ce recit de Minone acheva de me faire bander outre mesure. Je demandai à la Petite, S'il y avait du beurre à la maison? Elle m'en donna. J'alais la beurrer, quand la Bellemère, bonne-femme au possible, rentra, ayant oublié son éventail. Elle vit mon trouble, & la rougeur de la petite. Elle me dit: —Gage que vous alez la tourmenter?... Ça n'est pas mûre. Venez-- La Vieille m'entraîna sur le pied de son lit, se troussa, me tira sur elle, & m'engloutit, malgré ma defense..... Pour sauver le pucelage de sa Bellefille, elle me retint une heure à conailler. Je ne dechargeai cependant qu'une-fois, contre la Vieile une dixaine; car je m'aperçus qu'elle m'aimait. Ensuite elle s'en-ala, sans laver, en disant? —J'en marche mieux, la charnière graissée-.

Dès qu'elle fut partie, je fis mettre Minone, qui avait tout vu, à la fenêtre: je la troussai audessus des reins; je lui beurrai le connin, & je rebandai roide. Je dis à la Petite, en la commençant, de se cambrer la tâille, pour mettre son petit trou bién à la portée du vit qui l'alait percer? Elle le présenta de son mieux. Avec des peines infinies, à l'aîde des douloureuses oscillations de son joli cùl, & parceque la decharge était retardée par le degoût que m'avait causé le Congris de la Vieille, je parvins en levrette jusques au fond; car je sentis sa celeste petite

## XLIII Chapitre.

matrice me pincer... L'Enfant s'agitait par mes ordres, mais sans décharger.

Son Frére arriva dans ce moment. Il fut transporté de joie... ⸺Ah! vous la depuceléz! quel honneur & quel bonheur, pour elle & pour moi!.. Decharge-t-elle?... As-tu du plaisir, ma petite Sœur? ⸺Elle ne decharge pas (repondis-je), la chère Mignone; elle souffre : mais c'est avec un courage!.. Voi ce ortillem$^t$ de croupion-... Trait d'amour touché, glissa une main sous le ventre de la petite, & lui chatouilla le haut de la fente de sa motinette imberbe... Les ieux de l'Enfant se vîtrèrent; elle se roidit, & tournant sa jolie bouche de mon côté, elle me darda sa petite langue, déchargea pour la 1$^{re}$ fois, & se pâma... Je déchargeai comme elle: je n'avais jamais eu tant de plaisir...

Quand j'eus deconné, son Frère me demanda, Si j'en étais jaloux? ⸺Oui, de tout Autre que de toi — Hé-bien, votre foutre va servir de pomade à son joli conichet-- Cependant Mirone voulut pisser. Son Frère la renversa sur le dos au pi d du lit, & l'enconna vigoureusem$^t$, malgré la grosseur de son Membre. La Petite cria. ⸺Remue du cùl, & décharge avec delices, pauvre Orpheline, lui disait-il, en la saccadant ; tu es enconée avec amour-. La Petite dechargea 3-fois ; mais elle n'en pouvait plus... Il me lava, & je la re-enconnai... J'eûs encore plûs de plaisir, parceque la Petite avait aquis de l'usage, & que le gros Vit de son Frère avait frayé la route... Depuis ce jour-là, nous foutimes Minone tous les Dimanches & Fêtes. La Bellemère s'en-aperçut pour moi ; mais elle ne dit mot.

Enfin un-jour Trait d'amour me demanda, Si je voudrais aussi montrer à écrire à Conète, sa Maîtresse pour le mariage, depuisque la Mère de Tendrelys, qui craignait un depucelem.t, lui avait absolum.t ôté toute esperance. —Soit ( lui repondis-je ). Je montrai donc à Conète. Aubout de 2 mois, cette Jeunefille étant un-jour à la fenêtre, fort pan-chée en-dehors, & montrant une jambe fine, que mes ieux devoraient, Minone qui prenait son exemple d'écriture, le remarqua. Je lui tenais les tetins, & la priais de me prendre les couilles. Elle me quitte ; va vers Conète ; lui dit tout-bas, —Laisse-toi faire-... La trousse ; me mène sur elle ; lui beurre le con & à moi le vit ; lui dit : —Cambre-toi, ma Fille-... Et à moi : —Enfiléz jûste ; vous voila dedans-... Conète se cambra, & suivit toutes les indications de son Amie : Desorte que quoique la Pucelle fût très-étroite, je penetrais. Trait<sup>d</sup>amour arriva. Il nous fit ôter de la fenêtre ; se coucha sur le ventre au pié du lit; fit étendre sa Maîtresse sur son dos, cùl sur cùl : Il me dit d'enconner, le vit dirigé par la main de sa Sœur ; et à chaque sacade que je donnais, il me repoussait d'un coup de son cùl le con de sa Maîtresse, à me faire avancer d'un pouce. Conète éprouvait des souffrances inouïes.... Mais étant parvenu au fond, par un violent coup-de-croupion de Trait<sup>d</sup>amour, qui ne donna plus que de petits coups de trot-de-cheval, Conète clignota de l'euil, et biéntôt émit avec d'ineffables delices......

Je croyais que Trait<sup>d</sup>amour alait se jeter sur elle et l'enconner tout-chaud ? =Non, me dit-il; c'est ma Future : si j'avais le bonheur qu'elle me fît un Petit de vous, cela ennoblirait ma Race-. Et il foutit sa Sœur, pendant que je refoutais sa Maîtresse. Aussi depuis ai-je partagé avec lui Ce que j'avais de plus précieux-.

Chap. *Du Bouquet de Fouterie.*

=IL le merite ! Il le merite ! s'écrièrent tous les Hommes, et surtout Brideconnin, qui patinait à 2 mains le Con de Rosemauve, tandis que Brisem^ote et C^ordaboyau maniaient l'Un le Con, l'Autre le tetons de sa Femme... Mon Recit fesait bander tous mes Droles comme des Carmes, malgré les fatigues de la journée. Les Belles, même Celles *éconnées* par Vitnègre, étaient en rut. —Comme vous avéz su les rendre aimables! (me dit Conquette, en me dardant sa langue). —Ah-oui! (ajouta Tendrelys, en me baisant de-même).... En cet instant, Mad. Brideconnin était tiraillée par Brisem^ote et C^ordaboyau, qui tous-2 la voulaient enfiler à-la-fois. ⹀Je n'ai qu'un chose, mes chèrs Amis! si j'en avais 2, ils seraient bién à votre service; mais l'Un après l'Autre-... Elle fut empallée par tous-2, C^ordaboyau en con, Brisem^ote en cùl. Brideconnin s'écrie: ⹀ On éconne, On encule ma Femme! Moi, je fous Celle-ci-. Et il renverse Rosemauve, qu'il empale. Trait^damour, le plüs furieux des Ribauds, saisit Conquette: Je crus qu'il l'alait enconer. Point! Il se coucha sur le dos, la tira sur son vit, soutenue par-dessous les bras par Conête et Minone; elle se baissait avec lenteur sur le Vit bandant dirigé par la main de Tendrelys, Conquète s'enculant ainsi elle-même par le seul poids de son beau Corps. Lorsque le gros Vit fut enfoncé jusqu'à la garde, Trait d'amour me dit: =Alons! le plüs beau des cons vous appelle-.... Je me précipitai dans le bijou de ma Fille, la jolie Tendrelys me dirigeant le vit. Mad. Brideconnin, putain comme Persone, puisqu'à cet instant, On lui bourrait les 2 trous, fit 3 signes-de-croix. On lui demanda, Ce qu'elle avait: =On me fout devant mon Mari; mais je suis sur le Fauteuil à ressort, qui m'empêche de me defendre: Mon Mari voyant que je le fais coquú, me fait coquète; c'est dans l'ordre: Mais notre Maître, fout,... enconne sa Fille enculée! =Sa Fille?.. sa Fille-!... ( s'écria-t-On 5-fois). = Oui, sa Fille (balbucia Rosemauve, qui dechargeait sous Brideconnin): Après-?... = Ah! dirent les 4 Fouteurs et les 4 Fouteuses, ceci nous met en rage de vit.... en rage de con... et nous foutrons jusqu'à extinction de forces-. Et les Enconeurs, les Enconnées; les Enculeurs, les Enculées, s'agitaient à qui mieux, dessus, dessous, comme des Diables & des Diablesses dans un benîtier. Tendrelys me chatouillait les couilles & celles de Trait d'amour; Minone celles de Brisemote et de Cordaboyau; Conète celles de Brideconnin, et fourrait son index dans le trou du cùl de Rosemauve. Le Fouteur qui n'était pas accoutumé à ce rafinem<sup>t</sup>, se récriait de volupté : =*Ah que vous foutéz bién ici !* (disait-il en déchargeant) ; *On ne fait que connailler ailleurs.* =*Oh, vous avéz bién raison, mon Mari ?* (lui répondit sa Femme en déchargeant aussi), *onc je ne fus ramonée comme je le suis en ce moment, par les deux Vits qui Vous plantent chacun une corne, l'Vn dans mon con, l'Autre dans mon cul.*

Conquète remarquant que j'alais mieux, lorsque Tendrelys me chatouillait les couilles, l'en remercia tendrem<sup>t</sup> : =*Chère Amie !... ma main en fera... autant à ton Fouteur,... quand tu seras enconnée... Et Vous, ma chère Hotesse, Vous êtes donc bién foutue ?....* Ce joli mot, *foutue*, avait tant de grâces dans la belle bouche de Conquète, que je l'alais refourgonner, si Trait<sup>d</sup>amour, qui la déculait et qui alait laver, ne m'avait pas prié instanment de la lui laisser enconner... Mais j'étais trop ému pour rester spectateur ; j'ordonnai à Tendrelys de me faire beau con ? Minone et Conète la renversèrent sur le dos et lui écartèrent les cuisses. Ma Fille, avant d'être enconnée par son Fouteur, voulut inférer mon vit ; elle baisa la Patiente sur la bouche, en lui disant : =*Tendrelys ! remue du cul, et donne bién du plaisir à mon Père !*

Et *comme* elle avait *remarqué* que le *mot foutue*, m'avait fait beaucoup d'impreſſion, dans ſa bouche, elle ſ'écria, tout en ſecondant ſon Enconneur: =Fou...ou...outre!..... Sacré Vit!... perce-moi... dechire-moi le conot!... mon Pére! poignarde ... eſtropie ta Tendrelyſ!... ʒe decha...arge-!.......... Ah! cette Femme ſi modeſte, ſ'écria la Briʒecononin, c^omme e^lle fout-!... Ce fut le Bouquet. On ala ſouper.

*Soupér d'Adieux ; Graces que dit mad. Vienegre.*

ON ſoupa. Les tetons étaient couverts; les propos furent decens.....
=Mais, me dit Minone, On dit que vous avéz-eú 8 jolies Femmes connues, et On les n^omm^e? =Hôh! interrompit Conquète, ne faites plus lire de ces Hiſtoires-là: La journée de volupté eſt finie, et nous ſ^ommes à-préſent des Perſones ordinaires. =Il faut donc les remettre, repondit Traitda^m°ur, p^our une interruption de ſeance-.

C^omme On ſe diſpoſait à ſortir, et qu'il n'y avait plus de dangér de nous faire band°cher, On me pria d'exigér que nos 6 Cons et nos 12 Tet°ns fuſſent mis à l'air, et baiſés à diſcrétion pour les

Adieux ? J'y consentis. Aussitôt Conquête, Tendrelys, Rosemauve, Min°ne, C°nète et La Brideconin, furent defichutées, troussées et renversées sur les foutoirs par les 4 Dernières, qui se defichutèrent, se troussèrent et se renversèrent elles-mêmes. On leur lecha le Con ; Les 5 Hommes sucérent les 12 Tetons : Les Belles prirent, decalotérent et baisérent les 5 Vits, embouchérent seulemt le mién, en disant : *Vit incomparable..... adieu... pour Huit jours...*

On a fait sortir, quand On vit la belle Epouse de Vitnègre se prosterner toute detetonnée, en s'écriant :

» *Sainte & jolie Vierge* MARIE *; que* PANTHÉRE, *branlait, gamahuchait, enculait, entetonnait, embouchait, & qu'il enconna enfin une nuit, à-côté du Cornard endormi le bon S. Joseph ; duquel cocufiage provint le doux Jesus, ce bon fouteur de la Putain publique la belle Madelene, marquise de Bethanie, dont le vagabond* JÉSUS *était en-outre le souteneur, autrement le maquereau, lequel, au grand regret de la sainte Garse, enculait encore S. Jean son giton : S.te & jolie* MARIE, *Vierge comme moi, nous* vous remercions de cette heureuse journée de fouterie. Faites-nous la grâce, par les merites de votre Fils, d'en avoir une pareille Dimanche-prochain !.... Et vous, Sainte MADELÉNE, que foutait l'Abbé JESUS, ainsi que Jean l'enculé, Obtenéz-moi la grâce de foutre autant que vous, soit en con, soit en cul, 15 ou 20 fois par jour, sans être épuisée, mais toujours dechargeant...... Vous foutiéz avec des Pharisiens, avec Herode, & mème avec Ponce-Pilate, pour avoir dequoi nourrir le gourgandin JESUS, votre greluchon, & les Vagabonds qui lui servaient de Chouans : Obtenéz-moi de votre Maquereau JESUS, qui étant dieu, a sans-doute quelque pouvoir, d'avoir, sous peu, ce riche Entreteneur, qui est un-jour descendu de carrosse bandant à mon intension, comme je revenais de chéz mon Amie MAD. Congrélé; à-cellefin, qu'au-moyén de l'argent que je gagnerai, à votre imitation, avec mon con, mon cùl, mes tetons & ma langue dardée, je puisse soulager mon digne Père, dans sa vieillesse ; non-seulement en foutant avec lui, pour lui donner le plaisir, mais en me laissant vendre, comme la pieuse Fille d'Eresicton le famelique, ou la pieuse Ocyrhoé, fille du Centaure Chiron, qui toutes-deux devinrent cavales, c'est-à-dire montures d'Hommes ou saintes putains !... Modèle des Maquereaux, doux JESUS ! fouteur acharné, greluchon complaisant de la brûlante & exemplaire putain Madelène, qui était si amoureuse de votre Vit divin & de vos sacrées Couïlles, maintenez, par votre toutepuissancee, mon conin toujours étroit & satiné, mes tetons toujours fermes, ma peau, mon cùl, mes fesses, mes bras, mes mains, mon cou, mes épaules, mon dos ou mes arriere-tetons, toujours blancs, mes reins toujours élastiques; les Vits de mes Amans, celui de mon Père compris, toujours roides, leurs couilles toujours pleines; car vous teniez en cela du saint Roi David, si fort suivant le cœur de Dieu, parcequ'il était le premier fouteur de son temps !... Faites, ô JESUS ! que mes hauts talons, qui me prêtent tant de grâces, & font bander tant de monde, ne me donnent jamais de cores aux piéds, mais que ces piéds tentatifs restent toujours foutatifs, comme ils le font !... Amen ! —Amen ! s'écria toute la Société, Vits et Cons.

Tout le monde fortit édifié de la piété éclairée de ma Fille, et en s'en-alant, on difoit : ⹀Voila ce qui s'appelle connaître la vraie religion, et prier Dieu comme il conviént, en Lui demandant des choses raisonnables ! Höh ! c'eft une Fille exemplaire-!

Chapitre. *Premiere negociacion du con de ma Fille.*

LE furlendemain, quand je revis Coquette[que j'avais évitée le Lundi], je La trouvai coiffée en batant-l'Œil : Ce qui, avec fes grands ieux à longs cils La rendait charmante... Elle avait des fouliérs de coutil de foie neufs, qu'elle effayait. Je me jetai à fes genoux, en Lui disant : ⹀Coquette: Ton pied eft le *mieux-fait poffible; mais il eft un-peu grand, & ce foliér bién pointu, ces talons minces, très-élevés, le font paraître plüs petit de-moitié : Il eft divin !.... & je bande... comme tu vois ?....* ⹀Mon *cher Papa : comme je fais à quel point vous m'adorez, j'ai voulu confacrer cette chauffure, avant de vous la préter pour orner vôtre cheminée...* Voici

II *Partie.* N

les blancs d'hier, avec lesquels j'ai tant été ..... ce que vous savez ...... Voyez la jolie forme que leur a donnée mon piéd? Ils sont plus voluptueux qu'avant d'avoir été mis... Je flairai avidem.<sup>t</sup> le dedans de ces divins soliers : =Hah! je bande! m'écriai-je; Les sacrés-bougres sont embaumés,.. Je suis perdu... j'aurai la colique, si je ne t'enconne une pauvre fois?... Laisseras-tu decharger par-terre ce Vit-paternel? =Mon cher Papa, mettez-vous le cûl & les couilles dans cette grande terrine, préparée pour mon cón & mon cûl; l'eau froide vous ferait debander. C'est mon remède quand j'ai le còn brûlant. Ce qu'elle me disait me parut raisonnable, et je Le fis: Elle cacha ses piéds comme une Dame Espagnole, et je fus calmé. =J'en ai fait autant tout-à-l'heure: Timori vient de venir: J'étais encore au lit; Il m'a pris les tetons, puis le còn: La vue de son Vit, qui bandait rôide, m'a fait impression. Mais mon cœur n'a rien senti. Cependant il voulait me gamahucher, me priant de le branler après? --Je ne ne suis pas une putain. --Tu es bien-froide-? (C'est que reellement je ne l'aime plus ; vous êtes mon amant, cher Père ! & Traîtdamour est votre lieutenant dans mon con, il est votre double Vit, & c'est encore Vous qui me foutéz, quand il me l'enfonce )... J'ai cependant eu des remords de ma dûreté : Je lui ai saisi le Vit, & me le mettant dans la bouche bien decaloté, je l'y ai fait decharger, avalant son foutre avec delices. Ce qui m'a fortifiée. Mon chocolat m'a rincé la bouche...... Mais revenons. Si Vous voulez que votre Fille cherie ait un plaisir ineffable, careffez-La, quand on La fout. Langue en bouche, la sienne dans la vôtre... Vous prenant les couillètes, vous ferrant le vit à la poignée, elle dechargerait au double ? =Hoh ! tu es trop adorable... Foutons un petit coup ? =Je m'étais rafraichi le con : mais tu y remets le feu, cher Papa, et le foutre seul peut l'éteindre... Foutons... Enconne ta Fille... Mais va doucem$^t$, que je decharge plusieurs-fois, tout en te racontant quelque-chose-.

Elle se renversa, me mit le vit dans son con, me fit entrer lentem$^t$, par de petits coups-de-cul infensibles. La fraîcheur de l'eau m'avait fait roidir, et retardait l'émission. Enfin, elle ne fut plus maîtresse de se retenir ; elle *coupdecula*, elle saccada, en s'écriant : ⹀*Ze deça-arse-h...* Elle resta ensuite immobile, en me disant : ⹀J'ai oublié de vous remettre l'adresse que l'Entreteneur d'avant-hier m'a glissée, pour l'aler voir, et... foutre avec Lui... Hah! fourgonne... je redeçarge... *Tu pars...* Hah divin Père!... Et elle se mit à soubresauter, en gigotant, comme jamais ne gigota Fouteuse... Après une copieuse décharge, elle reprit : ⹀La voila. Dis-Lui, ou écris-Lui, Que je ne vais chéz Persone. Et laissez-Lui votre adresse. ⹀ » Oui Deesse *Fututrix* », Lui repondis-je. La Brideconin nous apporta notre excellent chocolat ; et je partis.

Après les affaires, j'alai chéz le futur Fouteur de ma Fille. Je Le trouvai : je Lui donnai un mot de Conquette-Ingenue, par lequel elle Lui marquait, Que *s'il avait un mot à repondre, il pouvait tout dire à son Père...* Je fus bién reçu. Le Richard me dit, Qu'il demandait une Maîtresse aimable, et qui sût donner, en foutant, bién du plaisir. ⹀Monsieur (Lui repondis-je), ma Fille a été mal-mariée ; elle peut vous apartenir, à-condition qu'elle gardera son logement voisin du mién. Vous y mangeréz, coucheréz avec elle, fans que je m'en mêle. Quant à la volupté, ét aux mouvemens du cûl ou des reins, un Mari libertin ne Lui a donné que de trop douloureuses Leçons... Mais en vous La livrant, je veux que fon fort foit affuré, qu'il f'améliore même un peu chaque année... Je vous répons d'être alors le Gardién de fa fidelité. Dailleurs, elle eft fage : L'affûrance d'un fort independant de fon monftre de Mari, peut feule La determiner. Ceci convint fort! et la decision definitive fut remife après un voyage d'affaires et d'argent, dont il devait être de retour dans 8 ou 10 jours.

Je revins apporter ces nouvelles à ma Conquette-Ingenue. ⹀Mon Papa, repondit-elle, pour peu qu'il me foute, vous me fufiréz vous ét Lui ; vous feréz mes deux pères. Je renoncerai même à votre beau Seerétaire, fi vous me prométtéz de n'enconner que Moi ? Où trouveréz-vous un Con qui vaille le mién? ... Garde-moi tout ton foutre, comme tout ton cœur, ô le plûs ribaud des Papas-?. Je vis qu'elle était jaloufe, ét je l'en aimai avantage. Mais j'étais encore trop libertin, pour me borner à foutre uniquem$^t$ Celle que j'aimais le mieux.

La Brideconin nous apporta de la limonade. Elle boitait de naissance, mais d'une maniére voluptueuse. Elle était coifée en cheveux, et quoique grêlée, très-provoquante. Je le dis à ma Fille. Conquète-Ingenue me repondit ; ⹀Dés avant nos parties, son Mari voulait me le mettre ; mais il me deplaît. La Femme a demandé, depuis qu'ils ont tout vu, á me gamahucher. Tous-deux m'adorent. Je ne leur avais, jusqu'au boulevart d'hier, laissé baiser que mon pié$^d$. Le Mari encenne sa Femme dès que je le veux. C'est un amusement que je me donnais dans la semaine ; je n'avais besoin que de m'asseoir en vue de Brideconin, les jupes troussées jusqu'au mollet ; il est tellem$^t$ excité par ma mi-jambe ét mon pié$^d$, qu'il se jète sur la Putain, ét la fout tant que je veux, en haussant toujours un-peu la jupe. Enfin, s'il aperçoit un commencem$^t$ de la cuisse, il heurle de luxure. Un-jour, trop échauffée par ce que je voyais, je me donnai de l'air au con, en le decouvran$^t$. Le Fouteur s'est mis à braire, en fourgonnant avec fureur. Il dechargeait, refourgonnait, ét alait se tuer, quan$^d$ sa Femme me regarda.... Elle se hâta de decharger, ét vint me baisser les jupes. Alors Brideconin épuisé se trouva mal-. A ce récit de Conquète, je rebandais.

*Mais je me remis le Vit et les Couilles dans l'eau, ét bién rafiſtolé, je ſortis ſans finaler. Nos fumes Tous ſages le reſte de la ſemaine.*

### Chapitre du Rabachages à Faire bandocher.

LE Dimanche arrivé, tou<sup>t</sup> notre Monde accouru<sup>t</sup>, à-l'exception de Rosemauve, qui ſe dit malade. Tendrelyſ vint ſeule, & d'elle-même : Trai<sup>t d</sup>amour ne l'avai<sup>t</sup> pas trouvée chéz elle, & il étai<sup>t</sup> déja fâché. Mais il fu<sup>t</sup> ravi, en entran<sup>t</sup> avec ſa Sœur & ſa Maîtreſſe, de la voir auprès d'Ingenue, qui lui ſuçai<sup>t</sup> le ſein decouver<sup>t</sup> !... Il l'en remercia, en lui baiſan<sup>t</sup> le cùl & le con. Cor-<sup>d</sup>aboyau & Brîſemo<sup>te</sup> arrivèren<sup>t</sup> les derniérs. On ſe mi<sup>t</sup> à Table, dès que Cor<sup>d</sup>aboyau, envoyé chéz Rosemauve, eû<sup>t</sup> annoncé, qu' *elle ne viéndrait pas.* Il remi<sup>t</sup> en-même-temps un Bille<sup>t</sup> de la Malade pour ma Fille. Ingenue le parcouru<sup>t</sup> bas dabord : puis elle nous le paſſa. Trai<sup>t d</sup>amour lu<sup>t</sup> par mes ordres. Le voici :

*Divine Amie ! Reçoi les actions de grâces qùe je rens à ton Conin et à tes Soliérs... Hiërjeudi fêtedieu* (la Lettre était du vendredi), *j'avais mis la chauſſure que tu m'as prêtée, pour faire bander un Clerc de Noaire, amant de ma Sœur Rosalbe, à la-*

quelle je le voulais enlever. J'avais aussi ton grand bonnet battantl'œil, qui me va si bién, àcause de mes grands yeux noirs, la robe, la jupe blanches sur fond rose, comme toi. Je m'avisai de me donner ton joli tourdecùl. Dans la rüe des Cinqdiamans, j'entendis derrière moi : ‟C'est elle!... Oui, c'est elle! c'est ma Déesse‟! ... On m'aborde. ‟Hâ! ma Belle! vous voila si prés de chéz moi, que vous y monteréz, puisque votre Père y est venu‟?... Il m'a pris le bras; je me suis laissée mener; pensant bién qu'en me reconnaissant, il me laisserait aler, surtout aprés m'avoir foutue. Point! il ne se desabuse pas!... Il est vrai qu'il m'avait introduite dans un appartement au premiér à très sombre jour. Il tombe à mes genoux, ou plûtôt aux vôtres ‟Vos traits, belle Saxancour, sont unpeu différens de ce qu' ils m'avaient paru; mais vous n'en êtes pas moins une Brune adorable. C'est que j'ai toujours plûs regardé vos piéds, dont je suis fou, que votre visage, tout charmant qu'il est. Aussi les reconnais-je parfaitement, ainsi que tout le reste de votre parure... M'aimeréz-vous‟? J'ai cru de-

## XLVII Chapitre.

voir repondre, ,,Ouî. ,,Hâ! je suis trop heureux ,,! Il m'a pris mille baisers, en me fesant darder la langue, m'a patiné les tetons, saisi la mote, renversée sur un large sofa, troussée, foutue... J'ai remué du cul! je lui ai donné du plaisir... hâ! vous me connaissez?... Ça fait, il m'a présenté à laver, m'a fait lui verser de l'eau sur le vit, m'a essuyé con, et cul, m'a baisé la mote et les fesses: puis a dit à sa Femme decharge: ,,Le dîner est-il prêt? ,, Dans un demi-quart d'heure. ,, A-près le verre d'Alicaute, descendons, ma Belle,,? Nous sommes descendus chez le Notaire voisin. Six mille francs par an, 500 francs par mois, d'avance.... J'ai signé la minute, et je suis remontée dotée, comme j'étais descendue foutue. Nous avons dîné tête-à-tête. Dès que les Domestiques ont été retirés, il m'a fait mettre à nud mes tetons; puis il m'a enyvrée de champagne. Il s'est lavé le vit dans un verre mousseux. Je l'ai aussitôt avalé.... Enchanté de ce trait, il m'a mis son vit sur les lèvres. Je le lui ai embouché, sucé! Il s'êst recrié de plaisir, en me disant: ,,Tu és ma deesse, la putain faite pour moi. Je ne veux pas te décharger en bouche; je veux garder mon foutre pour ton Côn. Montre-le moi, que je le baise; et adieu jusqu'à demain... Mon carrosse? (a-t-il dit à sa Femmedecharge, qui m'épongeait le cûl et le côn). Il m'a remenée.

J'aurai mon appartement chez lui ce soir. Je suis restée tard au lit, y étant toute embaumée, et envelopée dans deux peaux de veaux, qui m'ont été apportées hier-soir encore chaudes; afin d'avoir la peau des cuisses et des fesses presqu'aussi satinée que vous. Ainsi, belle Conquète! je vous dois ma fortune. J'en remercie votre adorable Côn, et surtout votre voluptueuse chaussure. En chemin, mon genereux Fouteur m'a promis que dans trés-peu de temps, il me ferait enculer en sa présence, par un joli Jockey, auquel il s'ést deja fait enculer Lui-même 2 fois, dans deux circonstances, où il avait ressenti au trou du cûl un violent prurit. Ç'a été son expression. Adieu... où Avit, ô divine Fouteuse!

Nous fumes tous ébahis! Tendrelys embrassa Conquète-Ingenue, en s'écriant: — Hâ! si l'On vous connaissait-!... Je voulais aler détromper mon Gendre volé. Ma Fille m'en empêcha : --Il n'était l'amant que de ma chauſſure ; il ne lui eſt pas infidèle ; il a tout ce qu'il lui faut-. Tendrelys applaudit à cette réponſe : --*Je ne dis mot: mais je n'en penſe pas moins-*, ajouta-t-elle.

La *Brideconin*, pour être plûs à nos parties, qui lui donnaient des plaiſirs inconnus, avait fait venir chez elle, ce jour-là, Une Sœur de ſon Mari, fort-grêlée ; mais la plûs provocante tetonière de 18 ans qu'On puiſſe voir. La Garſe ne croyait pas que la Laideron tenterait, toutes nos Dames étant jolies, & 2 parfaitem$^t$ belles. Ce fut cette Tétonière, faite-au-tour, à taille guêpée, comme les Comtoiſes, qui nous ſervit. Mais dès qu'elle eût fait bander, pour lui éviter de la peine, les Hommes alèrent chercher les aſſiètes...... Au deſſert, On me ſomma de raconter l'hiſtoire des Cons dépucelés dont avait parlé Minone, & que Mad. Ingenue-Conquète m'avait empêché de faire à ſoupér, depeur qu'elles ne fuſſent trop ſavoureuſes ? J'y conſentis.

HISTOIRE *des Phénixs dénichés.*

"Je vais ( dis-je, en m'eſſuyant la bouche, et baiſant les tetons de mon active Fouteuſe, vous conter comment j'ai depucelé *Victoire-*

Beauxtalons; Virginie-Moteblonde; Rocalie-Con-Rose, ainsi que Suzonète sa sœur-cadète; Madon-Aurore-Sourismignard; Léonor-Robé, femme de Margène le Parfumeur; la Seconde et la Troisième Consfriands, Saccadine et Voinflûtée.

La première-fois que je vis la voluptueuse Beauxtalons, elle était en deshabillér brun, bas fins de coton, foliérs de maroquin noir; talons plus hauts que ceux de Conquête. Elle me donna des desirs violens; je la fuivis: c'était le soir. Elle entra dans l'alée à-côté de la boutique de fa Mère. L'escalier était obscur. J'étais sur fes talons. Elle ouvrit le premier, dont les volets étaient fermés. Nuit profonde. J'étais entré avec elle. »Hâ! c'est vous, Monsieur Cœuhü, dit-elle en m'entendant respirer... Je lui mis la main sous la jupe. »Hô! voila toujours comme vous faites!... Laissons donc les volets fermés ». Je cherchais un Lit. Elle y recula. Je l'y renversai. »Mondieu! aléz, que vous êtes térible »! Et elle s'arrangeait néanmoins commodément pour tous deux. J'insère. Elle riposte, en disant : »Il faut bien faire comme ça, sans quoi vous dites qu'On ne vous aime pas ». La jouissance fut délicieuse, quoique simple et sans accessoires. Mais Victoire était si belle, et je l'avais tant desirée!... Je voulais sortir sans être connu. On frappa. Je suivis ma Monture effrayée qui courait ouvrir, quoique je la retinsse, en disant: »C'est ma Mère, ou ma Sœur: Restéz ou sortéz, come it vous conviéndra »? «Je fors». Elle

prit le bijou; et comme je ne criai pas, il me mit son membre entre les cuisses, me les fit serrer, et me les inonda, en déchargeant. Je le dis à ma Mère, qui me lava les fesses, ala menacer le Menuisier, et le fit déguerpir... Ce debut annonce que le reci sera un peu libre; mais il faut être sincère.

„A dix ans, mon Père déculoté m'asseyait à crû sur ses cuisses nues, fesait aler son membre entre les miénnes, come le batant d'une cloche, et, bien échauffé, il alait enfiler ma Mère, une jeune Tante sœur de celle-ci, ou ma Gouvernante.

„A treize ans, j'avais le bijou cotonné, et si joli, que mon Père venait me le lécher la nuit pendant mon sommeil. Enfin il me sentit riposter à ses coups de langue, et comprit que j'avais du plaisir. Il dardait plus fort, et je partais... Aussitôt mon Père se mettait sur moi, me suçait mes petits Tetons naissans, posait son membre à l'orifice de ma petite Conque, et me barbouillait toute la mote de sperme.. Il me lavait à l'eau-rose.

„A quinze ans, un Jeunehome, frère de ma Maîtresse de modes, me prit le Con à la poignée, au moment où je regardais par la fenêtre, et voulut me chatouiller le clitoris avec son doigt: mais il me fit mal, et je lui donnai un soufflet.

„A cette époque, mon Père n'osait plus m'asseoir à cul-nu sur ses genoux, ni me faire décharger en me léchant le Con; il se retirait

*I Partie.* I

dès que je donnais le premier signe d'éveil. Mais comme j'ai le pied joli, et que M. Dor‑ deuil, ainsi que tous les Hommes délicats, est infiniment sensible à cet attrait-là, il fesait fai‑ re mes chaussures par un habile Cordonnier, celui de ma Mère et de la Marquise de Mari‑ gni; le Voluptueux ne me les donnait neuves, que lorsque j'alais chez Lui; il me les fesait mettre après un pédiluve, avec des bas de fin coton, me fesait marcher chaussée, mettre à la fenêtre, pour mieux voir ma jambe et mon pied, qu'il baisait; il me fesait ensuite asseoir, me tirait un soulier, s'en coifait le vit, me fe‑ sait lui patiner les couilles avec mon pied chaussé, poussait de profonds soupirs, co‑ gnait au plancher, ce qui fesait monter Mad. Mezières voisine d'audessous; Elle lui arra‑ chait mon soulier, ou ma mule; Elle se ren‑ versait sur le dos; Il la troussait, et la four‑ gonnait, en me fesant relever ma jupe en per‑ spective d'une glace jusqu'au genou. « Vo‑ tre Père me fait ce qu'il ne peut vous faire, me disait La Mezières, parceque tu es sa Fille; mais c'est Toi qui le fais bander… Há! si Tu lui montrais ton joli conin, comme il me ra‑ bâtelerait, et me donnerait des coups de vit en Con… Touchée de ce langage, souvent je me troussais, et montrais une mote à poil fo‑ let et soyeux, que mon Père trouvait adora‑ ble! Je m'en apercevais aux vives estocades qu'il donnait à la Dame… En la quittant, il venait me rechausser. Mais quelquefois La

## XXXV.e Chapitre.

Mezières l'en empêchait, et furieuse de luxure, Elle me renversait, me léchait le Connin et mettait dans le sien la pointe de mon soulier, ou de ma mule, comme un Godmiché... Pendant ce temps-là, mon Père me palpait doucement les fesses ou les tetons. »Tu la foutras, Bougre (tu la depuceleras, ét biéntôt! ét elle deviendra grosse de Toi, si Tu ne la maries«! Ce propos, souvent repété, fit que je demandai vivement à me marier.

»J'avais un Oncle, mari de ma Tante. L'escalier de leur demeure était obscur. Un jour que je le montais, mon Oncle me suivait. Au beau milieu, il me glissa la main sous la jupe, et me hâpa ce qu'il nommait mon Connôt. Je me recriai! »Tais-Toi donc (me dit-il): vas-tu troubler mon ménage«?... Je me tus. Et il me patina le Connôt, le cùl, d'une main, les tetons de l'autre; me mit son membre dans la main, me le fit serrer en jurant, ét tout en me suçant les tetons, me dechargea dans la main...

»J'entrai toute rouge chéz ma Tante. Mais je ne dis mot. Quand je m'en retournai, mon Oncle me guettait; il m'accompagna, ét me dit: »Tu veux Te marier; J'ai un Parti, ét il n'y a que moi qui puis gâgner ton Père; Je Le gâgnerai, si je te le mets seulement trois fois avant le mariage, ét lorsqu'il sera bien sûr?« »Que me mettréz-vous? (je fesais l'ignorante, puisque j'avais vu mon Père ét la Mezières). Nous étions dans l'alée. Il mit son vit à l'air, et m'empoigna le Con: »Ceci, dans ce que je te tiens ». Je me debarrassai, ét ne repondis rien. J'étais à la porte de mon Père : J'entrai. Il était abſent : J'attendis.

„ Seule avec moi-même, je resolus de preſſentir mon Père, à ſon arrivée, ſur mon mariage ? Il arriva : Je fus moins severe avec Lui qu'à mon ordinaire, et lorſque je l'embraſſai, aulieu des jeux j'appuyai ſur ſes lèvres. Il fut ravi. Je dardai la langue, comme je l'avais vu faire à La Mezières. Il me mit la main entre les cuiſſes, mais ſur les jupes. Je m'abandonnai, en Lui diſant : „ Je voudrais me marier ? Et comptéz que vous ſeréz bién careſſé, ſi vous y conſentéz ? „ De tout mon cœur, à cette condition... As-tu un Parti ? „ Mon Oncle en a Un, que je n'ai jamais vu. „ Bon ! ce n'est pas une amourète .. Il faut dabord que je Te gamahuche aujourdhui ? „ Qu'est-ce que c'est ? „ Te lécher-là (me prenant le Bijou). Je fis une petite grimace. „ Alons, prens cette éponge fine, ét lave le bién, à-cause du joli poil, qui commence à l'ombrager ? Le plaiſir que tu auras, te dédommagera de la contrainte que Tu te fais ? Il me ſuça légèrement les bouts des tetons, pendant que mes fesses, mon cùl ét mon connin nageaient dans un bain tiéde.

„ Mon amoureux Père ne me donna pas le temps de reflechir : Dès qu'une ſerviète fine eût pompé l'eau, il me renverſa ſur le piéd de ſon lit, trouſſée audessus des reins, appliqua la bouche ſur la fente de mon connôt, qu'il lécha vivement, en dardant sa langue, jusqu'à ce que je donnasse des symptômes de décharge. Ce qui arriva aubout d'un demi-quart d'heure. En me sentant prête à émettre, mon Père me quitta, me mit gros comme une noix de beurre frais dans le bas de la fente du Connôt, m'y insera son vit, avec beaucoup de peine. Il saccada : Je dechargeais, et j'avais tant de plaisir, que je Le secondai, malgré quelques douleurs. Heureusement le vit de mon Père n'était pas gros, mais il était long ; il me donna un plaisir complet ; car il penetra si avant, qu'il me chatouilla le fond ; et au moyen de ce que j'étais très étroite, il m'emplissait le con, comme si j'y avais eû un Vit de Mulet... Voila comme je fus depucelée.

Je priai mon Père, pendant qu'il me lavait le Con, de ne pas differer son consentement, que je ne voulais pas devoir à mon Oncle ; et je Lui en dis la raison. " Il ne faut qu'il te le mette ! me repondit-il vivement : Le Bougre a le Vit trop gros : il t'élargirait ! Au lieu qu'après moi, ton Futur, ou tout autre Fouteur, Te trouvera comme Pucelle". Je promis qu'Il n'obtiéndrait rién. " Des bagatelles cependant, reprit mon Père : Branle-Le, quand il Te prendra le Con. Tu pourrais même Te laisser enculer, s'il était assez raisonable pour s'en tenir-là. " Comment fait-on ça? " Je vais Te le montrer". Et il m'encula. J'eüs du plaisir ; car je dechargeai. Mon Père me dit ensuite : " Quant à mon consentement, ex-

I 5

voie-moi ton Prétendu : Si c'est Un certain Drôle que je soupçonne, Tu n'en deviéndras pas folle, ét... Suffit ". Je m'en retournai contente chez mon Oncle, où sa Femme ét Lui me présentèrent leur Protegé, une sorte de Mulâtre, qu'ils nommèrent M. Guæ.

Dès le même soir, ayant eû, avec ce M. Guæ, un entretién très-vif, pendant lequel je Le vis prêt à me prendre le Con ; sa laideur ét sa sotise ne me rebutèrent pas, attendu que mon Oncle ét ma Tante m'avaient prévenüe qu'il était terrible pour les Femmes ; ce qui m'avait bien tentée! au contraire, je Lui dis, Que j'avais obtenu le consentement de mon Père, ét qu'il pouvait se présenter. Il me pria de Le conduire, n'en étant pas connu. Je remis au lendemain midi.

" Nous arrivames au moment où mon Père alait sortir. Guæ m'avait pris le cul dans l'escaliér, ét m'avait fait empoigner son-Vit ; ce qui me donnait un coloris brillant ; j'étais ravissante! Je présentæ Guæ, comme mon Futur. Sa figure hideuse ét basse fit sourire Père, dont elle calma la jalousie. Il nous dit " Mes Enfans, j'ai une affaire pressée : mais elle sera courte ; attendéz mon retour ". Aprés son depart, Guæ me dit : " Il paraît, à son ton, qu'il vous tiéndra sa parole, de consentir ? " Je le crois ; car Il ne se contraint pas, quand une chose Lui deplaît. " Ma Belle! ( ajouta Guæ, dont l'œil noir pétillait de luxure, permettéz de vous Le mettre içy, sur le piéd du

Lit de votre Père?... Consentéz-y »? Je ne demandais pas mieux, à-cause de mon depucelage, ét parceque le Bijou me demangeait, depuis que mon Père m'avait perforée: Mais je repondis: "Hô-non! mon Père n'aurait qu'à rentrer! "Hé! quand il rentrerait? vous voir enfilée, ne ferait que hâter notre mariage ».

» Il me renversa sur le pied du Lit. Je me defendis gauchement. Il me mit le Vit entre les babines du Con, ét poussait à m'enfondrer... Mais il ne put penetrer, quoiqu'il se mouillât le gland. Il redoubla d'efforts, qui aboutirent à me decharger une chopine de sperme sur la mote, le ventre ét les cuisses.

» Je me debarrassæ, pour aler laver. "Hô! vous êtes bien Pucelle! me disait Guæ, en se reculotant. Comme je m'essuyais, j'aperçus mon Père caché... Je n'en fis pas semblant Un instant après mon retour vers Guæ, ce Père rusé entra auprès de nous. Guæ me demanda en mariage? Mon Père lui repondit, Qu' il me laissait la maîtresse absolue. Et il signa les bans. Il dit ensuite à Guæ, qu'il avait à me parler, ét qu'il le priait de s'en retourner seul; qu'il me remènerait chéz ma Tante, à laquelle il avait à parler aussi. Guæ s'en-ala.

» Dès qu'il fut sorti, mon Père me dit: « As-tu été foutue »? Et il me prit le Con à la poignée. » Vousavéz bien entendu que non. "Où donc a-t-il dechargé? "Sur le poil. "Un-peu entre les lèvres? "Oui. » Il suffit: On peut devenir enceinte avec cela seulement, ét Tu n'as plus rién à craindre. Mais va le voir chéz Lui, ét qu'il ait toute facilité. En attendant, je vais ... un-peu... Il me renversa, ét à ... du beurre-frais, il m'enfila... avec quelque facilité: ce qu'il repeta trois-fois, excité par ce qu'il venait de voir, ét parceque j'étais extrêmement bien chaussée, en foliérs de foie neufs. Je dechargeæ trois fois à chaque enconnage, comme difait mon Père. Cela fit neuf fois. Mon Père me dit, que j'avais beaucoup de temperament, ét que j'alais être une bonne Fouteuse!... Je me lavæ foigneusement, ét il me remena.

«Nous trouvâmes Guæ chéz ma Tante. J'étais p'ûtôt mise en appétit que rassasiée, par le triple fourgonnage de mon Père: Je dis bas à mon Prétendu: «Aléz chéz vous; j'æ à vous parler». Il y courut. Mon Père parlait à ma Tante, prenant des mesures pour accelerer: car il craignait, à la manière dont j'avais dechargé, que je ne devinsse grosse de Lui, ét il le desiraiten-même-temps: Mais il falait que je fûsse mariée... Ma Tante fortit avec Lui.

«J'alais fortir aussi, pour laisser essayer à Guæ un enconnage complet, lorsque mon Oncle rentra. J'étais si en *volupté*, que je n'en fus pas fâchée, quoiqu'il me deplût. Il ferma la porte au verrouil, ét vint à moi : «Tu vas donc te marier? me dit il : Alons, il faut en decoudre à nous-deux? Aussi-bien Guæ a le Membre si gros, qu'il te ferait fouffrir le martyre» (Guæ acheva de me determiner)... Il me faisit. »Laissez-moi! Laissez-moi! dis-je faiblement). Mon Oncle ne m'écouta pas, et voyant que me criais, ni n'égratignais, Il me renversa sur le Lit, me troussa, et dirigea son vit dans le vagin de mon Con. J'eûs l'art de paraître me défendre, en le secondant. Il me fit mal; je criai, et m'apercevant que les cris le facilitaient, je me mis à crier de toutes mes forces. Ce qui le fit enfoncer jusqu'à la garde, avec tant de plaisir de ma part, que mes gemissemens étaient de volupté. Je me debattais, mais mon Con supait le gros Vit, donnant de si bons cups de cûl, que je dechargeai avec des convulsions terribles, et des contractions des trompes qui pinçoient le gland de mon Oncle. Il se recria,... et se pâma de plaisir... »Hâ! pour une Pucelle, que Tu fous bien! me dit-il ensuite: Que sera-ce donc un jour?... Recommençons»... Il me recommença trois-fois, malgré mes pleurs; car je sentis qu'il falait pleurer...

Quand il fut rassasié, il deconna. »O celeste Fouterie, me dit-il, si le merite de ton Con étoit connu, il ferait ta fortune! »Oui! vous me l'avez bien accomodé! répondis-je en sanglotant, sur un bidet préparé par mon Oncle. Il ôta le verrou, jeta l'eau mêlée de sang et de foutre; puis craignant le retour de sa Femme, il sortit, en disant: »Remerciez-moi! sans cette préparation, Guæ vous aurait estropiée; et revenez à moi, s'il le faut»?

Je ne fus point effrayée de ce Langage. Dès

I 3

qu'il fut sorti, j'essuyai bien-vite mes larmes, et je pris un air riant. Ma Tante revint. Je la prévins de l'attaque de son Mari, mais non du succès, pour Lui faire presser mon mariage; La priant de ne Lui en rien témoigner, depeur qu'il ne levât le masque. Je promis de toujours bien me défendre, comme je venais de faire; et tout en en parlant, le Con étant venu à me redemanger, je courus chez Guæ, espérant que préparée comme je l'étais, il me L'enfoncerait enfin. Il m'attendait.

»J'ai bien des choses à vous dire»... Ce fut mon debut. Il ne me laissa pas continuer; il me prit la Motte:» Foutons dabord, me dit-il, en me renversant. Je n'en fus pas fâchée; car je ne savais trop que Lui dire de-nouveau. Je me defendis gauchement, comme avec mon Oncle et mon Père. Mais quoique je fusse élargie, ses tentatives furent encore inutiles. Je n'osais Lui dire de prendre du beurre, depeur de paraître instruite: je m'attendais qu'Il y songerait. Cela ne Lui vint point en pensée. » Tu ês diablement Pucelle! me dit-il, en me tutoyant... Il me tourna sur le ventre, me cracha au trou du derrière, et m'y enfonça son engin, avec des efforts infinis. Je poussais des cris horribles! mais il me tenait si ferme, en m'empalant, que je ne pouvais remuer. Je le secondæ, pour souffrir moins, et mes ripostes me firent decharger. Je croyais avoir un timon de carrosse dans le cûl... Le retiré ne fut pas sans plaisir...»Tu vaux ton pesant d'or me dit

## XXXV Chapitre.

Guæ, même au c*l ! Suffit ! Il me demanda ensuite pardon. » Vôtre beau Con, vôtre beau cùl, vos beaux tetins m'avaient mis comme un Enragé ; ne pouvant vous enconer, je vous ai enculée : Pardon, ma belle Maîtresse ! j'æ plus d'un projet, pour vous dédomager ». Le cùl me fesait mal : Guæ me le mit dans l'eau tiéde, puis il me le baisa, me le lécha, alant quelquefois au Con. Il rebanda: mais je voulus m'en-aler. Il fut obligé de me remener en fiacre ; je ne pouvais marcher qu'avec douleur. Ce qui n'empêcha pas qu'il ne me fît le branler dans le carrosse, lui ayant le nez dans une mule mignone, qu'il m'avait arrachée du pied, et dans laquelle il déchargea. Dans le délire du plaisir, il me dit : » Ma Reine : j'æ le Vit trop gros pour Toi ; choisis de l'œil un joli Jeunehomme pour Te depuceler, et je trouveræ le moyen de Te Le faire avoir, sans Te compromettre ». Ceci me fit plaisir.... Guæ me descendit, et me porta, me mis au Lit ; le sommeil calma mon cùl.

» Le lendemain, j'alæ chez mon Père, auquel je racontæ tout ce que Guæ m'avait fait, et dit. » Bon ! me repondit-il : Tu as du temperament : Tu seras foutue, en con, en cùl, en bouche, et Tu seras heureuse... Vous serés mariés dans huit jours, et je t'auræ un Foûteur plus gros que moi. En attendant, je vais Te Le mettre ; On ne saurait trop élargir un connin si mignon ». Mon Père m'enconna, recomença trois fois. » Tu és toujours pucelle » me dit-il. « Et pourtant, m'écriai-je, mon vilain Oncle, avec son gros Membre, m'a bien violée trois fois! » Trois fois! reprit mon Père: quel Connichonnet as-tu donc? On pourra vendre mille fois ton Pucelage!... Il faut que je Te refoute ». Et il me refoutit...

» Tandis que je me rinçais le Con avec de l'eau tiéde, mon Père s'était mis à la fenêtre, et causait avec un jeune Procureur son voisin, gros et beau garçon de 30 ans. Le Con lavé, j'alai regarder, en soulevant le rideau. Mais le jeune Procureur m'ayant aperçue, je me retirai. « Quelle est donc cette celeste Persone? demanda-t-il. Mon Père ne repondit que par un geste, qui, je crois, signifiait que j'étais sa Maîtresse. Ils gesticulèrent encore. Puis le Procureur disparut. Mon Père me dit auſſitôt: » Veux-tu que ce bel Homme Te Le mette, en payant? » Hô! hô! mon Père! » Appelle-moi Monſieur, devant Lui « !... On frappa. Mon Père ouvrit; et j'entendis qu'il disait tout-bas au Jeune-homme: « Apportéz-vous les 50 Louis? » Les voilà. » Mademoiselle? me dit alors mon Père; vous savéz que je vous aime pour vous même: Voici un bel Homme de mes Amis, qui veut vous faire un présent; je sors; temoi-gnéz-lui votre reconnaissance ». Mon Père se cacha, et le Procureur le crut sorti.

» As-tu été foutue aujourdhuy, me dit-il, en venant pour me prendre les Tetons. Je Le regalai d'un soufflet: « Apprenéz que je suis

# XXXV Chapitre.

icy chez mon Père. ″Vous êtes Mademoiselle ..... ″Oui, Monsieur. Je dois être mariée dans huit jours. C'est un mariage de raison, ou d'intérêt, Mais mon Père ayant été instruit que mon Futur est... monstrueux ;... ce bon Père a.... pris sur lui de ... me faire préparer. Je vous ai cru son Ami ; j'ai consenti, après vous avoir vu″. Le Procureur était à mes genoux. Il me demanda mille pardons ! ″Soyez donc honnête ? repris-je. Alors il me caressa. Je luy rendis enfin un baiser. Il me renversa. Il avait le Vit comme mon Oncle, mais il était moins adroit. ″De la pomade ! luy criai-je : Mon Prétendu m'ayant fait entrer chéz luy par surprise, il ferma les portes, et voulut me violer.. Ne le pouvant, il me pomada, et ne réüssit pas encore. Vous, pomadéz-... moy ″... En parlant ainsi, ses tentatives me fesaient décharger. Je soupirais de volupté. Mon Père crut que c'était de douleur. Il arriva ; me pomada ; dirigea le Vit de mon Fouteur dans mon Con, et dit, à lui : ″Pousséz″. A moi ; Soulève le cùl ; étreins dans tes bras ; seconde ton Dépuceleur, à chaque coup, par un coup de croupe en-avant ; passe tes jambes sur ses reins, et serre, en remuant du cùl... Bon ! Bon ! Saccadéz, vous !... Bon ″!
″Há Dieu ! quel plaisir ! s'écriait le Fouteur : comme Elle a ... le con étrait !... le ... mouvement... delicieux ″! Je lui dardai ma langue, en marmurant, ″Mon cœur !.. Mon Roi !.. Mon Dieu ! je t'adore !... ″ Há ! la chère

petite Amie ! elle est tendre !... Je décharge ! Je la fous... Hâh !... » Il me fout, mon Pére !... Tous les Hommes foutent-ils ?... Hâh !... Mon Pére !... quel plaisir !... Mon âme... va sortir par... le trou qu'il me fait » ! ... Je déchargeais, en se roidissant. »Hô ! la petite Reine !... s'écria le jeune Procureur: Elle décharge !... Mon Pére... donnez la moi pour Femme ; je l'æ depucelée ; je l'épouse »?.....

« Mon Pére, qui avait ses desseins sur moi ; refusa. Il en resulta que le Procureur enragé, s'acharna sur moi, ét me foutit 18 fois... Mon Pére fut obligé de l'ôter de sur moi, ét de se porter chez Luy ; il ne pouvait marcher..... Quant à moi, j'étais à-peine fatiguée. Mon Con lavé, rasraîchi, il n'y parut plus. Au retour de mon Pére, le voyant tout ému, à la vue de mes Tétons, je lui dis: » Si vous bandez, satisfaites-vous, en me foutant deux ou trois fois?«O quelle scène!s'écria-t-il:Mais Tu as un Con ét un temperement impayables ! ils feront notre fortune... Voyons si Tu déchargeras encore : foutons »?... En m'enconnant, il m'avoua fort de m'être avouée sa Fille, ét du soufflet-donné ! » Les Fouteurs désignent les Foutues ; mais avec Toi, ce sera le contraire ; je veux te mettre au-dessus de ces Bougres-là ! » Je décharge ! m'écriæ-je. » Et moi aussi ! repondit-il en me saccadant. Il me re-enconna trois fois, ét toujours je décharge... Je lavæ, en Lui disant : » J'épuiserais dix Hommes ». Je Lui recommandæ d'instruire mo...

Futur de ce qu'il falait faire, pour m'encon-
nêr. Je Lui dardæ ma langue, et je partis.
» J'avais été foutue 25 fois dans la journée,
sept par mon Père. Je retournais chez ma Marchande. Mais tous les Hommes que je rencontrais, me tentaient. »Que les Putains sont
heureuses! (pensæ-je) elles attaquent qui elles
veulent»! Tout-à-coup une idée me vient:
»Alons chéz Guæ; je Lui dirae de me pomader.. Qu'il m'estropie; mais qu'il me foute».
J'y volæ.
Il était avèc un beau Jeunehomme, qu'il fit
cacher, au bruit de mes talons. Mais j'entrevis par le trou de la serrure. Guæ me reçut
mysterieusement, et me conduisit dans la Pièce
obscure, où je Luy avais vu cacher le Jeunehomme. »Ma Reine! ma belle Fujure (me
dit-il), je crois que je pourræ vous enfiler aujourdhuy: Ayéz seulement de la complaisance? »Oui! mais, pomadéz... Ma Tante.»
»J'entens.. j'entens»... Je sentis qu'il me
remettait à une main plus douce. On me prit
les Tetons, le con; On me dardá la langue.
Je caressæ... On me troussa. Je fis beau Con.
L'On se mit sur Moi, je sentis qu'On m'infe-
rait un morceau de beurre-frais à l'entrée de
la vulve, où trou du Con. On poussa. Je ri-
postæ un peu. L'On entra. Je secondæ, m'a-
percevant avec étonnemênt, qu'On ne me fesait presque pas mal. Enfin l'On parvint au
fond sans m'avoir blessée, et l'On y dechargea.
L'abondance et la douce chaleur du foutre me

firent partir aussi, mais avec un plaisir, des élans, des transports incroyables! Je m'écriais: « Chêr Amant! divin Amant... j'expire... de bonheur... et de volupté... Je t'adore »!...

» Le Jeunehomme deconna. Il me suça les Tetons, les Lêvres, me fit darder la Langue. Ce que je fis tendrement... Aussitôt il me reenconna avec fureur. J'eûs autant de plaisir que la première fois... Bref, il me recommençait sans-cesse, et ce fut Guæ qui le renvoya: car pour moi, deja foutue 25 fois dans la jornée, je crois que j'aurais laissé aler ces deux Hommes jusqu'à 50, si tousdeux avaient pu me le mettre. Guæ me voyant quelque difficulté à marcher, envoya chercher un fiacre, pendant que je me lavais le Con. » Hé-bién, ma charmante Reine, T'ai-je bien foutue? me dit-il. Je rougis. » Loin d'être épuisé, je me meurs encore d'envie de T'enculer? » Hó-non, non! ( m'écriai-je avec effroy ). » Hé-bién, branlemoi des deux mains, comme te voilà, le cûl dans l'eau ». Je branlæ son Vit, qu'à-peine je pouvais empoigner. Quand le foutre fut prêt à venir, il heurlait de plaisir. » Ta bouche? ( me disait-il ), ta bouche... ou je T'encule »? Je decalotai le gland, je le pressai de mes lêvres. Le foutre arrive, et depeur qu'il ne tombe dans mes Tetons, j'ouvre la bouche, et il m'est lancé au fond du gosier. Je l'avale comme un Lait de poule. Il y en eût une chopine: » Foutre! foutre... ( s'écriait Guæ ), je me pâme,.. Hâ... celeste Garse...

# XXXV Chapitre.

Tu vaux mieux que toute la Terre... Est-ce bon ? » Ce qui fait tant de plaisir en-bas, doit faire du bién en-haut. » Hâ, divine Putain... je T'en nourrirœ ». Le fiacre arrivait ; Guœ m'y porta.

On me l'avait mis 37 fois. Le Frère de ma Marchande se trouva feul à la maison, lors de mon retour. » Mademoiselle *Convclouté !* me dit-il, que vous êtes cruelle pour moi ?... On dit que vous alez vous marier ? Vous devriéz bién favoriser un Jeunehomme qui vous adore, aux dépens du Futur ? C'est Un Veuf, Un Laid,...Vous êtes Pucelle, ét li jolie ?... Dailleurs, il l'a très-gros (dit votre Oncle), ét il vous fera bién mal ? Si un plûs menu que le fién vous préparait ? Voyéz ? (Il mit à l'air un vit charmant) ; c'est un veritable croque-pucelage, sans faire mal.... Je fais m'y prende : Le Mary de ma Sœur est Un Bandàlaise, ét elle fe fait de-temps-en-temps ôter par moi les Aràignées dn Bijou. Ce langage me plut, ét, son vit me tentàit : Je Luy repondis, en riant : » Je n'ai pas d'Araignées à ôter ». Il vit, à mon àir que je n'étais pas de mauvaise-humëur. Il me prit les Tetons. » Finissez donc, Libertin ! (Luy dis-je doucement et sans prefque le repousser). Il me prit la motte. » O c'est trop fort, ceci... Voulez-vous bién finir »!... Il était deculoré ; il bandait ròide ; il me renverfa sur le Lit de sa Sœur, me retroussa, ét se mit sur moi) tandis que je disais nonchalamment : » Hé-mais... c'est donc une violence »! ét que je me defendais d'une manière qui me livrait. Il me dit: » Hâ! celeste Innocente! je vous le mettræ »!... Il m'enfila. Je ripostais, en haussant du cul, comme pour le repousser. Il n'en dardait son vit que plus fort. » Non! (s'écriait-il en dechargeant), il n'est rien tel que d'enconner l'Innocence »! ... Cependant craignant que je ne me derobasse, il me foutit trois-coups sans deconner, (ce qui fît mes 40 fois dans la journée), ét ne me quitta, qu'en entendant du monde.... Je courus me laver.

» C'était la Marchande. Elle dît à son Frère: » Heureusement que c'êst avec Convelouté! Toute-autre aurait fauté le pas, Poliçon? ... Mais l'as-Tu attaquée? » Oui. En ce cas, Tu dois n'en pouvoir plus... Viens que je Te soulage »? Il y avait encore de l'huile dans la lampe: Le Jeunehomé mit le verrouil, nous enfermant ainfi Tous-trois, ét il se jeta sur sa Sœur, qu'il enfila d'un seul trait. Hâ! quels coups de culs elle donnait! » Lime (luy disait-elle)... je decha...arge... Sors à-moitié, ét... réhtre... vivement... Fous-moy vingt fois en une »... Je les voyais. Ranimée par-là, mon infatiable connôt reflesirait un vit, lorsqu'on frappa doucement. J'ouvris, en tirant le verrou plus doucement encore. J'esperais que ce serait le Mari de ma Marchande, qui depuis longtemps brûlait de me le mettre. Je me proposais de le pousser dans une autre pièce. Point-du-tout! C'était un beau Jeunehom-

## XXXV Chapitre.

me, qui avait beaucoup d'air de Celui par qui Guæ venait de me faire-foutre.

» Mademoiselle (me dit-il), se nomme Agnès-Convelouté? » Oui, Monsieur. » Mademoiselle est la Prétendue de M. Guæ? » Mais, oui, Monsieur. » Aimez-vous, fort ce M. Guæ? » Monsieur, la raison, ét non la passion, fait mon mariage. » En ce cas, Mademoiselle, je ne vous ferai pas de peine, en vous revelant un secret? » Quel êst-il, Monsieur? » C'êst que tout-à-l'heure, vous avez cru être possedée par votre Futur... » Quel conte vous me faites-là, Monsieur? » J'étais présent, mais caché, Mademoiselle : son Timon de carrosse ne pouvant vous perforer, il m'a vendu votre pucelage cent Louys, ét c'êst moy qui vous ai deflorée... Me prefereriéz-vous? » Ce que vous me dites êst impossible, Monsieur! » Cela êst : il l'a trop gros ; On vient de vous le mettre, ét c'êst Moi. (Je le savais bien). » Il n'êst qu' un mot à dire, Monsieur : Pouvéz-vous m'épouser? » Mademoiselle, je suis marié à une Vieille de 78 ans, qui m'a fait ma fortune, ét je suis obligé d'attendre qu'elle soit morte. » Et si je devenais grosse, Monsieur?... J'épouserais M. Guæ. » Voulez-vous être ma maîtresse? » Cela ne conviendrait pas. » De son consentement? » Comme vous m'avez eüe deja, ét que ce soit de son consentement, je m'y prêterais ; pourvu qu'il ignorât que je le sais... » Hô! de tout mon cœur! Ceci marque votre honnêteté... Etes-vous seule? » Non; la Marchande êst là. ,,Pourrais-je vous avoir à coucher? ,,Hâ-ciel! je ne saurais decoucher que sous le prétexte d'aler veiller mon Père, en le supposant indisposé: Ainſi, cela êſt impoſſible. ,,J'iræ, ſi vous le permettéz, parler tout-uniment à votre Père : Je ſuis riche ; il vaudrait mieux que je vous donnaſſe le prix de vos faveurs, qu'à un vil Malheureux, comme Guæ? ,,Hé-bién, parléz à mon Père. ,,Je reviéndræ vous chercher, s'il m'accorde ma demande? ,,Mais ne revenéz pas ſeul : Je veux voir Quelqu'un à luy, êt que je connaiſſe? ,, Vous ſeréz tranquiliſée ».

Il ala chéz mon Père : Il luy raconta comment Guæ n'ayant pû me depuceler, lui avait vendu mon Pucelage cent Louys, en quatre ſeances, vingtcinq Louys par chaqu'une, dont la première était payée : Qu'il m'avait enconnée, en me pomadant. êt qu'il avait trouvé mon Bijou ſi delicieux, ſi ſatiné, qu'il n'en voulait plus d'autre ; Qu'il m'avait demandé de coucher avec Moy, êt que c'était par mon conſeil, qu'il s'adreſſait à luy. Il offrit enſuite les 75 Louys reſtans pour les trois nuits ſuivantes. Mon Père repondit : ,, Puiſque Guæ a voulu être cocu, qu'ainſi ſoit. Je conſens que vous couchiéz icy avec ma Fille, ſi vous avéz cuéilli ſa Roſe ; ce qu'elle me dira. Aléz la chercher, avec un Billet, par lequel je vais la demander ». Et il écrivit. Puis il accompagna le Galant juſqu'à la porte de ma Marchande, que ſon Frère foutait encore.

« Cependant je m'amusais à voir conniller le Frère ét la Sœur. J'étais en feu, quand le Jeunehomme reparut, avec le billet de mon Père : je vis par la fenêtre, Celui-ci qui nous attendait dans le carrosse de mon Depuceleur prétendu. Je partis, en avertissant que j'alais veiller mon Père malade. A notre arrivée, le Galant paya un beau souper, ét remit vingtcinq écus-d'or à mon Père. On mangea ; On but ; puis je fus mise au Lit. Le Jeunehomme éxigea que mon Père me deshabillât, ét me lavât la Motte. S'étant ensuite Lui-même mis nu, en un instànt, il entra dans une chemise, fort large, ét qu'il avait apportée, afin de me palper mieux. Il appela mon Père, pour qu'il Lui mît le vit dans le trou de mon Con ; puis il poussa... Il eût autant de peine que chéz Guæ (ce qui m'étonna Moi-même !) Aussi dit-il : »Elle a reellement le Connin étroit : Elle se repucelerait en huit jours, si On La laissait tranquile «. Il me foutit six coups ; mon Père, couché à-côté de nous, Lui mettant toujours le vit dans mon Con. Il s'endormit ensuite, ét Moy aussi.

» Le lendemain-matin, il fit faire d'excellent chocolat, qui Me refit. Je refusæ la voiture pour retourner chéz ma Marchande. On ne se douterait pas pourquoi' J'avais ouï-dire, que le foutre avalé chaud, était excellent pour la poitrine, fortifiait, ét blanchissait le teint. Je voulais aler en avaler ma chopine en suçant le Vit de Guæ. J'y courus, dès que je me vis libre. Il alait sortir. « Je viéns vous donner du plaisir ( Luy dis-je ), mais sans en prendre : vous m'avéz trop fatiguée hier ». Alons, ma Toute-belle, que faut-il faire ? Vous enculer ? vous encuisser, vous endosser, vous enaisseller, vous enoreiller, vous encôller, vous entétonner, vous decharger sur le nombril, me faire ferrer le Vit entre vos deux mollets, faire un Cón de votre folliér, ou de votre jolie mûle ; Tout, je feræ tout, hors vous enconner ; je ne le saurais, parceque nous sommes, vous trop belle, et moi trop beau » ? Au lieu de répondre à ce Langage, qui était de l'Arabe pour Moy, j'avais deboutonné fa culote, et je le branlais d'une main, et chatouillant par instinct les couilles de l'autre. Il se recriait de plaisir ; « Déeffe !... Sacrée Garfe !... Divine Putain !... Brânle !... branle !... Chatoüille ! chatouille les couilles ?... Hô ! hó ! quelles délices !... Bougresse !... Gueuse !... Putain !... Divinité ! le foutre... viént » !... A ce mot, j'embouchæ le gros Vit, le palpotant de ma Langue et du Palais. Ce fut alors que Guæ en delire blafphêma ; « Foutu Dieu ! Bougre de Dieu ! Sacré Con de la Vierge Marie ! Con de la Magdelène connillé par Jesus ! Con de Sainte Thècle, de Sainte Theodore, de Sainte Catherine, de Sainte Cecile, d'Agnès-Sorel, de Marion-Delorme, de Ninon, de La-Daubigné, de La-Vallière, de La-Pompadour, de La Duté, de La Lange, de La jolie Mars, de l'adorable et provoquante Mèzeray, de la jeune et naïve Hopkius, de la belle Henry,

XXXI.e *Chapitre.* 167

vous ne valéz pas … cette Bouche-là … Je fou-
..ou..ous… Je.. decha..a..arge! « Ava..ale !
gorge-Toi de foutre, ma Reine,,! Il débou-
cha vivement, quoique je Luy suçasse encore
le Vit. ,,C'est trop de plaisir! (dit-il); On
mourrait,,. Il me fit prendre quelques cueil-
lerées de café. pour me rincer la bouche. Puis
je me remis à Le branler. Il me suça les Tetons, Me fit Luy darder ma Langue, ét voulut
me gamahucher. Je m'y refusæ, devant être
foutue le soir…. Il rebandait. Je secouai,
je chatouillai ; le foutre revint, ét j'en avalai
une nouvelle dose. Ce qui eût lieu trois fois
de-suite. Le manque de temps nous obligea
seul de nous separer.

,,Le soir, à 9 heures, une voiture vint me
prendre, ét me conduisit chéz mon Père. On
y soupa, coucha ét foutit comme la veille. Le
lendemain, après le chocolat, j'alai faire mon
dejeûner de foutre chéz Guæ… J'en pris quatre
doses…. De-retour chéz r a Marchande, son
Mary sans-doute instruit par le Frère de sa
Femme, voulut me le mettre. Je m'y refusæ
absolument. Il s'en plaignit à sa Femme, qui
m'en fit des reproches. Mais Luy ayant dit que
mon Prétendu me l'avait mis six fois, en gar-
dant mon Père avec moi, elle fit mes excuses
à son Mary, en Le priant d'atteudre son tour.

,,Le soir, On vint me prendre. Mad. Vi-
dase ma Marchande, Me dit à l'oreille : ,,Tâ-
che de ne pas être foutue ; afin que mon Mary
puisse Te le mettre demain? Il s'en meurt,,?

… Je trouvæ mon Amant chéz mon Père. En soupant, On parla de Guæ; Mon Amant dit, qu'ayant été cuconnée dèvant Luy, je ne devais pas redouter la grossesse. » C'êst pourquoi (ajouta-t-il, j'enfourne à plein Con, ét decharge au fond. » Je vous mets le vit dans le connin de ma Fille avec plaisir (dit mon Père); afin de mieux cocufier ce Jean-foutre de Guæ, qui vous a vendu son Pucelage. » C'êst ce qui me met aussi en fureur érotique, quand je fous sa Future (reprit mon Galant): Je pense: Encore une corne à ce bougre de Guæ… ét je me trouve intarissable… Il m'a même passé une idée par la tête : C'êst de vous donner à chaqu'un 50 Louys, pour que vous foutiéz ensemble tous-deux ; pour que le Mâtin soit recocu, ét surcocu? » Top! (s'écria mon Père); après votre affaire faite. Vous me mettréz le vit dans le con de ma Fille… » Non! non! (m'écriai-je). » Vous me La tiéndréz, si elle recalcitre. » Je n'ai pas ces idées (Leur dis-je) : Si je remue du cùl, comme je le fais, àlors que mon Amant me fout, c'êst que je l'aime : Quant à M. Guæ, je Luy dois beaucoup de reconnaissance ! Il êst ma Nourrice, ét c'êst Luy que je tète ». On ne comprit pas le sens de ce mot. On Me coucha.

» Au Lit, mon Amant me foutit six fois. A la sixième, mon Fouteur dit à mon Père : » Mets-Toy sur la Fille. ét fous-La : je vais T'introduire le vit»? Mon Père me grimpa, le Jeunchomme Luy mit le vit dans mon Con, ét et il poussa. Comme j'étais amoureuse de Luy plûsque de tout autre Homme, je remuai de la charnière, comme une Plincesse foutant avec un Page... Le Jeunehomme ranimé, entra dans un tel érotisme, en nous voyant décharger, qu'il nous fit mettre sur le côté, ét il m'encula, tout enconnée que j'étais... J'alai laver, ét nous dormîmes.

Le matin, au dejeûner, le Jeunehomme paraissait yvre de joye! "Há! qu'il èst cocu, le Bougre! (s'écriait-il.)... Bonhomme, voilà un effet de cent Louys: Il faudra que Tu La foutes, àprès le Mariage, ét il y aura vingtcinq Louys à chaque fois". Il partit, ét je courus chéz Guæ, que je commençais à aimer prétant que mon Père.

"Il me reçut avec transport, me traitant de divine Garse, de celeste Putain... Il m'alaita de foutre six copieuses fois. Ce qui me mis dans un tel érotisme, que je retournai chéz mon Père: "Ton Procureur? (Luy dis-je estoufflée) Il doit être remis, depuis l'autre jour? Je brûle... Cours-y, si Tu m'aimes". Il y vola, en m'appelant, Cleopâtre! Clepâtre!... Il trouva le Jeune Procureur à la fenêtre, son vit bandant à la main. "Je viéns de voir entrer votre Fille (Luy dit-il), ét j'alais me branler à son intension. "Gardéz-vous en bién! Apportéz un petit présent, ét venéz le Luy mettre?" "Vingtcinq Louis?" "C'èst trop pour une Pratique: un Louys par coup. "Soit: mais je n'en remettrai pas: Elle gâgnera peutêtre la ſomme ». Il vint avec moi. En entrant, il jeta la bourſe ſur le piéd du Lit. » Alons, ma Fille (me dit mon Père), Tu ês à tes pièces; autant de coups foutus, autant de Louys: Mais il ne faut pas tuer un Amy! Il alait ſe branler à ton intention, quand je ſuis entré ». A ce mot, je me jetai à ſon cou, ét luy dardai ma langue) en diſant: » Chër! chër Amy! » Hâ je T'adore! (me repondit-il). Et il me prit les Tetons, le Con. Je me renverſai. Il ſe mit ſur moi. Je me fourai ſon vit dans le con, ét en quatre coups de cùl, je le mis au fond. Il dechargea, en me ſentant émettre... Il me foutit dix coups. » J'ai quinze Louys à-compte (luy dit mon Père en le voyant laver ét ſe reculoter: Vous reviéndréz quad il vous plaira ».

» Nous en étions à l'avantveille du Mariage. Tous les matins, Guæ m'avait alaitée, ou plutôt foutrée; ce qui m'avait rendu la peau plus blanche, le teint plus brillant, le Con plus ſatiné, ét me donnait un temperament ſi violent, que je n'étais à mon aiſe, qu'un VIT au CON. Le Jeunehomme dit, en dejeûnant: » Guæ doit être ſurpris de ne me pas revoir! Cela pourrait faire tort dans ſon idée, au con de ma belle Fouteuſe: Ainſi, je veux Luy acheter la première nuit de ſa Mariée, puiſque l'impayable Agnès veut abſolument l'épouſer. (Je le luy avais dit, en foutant). Mon Père applaudit. Mais en me reconduiſant chéz Guæ, que j'alais teter, ce bon Père ajouta: » Tu n'és pas une Mariée ordinaire: ce qui étein-

## XXXV Chapitre.

déait la soif d'Une autre, n'ét qu'une gouttéde foucre, pour Toy : J'ai une idée, C'ést de m'arranger à Te regaler, aprèsdemain, én Te Le fesant mettre jusqu'à extinction de forcès; par Tous ceux qui T'ont foutue ; moy dabord ; Ton Oncle ; Ton Procureur ; le Frère de Ta Marchande, ét peutêtre son Mary : S'il se trouve quelques nouveaux Bougres, ils T'enculeront, sous prétexte de reserver Ton pucelage à Ton Epoux : c'ést un delice que d'euculer une Mariée, le jour de ses noces, ét ils le payeront bien. Je m'arrangerai avec Guæ pour tout cela ». Nous arrivions. J'embrassai mon Père transportée de reconnaissance, en Le priant de tâcher de me suivre secrêtement, pour me voir teter. J'entrai, puis je L'Introduisis.

» Guæ courut à moy, en se deculotant. Il me baisa dabord pied, jambe, cûl, con ét Tetons : Il me fit ensuite Luy darder ma Langue ; après quoy, il me mit son Vit en main. Je Le secouais vivement, lorsqu'Il me dit : » Garse, je suis raisonnable : Je ne T'enconne pas ; il faut que Ton Père ét Ton Oncle te foutent le jour du Mariage : Je T'aurai ensuite, pour la nuit, trois vits frais, dont celuy qui T'a depucelée sera Un... Hâ ! l'Idée que Ton Père T'enconne va me faire Te decharger une pinte de foutre, ét Te l'entonner dans le gosiér.... Alons, Garse, je sens que ça vient : embouche-moi le Vit... Hâ·hâ·hâ... le Bou...ougre fout... sa Fille... Ton Père Te fout, Garse Te fout, Putain... Hâ ! je decharge, à cette divine idée!... Hónh »!... Il se pâma presque... Pendant l'interruption forcée, j'alai prendre Mon Père à sa cachette: "Fous-Moy, Luy dis-je, pui'qu'il le faut pour le bonheur de Mon chér Prétendu! Hà! Deesse! (s'écria Guæ, en se précipitant à genoux, Tu incestue pour Moy! je T'adorerai toute ma vie »... Il intromit le vit paternel. Remue du cùl! (Me criàit-il), saccade! »Je de..cha..arge ( Luy dis-je)... Viens, chér Amy.. que je Te branle »? Guæ blasphêmait de plaisir, en sentant venir le foutre... Il m'emboucha, sans que Mon Père Me quittât, ét en-même-temps, j'avalai du foutre, j'en reçus dans le con, ét j'en donnai. Mon Père Me foutit quatre coups, ét Guæ M'avait embouchée quatre fois, quand On frappa. Guæ courut ouvrir, tandis que je Me rinçais bouche ét con. C'était mon Oncle. » Vous arrivez à point (Luy dit-il): On essàye Ma Future, ét vous aléz L'essàyer ». Mon Père expliqua la chose; Guæ Me renversa sur le foutoir, ét mon Oncle M'encònna. Il Me foutit fix coups, je tetai fix nouvelles fois le VIT de Guæ; aprés quoy, On Me laîssa respirer. Il fut ensûite convenu, que douze Fouteurs Me passeràient sur le corps le jour de mon Mariage, en con ou en cùl, à mon choix, ét que Guæ, qui seul auràit la bouche, Me feràit foutre la nuit, ét dans l'obfcurité, par trois VITS nouveaux de son choix. Mon Oncle émerveillé, s'écria: » Mais elle sera Putain? C'ést ce qu'il Me faut, pour que je l'adore....

# XXXV Chapitre.

Et ne vous en faites faute, ny son Père, ny vous; puisque vous serez les seuls qui ne payerez pas ». En achevant ces mots, il se prosterna devant moy, en me traitant de Déesse.

» Je retournai chéz ma Marchande. Son Mary, ét elle-même me tourmentaient, pourque le Premiér m'eût une seule fois avant Mariage. Ils me pressèrent plus fort que jamais; ét je cédat. La Femme me mit dans le con le VIT de son Mary. Je ne fus foutue qu'une fois, cet Homme étant faible, ét sa Femme le voulant être après moy. Ce fut de ma main, qu'elle reçut dans son con brûlant le VIT marital... Cette operation faite, ét repetée, je les quittais, en leur disant Adieu. Ils pleuraient: » Ce qui me confole de ta perte (me disait ma Marchande), c'est que mon chér Mary T'a foutue... Ta voluptueuse idée me le fera mettre plus souvent ». Je partais, quand le Frère entra. Sa Sœur luy dit ce qui venait de se passer. Il ne repondit rien: Mais il me ramena du-côté du Lit, m'y renversa, ét me foutit devant eux, sans prononcer une parole. Il voulait me recomencer. Je m'y refusai, en l'Invitant, ainsi que son Beaufrère, à venir me le mettre le surlendemain jour de mon Mariage. On me remercia.

Chap. De l'Homme-Poilu, la Conveloutè, Linars &a.

» A mon arrivée chéz mon Père, je luy racontai Tout ce que je venais de faire. »

ne faut pas (me dit-il), quand On a tant d'ouvrage payé, en faire qui ne rapporte rien. Il
vient de m'arriver Un Homme d'asséz agreable
figure, très-vigoureux, car Il est brun et tout
poilu, qui offre une forte somme, pour t'a-
voir cette Nuyt? » Que rien ne vous empêche
de le prendre! (repondis-je en souriant) Je
ne suis pas fatiguée par si peu de chose »

» Mon Père rassuré me fit deshabiller nue,
prendre un bain tiéde, puis Un froid, mettre
au Lit, avec une chemise large; me fit avaler
un excellent consommé: ensuite Il me laissa
dormir. Il était àlors 5 heures du soir. A minuit, je m'éveillai, en me sentant lécher le con.
Je priai l'Homme de se montrer? Il leva la
tête, et je vis Un Basané d'une fort belle figure. Je souris. Il me suça les Tetons, en me
disant des choses agreables: » Vous avez un beau
Con... une superbe Motte... un Ventre de Pucelle...
un Cul d'albâtre,... des Tetons blancs comme neige,
... un col degagé... des lèvres voluptueuses... de
belles dents... les plus beaux ieux... les cils, les
sourcis et les cheveux comme la Deesse de la Beauté
... la jambe parfaite... le pied le mieux fait...
Quand je vous aurai foutue, je vous dirai le reste ».

» Mon Père me dit de me lever pour souper.
Le Basané me porta toute-nue dans ses bras
auprès du feu. Là, je vis Guæ avec grande surprise! Je mis mon corpset-souple; Fysitère
(le Basané) me laça, me priant de bién faire
refluer mes Tetons. Mon Père m'chaussa une
Jambe et un Pied, Guæ l'autre Jambe et l'autre

## XXXVI Chapitre.

pied, en bas et en solliérs de soye d'une éblouissante blancheur. On se mit à table. Mon Fouteur voulut que je restasse les Tetons decouverts. Nous soupâmes. J'avais appêtit, Le Basané but ét mangea comme Un Hercule. En sortant de table, il dit à mon Père ét à mon Futur: » Vous ne m'avéz pas trompé; Elle est audessus de vos éloges. Si l'Interieur du Con ressemble à l'exterieur, Elle est à Moy, coûte qui coûte. » Voyons votre Vit (repondit Guæ). ... Elle ne sera que trop parfaite!... Voici le mien; ét vous savez que je n'aï pu l'enconner, puisque c'est ce qui vous a fait parler à M. Convelouté mon beaupère. Je verrai si Elle a le merite de ce beau nom... Mais vous avéz un Vit épouvantable, M. Guæ!... Empoignéz-le la Belle, que je voye comme il est bien bandant »? Je saisis le Vit de Guæ, qui se recria de plaisir... » Je bande (reprit Fysitère): Mais faites bander votre Père, ét comparons.». Je Luy pris cependant le Membre, qui grossit en le serrant dans ma main. On compara ensuite. Guæ l'avait le triple de l'Homme-velu, qui Luy-même était le double de mon Père. » Je voudrais Luy dire un mot »? (demanda Guæ furieux de luxure). Il Me poussa vers une fenêtre. Me cacha derrière le rideau, ét me dechargea dans la bouche. Mon Père seul devina ce que Guæ venait de me faire. Pour'Moy, je fus singulièrement fortifiée par cette bavaroise! Je brûlais... Aussi, je fus ravîe, lorsque Fysitère dit: » Il faut dabord que je la foute habillée». Il M

porta sur le pied du Lit, ôta ses culotes, et nous laissa voir un corps velu, comme celuy d'un Singe. Il me fit Luy prendre son braquemart, et me dit : « *Introduis-moi cela dans le trou de ton con, et lève du cûl comme il faut, à chaque fois que je pousserai* ». Je m'enconnai. Aussitôt il poussa. Je fis un cri : car il me dechirait, étant plus gros que mon Oncle, et que tous les vits qui m'avaient foutue. « *Ce n'est rien* ( me disait-il ) : *je te deflore... je te depucèle : Remue du cûl* ». Je remuais de mon mieux, tout en soupirant, et Luy rendant en coups de cûl, tous ses coups de vits. Il parvint au fond. Mes trompes Luy pincèrent la tête du gland. Il heurla de volupté. « *Garse adorable !* (s'écriait-il ), *ton Con satiné pince le vit ! Ta fortune est faite, ainsi que celle de ton Père et du Futur, qui t'ont vendue à Moi... Alons, fous bien* »!... Je remuai, je tortillai du cûl, je soubresautai, de la manière dont me le disaient mon Père, et Gux Luy-même. « *Je suis ravi !* (s'écriait le Basané) : *Elle décharge !... Hâ ! Elle me fera un petit Bougre-à-queûe !*.... Il dit à mon Futur : » *Viens-ça, Jean-foutré : Passe-moi la main sous le croupion, et chatouille-moi d'une main ce que tu y trouveras, et les couilles de l'autre* »! Gux o-béit. J'ai su depuis qu'au croupion, le Basané avait une queûe, de la même forme qu'un vit, mais velue comme son corps, et que ce fut cette queûe que mon Futur chatouilla)....
» *Je ne quite pas d'une heure ce con celeste !* (disait l'Homme-à-queûe, en me saccadant) : *chatouil-*

le, chatouille, Bougre! les couilles ét ma qu[eu]e»!
Il dechargea six fois, sans deconner... Je demandai alors à laver. Mon Futur m'épongea
le con, ét me le baisa, en l'appelant Con d'Or.
Mon Père me suça les Tetons. Guæ dit au Basané: » Elle èst à vous: Mais je bande comme un Carme: permettéz que je l'encule?...
» L'enculer, non; c'èst du foutre perdu. Encore moins l'enconner; je veux qu'Elle me fasse un Petit-à-queûe: Mais si Elle avalait le
foutre, *comme j'ai vu certaines Femmes temperamenteuses, je consentirais que tu l'embouchasses ».*
A cé mot, je saisis le Vit de mon Futur, ét je
l'aurais avalé, s'il n'avait pas été si gros. Il me
dechargea au fond du gosiér, en rugissant, ét
le foutre me descendit bouillonnant dans l'estomac. » *Hâ! Elle aime le foutre!* (s'écria le Basané); *Elle a toutes les perfections!... Et Elle sera aussi longtemps belle, que feconde!...... Alons,
Papa, embouche-la aussi: De tous les foutres, le
paternel est le meilleur ».* Je me jetai sur mon
Père, Le renversai sur le Lit, saisit son vit bandant, que je fis aler ét venir dans ma bouche,
jusqu'à ce qu'Il dechargeât. Je suçai son foutre avec delices... » *Bon!* (s'écria le Poilu)
*Elle est dans les bons principes; Elle est impayable »!* Le Basané me deshabillait, me dechaussait: Mon Père ét Guæ Luy aîdaient. Je fus
mise nue, patinée, baisée du haut-en-bas,
tandis que je me rinçais la bouche: On me
passa la grande chemise; l'Homme-à-queûe velu ét tout-nu, y entra, me suça les Tetons, me

L'Anti-Justine.

fit luy darder la langue, puis dit à mon Futur de luy intromettre le vit dans mon con.
« Le Basané me foutit six nouveaux coups
sans deconner. Je me sentis fatiguée : Je voulus laver. Je restai une heure sur le bidet le
con dans l'eau. Le Basané qui, pendant tout
ce temps-là s'était amusé à faire bander Guæ,
et à luy faire me décharger trois fois dans la
bouche, m'appela, en me disant : » Tu es af-
fez rafraîchie ; reviens sur le foutoir, que je te
d         torque  ? Il se le fit introduire par
mon Père; qui me dit : » Courage, mon Enfant!
Voicy un Fouteur qui en vaut dix : Mais je tâcherai de te faire soulager, si cela continue ».
Je fus encore foutue six fois; mais avec tant de
véhémence, que je n'en pouvais plus. Sur ma
plainte, le Basané dit, que le bouquet était le
double des autres assauts. » Hé! combien donc
l'alez-vous foutre de coups? luy demanda
mon Père ). » Vingtquatre est ma dose. » C'êt
trop; et Elle ne ferait pas d'Enfans : Elle a une
Cadete, aussi jolie que l'Aînée est belle ; je
vous la donnerai, pour soulager sa Sœur ?
» Je l'accepte! (s'écria Fysitère) : Et il m'en faudra bien d'Autres! car je ne les fout plus, dès qu'
E    sont pleines, ni pendant qu'Elles alaitent leurs
petits. La jeune Gâtée est-elle là? ( Or il me foutait toujours ). » Non : Vous ne pouvez l'a-
voir que demain soir. » En ce cas, j'achève de
f          es 24 coups : Je déconne; qu'elle
b              a plus que ci  si son Futur se
t   ve e  etat, qu'il luy donne   eter du foutre

## XXXVI Chapitre. 179

cela le fortifiera.» Aussitôt Cus m'apporta ses couilles à chatouiller, et son Vit à branler. Je m'en aquittai si bien, qu'il heurta au bout de quelques minutes, et qu'à-peine eus-je embouché son Vit, qu'il dechargea, en s'acriant: » Elle a toutes les qualités... Elle...! s'écriait le Poilu, en me re-enconnant; & sa petite Sœur la vaut, ce sont deux connins impayables». Il acheva de me foutre cinq fois, sans déconner. Je puis me rendre le temoignage, que je dechargeai, à chaque assaut, plûtot deux et trois fois qu'une: Aussi Sitère en était-il emerveillé! et me nommait-il la seule Fouteuse digne de luy. Mon Père luy dit alors: » Ce ne sera pas encore assez de ma Cadete: Mais j'ai votre affaire: Il me reste une Niéce Religieuse, qui a des vapeurs hysteriques; je vous la donnerai, pour reposer mes filles? » Je leur ferai à Toutes-trois 12 mille livres de rentes (repondit le Basané). Amenez-les-moi chaque soir, demain excepté, que j'ai à fourgonner une grande Blonde, qui a oüi parler de moy, et qui veut en tâter. Il s'en alla.

» Cette scène changea tous nos projets. Je dormis jusqu'à midy; qu'On m'habilla. Je fus mariée à une heure. La noce fut gaye. Ma Sœur y était, ainsi que ma Cousine la Carmelite hysterique, mon Père ayant trouvé le secret de l'avoir, au moyen d'une permission de prendre les Eaux, qu'il sollicitait depuis longtemps. J'eûs reellement pitié du connichon de ma Sœur Doucette, et je resolus de le voir dans la journée. Mon Père me le montra, ét le gamahucha devant moy, en allegant le motif de prévenir une maladie. Hâ! qu'il était mignon!... Je l'aurais gamahuché, à mon tour, sans ma coifure d'Epousée, car son joly petit foutre virginal me tentait.. Notre Père la prévint qu'il falait qu'elle me soulageât la nuit de mes nôces, ét l'aimable Enfant y consentit avec naïveté. Je vis aussi le con de ma Cousine la Carmelite, ou la belle *Victoire-Londò*. Il n'était pas si mignon, mais il avait une superbe peruque noire. Elle entra en fureur érotique dés qu'On le luy eût touché du bout du doigt, ét mon pauvre Père fut obligé de le luy mettre devant ma Sœur, ét devant moy. Ce qui ne la calma que pour un instant. Nous appelames mon Oncle, qui la foutit trois fois. Puis le Jeunehomme fut introduit. Ensuite le Procureu. Tous ceux qui devaient me le mettre ce jour-là. Les Enculeurs vinrent aprês. Elle fut foutue, re-foutue, enculée, re-enculée, ét calmée. Mais On n'appela pas M. GUÆ; j'en étais jalouse... Pendant ce temps-là, mon Père branlait ma Sœur; l'enculage de la Religieuse le fit entrer dans une telle érection, qu'il la poussa dans un cabinet, où je les suivis. La renversa, ét la depucela. J'inserai le vit paternel dans le joly connin, en disant à Doucète, que c'était une ponction necessaire.

"On lavait la Religieuse. M'étant aperçue que GUÆ la convoitait, je luy temoignai une jalousie qui le flata... Il me promit de reserver
son

www.ingramcontent.com/pod-product-compliance
Lightning Source LLC
Chambersburg PA
CBHW070539160426
43199CB00014B/2297